Mietrecht

Peter Zihlmann
Martin Jakob

Mietrecht

Ein Ratgeber aus der Beobachter-Praxis

Die Autoren dieses Buches:
Dr. Peter Zihlmann, Advokat und Notar, a. o. Zivilgerichtspräsident, Basel, erarbeitete die inhaltliche Substanz des Buches und sorgte für juristische Richtigkeit.
Martin Jakob, Texter und Kommunikationsberater, Brugg, übernahm die redaktionelle und sprachliche Bearbeitung und arbeitete zahlreiche Informationen aus dem nicht juristischen Bereich ein.

Beobachter-Buchverlag
4., aktualisierte Auflage 2002
© 1993 Jean Frey AG, Zürich
Alle Rechte vorbehalten

Herausgeber: Der Schweizerische Beobachter, Zürich
Lektorat: Käthi Zeugin, Zürich
Illustrationen: Max Spring, Bern
Umschlagfoto: Atelier Binkert, AGENTUR AM WASSER, Zürich
Satz: Focus Grafik, Zürich

ISBN 3 85569 247 5

Inhalt

Vorwort 7

1 Wohnungsmarkt Schweiz
Spieler, Gegenspieler, Schiedsrichter 9

2 Wohnungssuche
Zeig mir die Nadel im Heuhaufen 21

3 Mietvertrag
Das klein Gedruckte beachten 29

4 Wohnungsbezug
Alles für den guten Start 47

5 Nutzungsrechte und Mieterpflichten
Im Zweifel für die Freiheit 59

6 Untermiete
Wenn der Mieter Vermieter wird 77

7 Mietzinszahlung
Wer zu spät zahlt, lebt gefährlich 87

8 Nebenkosten
Die Kunst der korrekten Abrechnung 97

9 Mietzinskalkulation
Der Preis ist heiss 109

10 Mietzinserhöhung
Ungemach auf amtlichem Formular 119

11 Mietzinssenkung
Oft ist Eigeninitiative nötig 137

12 Mängel
Wer ist schuld? Und wer bezahlt?........................ 149

13 Umbau und Renovation
Schöner wohnen – aber nicht zu jedem Preis............... 169

14 Kündigung durch den Vermieter
Die Vertreibung aus dem Paradies........................ 183

15 Eigentümerwechsel
Der neue Herr im Haus.................................. 205

16 Kündigung durch den Mieter
Auf zu neuen Ufern!.................................... 213

17 Wohnungsrückgabe
Geordneter Rückzug..................................... 221

18 Spezialfälle
Gleiches Recht – mit Abweichungen...................... 233
Geschäftsräume / Ferienwohnungen / Möblierte Zimmer / Luxuriöse Wohnungen / Subventionierte Wohnungen und Wohnungen mit behördlich kontrolliertem Zins / Genossenschaftswohnungen / Hauswartwohnungen, Dienstwohnungen

Anhang
Daten und Zahlen....................................... 239
Gesetz und Verordnung / Hypothekarzinsentwicklung seit 1996 / Landesindex der Konsumentenpreise / Heizkostenabrechnung / Heizgradtagzahlen 1998 bis 2001 / Heizkosten bei Wohnungswechsel während laufender Heizperiode / Lebensdauer von Wohnungseinrichtungen / Mietzinsreduktion bei schweren Mängeln / Ortsübliche Kündigungstermine / Adressen

Register.. 278

Vorwort

Ins Mietrecht ist Bewegung gekommen. Nachdem das Parlament die Initiative «Ja zu fairen Mieten» des schweizerischen Mieterinnen- und Mieterverbands verworfen hatte, erarbeitete der Bundesrat einen Entwurf zur Änderung des Mietrechts. Im Dezember 2001 beschloss der Ständerat eine deutlich vermieterfreundlichere Festsetzung des Mietzinses als der Nationalrat. Diese Mietrechtsrevision befindet sich gegenwärtig im Differenzbereinigungsverfahren. Es ist nicht damit zu rechnen, dass eine Neuregelung der Mietzinsbestimmung vor Ende 2002 in Kraft tritt.

Der vorliegende Ratgeber wendet sich an alle Mieterinnen und Mieter – aber auch an Partnerinnen und Partner auf der Vermieterseite. Das Buch will nicht nur Wissen vermitteln, sondern gleichzeitig Anleitung zum Verhalten in Sachen Wohnungsmiete sein. Zu diesem Zweck sind Musterbriefe, Checklisten und zahlreiche Beispiele aus der Praxis im Text eingestreut. Auch der Erfahrungsschatz des Beobachter-Beratungszentrums ist in das Werk eingeflossen.

Wie man aus diesem Buch den grössten Nutzen zieht

Wer diesen Ratgeber einmal an einem ruhigen Nachmittag durchliest, verschafft sich ein Grundlagenwissen über das Mietrecht und seine praktischen Probleme. Damit man auf konkrete Fragen rasch die richtige Antwort findet, ist der Buchinhalt in Kapitel unterteilt, deren jedes einen klar umrissenen Problemkreis beschreibt. Im Anhang sind die Gesetzesbestimmungen des Obligationenrechts sowie die neue Verordnung über die Miete und Pacht von Wohn- und Geschäftsräumen im Wortlaut abgedruckt. Zu Beginn jedes Kapitels verweisen wir auf die jeweils zum Thema gehörenden Artikel aus Gesetz und Verordnung. Zusätzliche Suchhilfen bieten das Register am Schluss des Buches und Querverweise auf Informationen in anderen Kapiteln. Am Schluss jedes Kapitels sind die wichtigsten Grundsätze und Empfehlungen kurz zusammengefasst.

Der Einfachheit halber wird für Mieterinnen und Mieter stets der Begriff «Mieter» und für Vermieterinnen und Vermieter stets der Begriff «Vermieter» gebraucht.

Sein Recht kennen heisst nicht den Streit suchen. Im Gegenteil: Erst wenn beide Parteien ihre Rechte und Pflichten kennen und gegenseitig respektieren, erfüllt das Recht seine ursprüngliche Aufgabe, eine Friedensordnung zu sein. In diesem Sinn sind auch Mieter und Vermieter aufgerufen, den von Bundesrätin Ruth Dreifuss bei ihrer Wahl eingeforderten «contrat social» neu zu schliessen und, wenn nötig, mit Hilfe der Rechtsmittel durchzusetzen.

In unserem Land gibt es gegen drei Millionen Wohnungen, nur jede dritte wird von Eigentümern bewohnt. Im westeuropäischen Vergleich weist die Schweiz, gemessen an der Gesamtbevölkerung, den höchsten Anteil von Mietern auf. Die meisten Menschen wohnen zur Miete und unterstehen damit dem Mietrecht. Das zeigt die grosse Bedeutung dieses Rechtsgebiets. Doch hüten wir uns vor Schlagwörtern und Vorurteilen. Ist denn stets der Mieter der wirtschaftlich Schwächere, der Unterliegende? Der Vermieter jedenfalls hat zahlreiche Formalitäten (Formulare, schriftliche Vorbehalte, Begründungen etc.) zu erfüllen. Eines ist klar: Mieter und Vermieter haben mit dem Gesetz gute Chancen, zu ihrem Recht zu kommen. Wesentlich ist, dass beide Seiten sich dabei fair verhalten; dass nicht aus jedem kleinen Ärger ein grosser gemacht wird, dass jeder seinem Vertragspartner die Möglichkeit gibt, einen Irrtum zu berichtigen, bevor er ihn des Verstosses bezichtigt. Es sind diejenigen Verhältnisse nicht die schlechtesten, wo man auf beiden Seiten den Fünfer gerade sein lässt und erst den Zehner höflich einfordert.

Peter Zihlmann, im Februar 2002

1. Wohnungsmarkt Schweiz

Spieler, Gegenspieler, Schiedsrichter

Die Schweizerinnen und Schweizer wohnen schön, und sie wohnen schön teuer. Das Mietrecht sorgt für Ordnung im Verhältnis zwischen Mietern und Vermietern. Und für salomonische Urteile im Streitfall stehen die Schlichtungsbehörden und Gerichte als Schiedsrichter bereit. Aber auch die Weisheit Salomons kann nicht verhindern, dass für Menschen mit tiefem Einkommen der Eintritt ins Wohnparadies schwierig ist.

Die Schweiz, das Land der Mieter

69 Prozent aller Schweizer Haushalte sind Mieterhaushalte; das ergab die Volkszählung 1990, und bis heute hat sich daran wenig geändert. In keinem anderen europäischen Staat ist die Wohneigentumsquote so tief. Ein beklagenswerter Zustand? In der pädagogischen Rekrutenprüfung von 1989 wurden die angehenden Soldaten gefragt, wie sie im Alter von 30 Jahren wohnen möchten. 76,7 Prozent votierten fürs Eigenheim. Welch eine Kluft zwischen Wunsch und Wirklichkeit! Doch aufgepasst: Das Verhältnis zwischen Eigentümer- und Mieterhaushalten beträgt wohl 31 zu 69 Prozent. Da aber die Eigentümerhaushalte durchschnittlich grösser sind, ergibt sich auf die Gesamtbevölkerung gerechnet ein Verhältnis von 40 zu 60 Prozent. Das heisst, «nur» 60 Prozent aller in der Schweiz sesshaften Personen wohnen zur Miete. Durch den Beizug einer weiteren Rechnungsgrösse, des Alters, entsteht noch einmal ein anderes Bild: Die Hälfte aller 50-Jährigen wohnt im Eigenheim. 50 Prozent der Schweizer Bevölkerung bringen es also im Lauf des Lebens zu Wohneigentum. Immerhin. Aber trotzdem: Warum sind es nicht mehr? Das hat verschiedene Gründe.

Die Bodenpreise zum Beispiel: Eine hohe Bevölkerungsdichte (die Schweiz weist, bezogen auf die nutzbare Fläche, die höchste in Europa auf) macht Boden knapp und teuer. Wird weniger Bauland erschlossen, als von Investoren nachgefragt, und wird erschlossenes Bauland gehortet, weil das Zuwarten mit dem Verkauf nur immer noch höhere Erlöse verspricht, wird die Knappheit zur Not und der teure Boden unerschwinglich.

Oder die Planungs- und Baukosten: Die Komfortansprüche eines reichen Landes, kombiniert mit bauverteuernden Vorschriften (Isolation, individuelle Heizkostenabrechnung, Zivilschutzräume, Mindestanzahl Parkplätze pro Wohneinheit etc.) und einem zeitaufwändigen Bewilligungsverfahren, haben die Baukosten für neue Wohnungen unablässig in die Höhe getrieben.

Und schliesslich bilden die Finanzierungskosten den dritten Eckpunkt in diesem magischen Dreieck, in dem so mancher Traum vom Eigenheim sich aussichtslos verfängt. Mit jedem halben Prozent, um das der Hypothekarzinssatz ansteigt, fallen wieder ein paar zehntausend kaufwillige Mieter aus dem Rennen, bis der Erwerb eines Eigenheims schliesslich – wie zwischen 1990 und 1992 geschehen – nur noch Spitzenverdienern möglich ist und die Investoren sich vom Immobilienmarkt abwenden. Zurzeit befinden sich die Hypothekarzinsen zwar auf einem historischen Rekordtief. Doch in Zeiten der Rezession, der Unsicherheit und Zukunftsangst wagen trotzdem nur wenige den grossen Schritt zur grossen Verschuldung, nur um den Traum von den eigenen vier Wänden zu verwirklichen. So bleibt der Mieter Mieter und das Klagelied von der zu tiefen Wohneigentumsquote ertönt im furiosen Dacapo. Das hehre Ziel aber bleibt: Wer Wohneigentümer werden möchte, soll eine faire Chance haben es zu werden, auch wenn er keinen Direktorentitel besitzt und keine Aussicht auf ein reiches Erbe hat. Über den Massnahmenkatalog, der dieses Ziel erreichbar machen würde, sind sich die Experten im Grundsatz einig: Stabilisierung oder sogar Senkung der Bodenpreise, verdichtetes Bauen, Verzicht auf entbehrlichen Komfort in der Ausstattung, innovative Finanzierungsmodelle. Die Einigkeit wird leider brüchig, wenn es um die Details der Umsetzung geht. Auf den Konsens darf noch gewartet werden.

Zu zwei Dritteln in Privateigentum
Nein, es ist nicht wahr: Die Pensionskassen sind nicht die grössten Eigentümer von Immobilien in der Schweiz. Ihr Anteil betrug auch 1990 nur gerade acht Prozent. 69 Prozent aller Wohnungen gehören Privatpersonen. Die Wohnbaugenossenschaften, deren Anteil gesamtschweizerisch bescheidene fünf Prozent beträgt, haben ihre Domäne in den Städten und grossen Agglomerationen. Die Städte treten auch eher als Immobilieneigentümer auf als die ländlichen Gemeinden. 1990 besass die Stadt Zürich fast sieben Prozent der Wohnungen auf Stadtgebiet (und dieser Anteil ist seither noch gestiegen), während der Anteil der öffentlichen Hand im Landesmittel nur drei Prozent betrug. Für die Mieter ist die Frage, wem ihre Wohnung gehört, deshalb von Interesse, weil jede Eigentümergruppe ihren eigenen «Goût» hat.
- *Private:* Im Allgemeinen bleiben die Besitzverhältnisse über lange Zeit gleich; die Liegenschaften werden häufig über mehrere Generationen vererbt. Nach Erfahrung des Mieterinnen- und Mieterverbands sind die privaten Eigentümer in deutlicher Mehrheit faire Vermiter, die oft auch nicht sämtliche gesetzlichen Möglichkeiten zur Mietzinserhöhung ausnützen und ihrer sozialen Verantwortung gegenüber den Mietern durchaus nachkommen. Den Generationswechsel bekommen manche Mieter allerdings zu spüren, wenn die Nachkom-

men gesteigerten Wert auf eine hohe Rendite legen. Wohnt der Eigentümer selbst im Mehrfamilienhaus, geniesst er nach der Gerichtspraxis gewisse Privilegien. Er darf beispielsweise höhere Ansprüche stellen an Untermieter oder Ersatzmieter bei vorzeitigem Auszug.

- *Gemeinde, Kanton, Bund:* Die Eigentumsverhältnisse sind sehr stabil, die Wohnungen günstig, vor allem für Staatspersonal und für sozial schwache Bevölkerungsschichten. Zugunsten tiefer Mietzinsen wurden vielerorts die Reserven für Sanierungsarbeiten vernachlässigt, was – zusammen mit der seit einigen Jahren stark wachsenden Staatsverschuldung – zurzeit zu teilweise massiven Mietzinserhöhungen führt.
- *Pensionskassen und Versicherungen:* Die institutionellen Anleger sind letztlich nichts anderes als Volkssparkassen, die zwangsweise (Pensionskassen) oder freiwillig (private Versicherungen) angesparte Gelder so parkieren, dass sie diese den Sparern später einmal vermehrt um Zins- und Zinseszins wieder auszahlen können. Etliche Pensionskassen liessen sich in den Achtzigerjahren durch den rasch anschwellenden Zustrom von Geldern, durch die langfristige Anlageperspektive und einen Mangel an Leistungsdruck – Firmenpensionskassen müssen ihre Rechnungen nicht veröffentlichen und brauchen deshalb den Vergleich mit anderen nicht zu fürchten – dazu verführen, für Wohnliegenschaften Preise zu zahlen, die nach der Rechnung eines privaten Investors als übersetzt gelten müssen. Für diese Grosszügigkeit bezahlt nun früher oder später der Mieter – oder der Versicherte der Pensionskasse. Anderseits bringen viele Firmenpensionskassen gekonnt zwei nützliche Dienste unter einen Hut: Sie stellen den Angestellten Wohnraum zu attraktiven Bedingungen zur Verfügung und erzielen mit ihren Liegenschaften doch eine Rendite, die mit der Rendite von Staatsanleihen immerhin gleichziehen kann.
- *Private Immobiliengesellschaften:* Wo die Gewinnmaximierung aus Bau, Bewirtschaftung und Handel von Immobilien Geschäftszweck ist, darf der Mieter hohe Professionalität im für ihn positiven wie auch weniger positiven Sinn erwarten. Dank genauer Kenntnis des Marktes und der Gesetze entdeckt der versierte Immobilienfachmann günstige Kaufgelegenheiten, baut selbst kostengünstig und sorgt für einen genügenden Unterhalt (gleich Werterhalt) der Liegenschaften; gleichzeitig wird er aber mehr als andere Eigentümergruppen dazu neigen, alle gesetzeskonformen Chancen zur Mietzinserhöhung zu nutzen.

- *Immobilienfonds:* Gemessen am gesamten Liegenschaftenbestand sind sie eine Randerscheinung im Immobilienmarkt. Immobilienfonds geben Anteilscheine aus und erwerben oder bauen mit dem eingesammelten Vermögen Renditehäuser. Sie sind dem rauhen Wind des Kapitalmarkts ausgesetzt und holen sich dabei mitunter einen Schnupfen, der bei ihren Mietern in schwere Grippe ausarten kann. Fallen sie nämlich mit ihrer Performance (Wertsteigerung plus ausbezahlte Dividende) gegenüber anderen Anlageformen ab, geben die Anleger ihre Anteilscheine zurück und der Fonds muss Teile seines Besitzes abstossen, um sie auszuzahlen. Sima beispielsweise, der grösste Schweizer Immobilienfonds, schrumpfte zwischen 1989 und 1992 von 2,5 auf 1,3 Milliarden Franken! Für viele Mieter bedeutete dies einen Eigentümerwechsel mit allen Unwägbarkeiten, die ein solcher mit sich bringt, oder sie sahen sich unverhofft vor die Alternative gestellt, ihre Wohnung entweder zu kaufen oder einem Käufer Platz zu machen. Im Übrigen gelten ähnliche Rahmenbedingungen wie bei privaten Immobiliengesellschaften; Professionalität in der Bewirtschaftung darf auch bei Immobilienfonds vorausgesetzt werden.

Wem gehören unsere Wohnungen?

Die Volkszählung von 1990 ergab einen Wohnungsbestand von 3 160 000 Einheiten. In deren Besitz teilten sich verschiedene Gruppen, von denen die privaten Eigentümer die mit Abstand grösste bildeten. Die Verhältnisse haben sich bis heute wenig geändert.

Privatpersonen	69%
Personalvorsorgestiftungen u. Ä.	8%
Bau- oder Immobiliengesellschaften	7%
Wohnbaugenossenschaften	5%
Versicherungen, Immobilienfonds	4%
Gemeinden, Kantone, Bund	3%
Andere	4%

Nimmt man an, dass rund die Hälfte des privaten Wohneigentums vom Eigentümer selbst bewohnt und die andere Hälfte vermietet ist, werden rund die Hälfte aller Mietwohnungen von privaten Eigentümern zur Verfügung gestellt.

- *Gemeinnützige Wohnbaugenossenschaften:* Der Genossenschaftsgedanke erweist sich für den Wohnungsmarkt als segensreich. In seinem Zentrum steht der Wille, Wohnraum auf Dauer der Spekulation zu entziehen und den Ertrag – abgesehen allenfalls von einer bescheidenen Verzinsung der Mieter-Anteilscheine – in den Bau weiterer günstiger Wohnungen zu reinvestieren. Für den Mieter hat dies eine hohe Preissicherheit zur Folge (mit der Ausnahme, dass manche Genossenschaften im gleichen Spittel krank sind wie diejenigen Gemeinden und Städte, welche die Zinsen so tief halten, dass irgendwann das Geld für nötige Sanierungen fehlt). Die Vorteile des Schutzes vor Spekulation und der ausschliesslich auf Kostendeckung hin kalkulierten Mietzinsen entschädigen für gewisse Nachteile: zum Beispiel, dass Genossenschaften eine Mindestbelegung der Wohnung erwarten und deshalb dem älter werdenden Ehepaar den Wechsel von der Vier- in eine Dreizimmerwohnung nahe legen, wenn alle Kinder ausgeflogen sind, oder dass aus der Möglichkeit der Mitsprache gelegentlich der Zwang zum Mitstreiten wird...

Wohnungsmangel, Wohnungsnot – Phantom oder Wirklichkeit?
Wohnungsnot, schrieb der Zürcher Pfarrer und Stadtrat Paul Pflüger im Jahr 1899, herrsche «in dem Sinne, dass diejenigen Wohnungen, welche vom Grossteil der Bevölkerung gesucht sind, nämlich die kleineren billigen, in viel zu kleiner Anzahl vorhanden sind». Wer zurzeit eine Wohnung suchen muss, wird glauben, dieser Satz sei heute geschrieben worden. Denn der in Zeitungsinseraten öffentlich gemachte Wohnungsmarkt zeichnet sich durch hohe Preise aus in einer Zeit, da viele Arbeitnehmer Reallohneinbussen hinnehmen müssen, und lockt mit Argumenten, die dem weniger Vermöglichen als schierer Hohn erscheinen: «Exklusive Lage. Direktlift zur Garage. Sonnige Terrasse. Küche Naturholz / Granit.» Was man sich wünschte, wäre eine Familienwohnung ohne unnötigen Luxus, die auch für den allein verdienenden Vater mit 4500 bis 5000 Franken Einkommen pro Monat erschwinglich ist!

Zieht man allerdings die Schweizer Mietpreisstatistik zu Rat, will man nicht mehr so recht daran glauben, dass der Schweizer Wohnungsmarkt in ähnlich pitoyablem Zustand ist wie damals vor hundert Jahren. Im August 1999 kostete eine Vierzimmerwohnung im Landesdurchschnitt 1166 Franken pro Monat, eine Dreizimmerwohnung 922 Franken (je nach Region grosse Abweichungen nach oben oder unten). Die

Schweizer Haushalte gaben 1998 gut 17 Prozent des Einkommens für Wohnen und Energie aus. Im Zeitraum von 1939 bis 1998 ist der Index der Mietpreise auf mehr als das Achtfache gestiegen – der Index der Löhne und Gehälter aber auf das Achtzehnfache! Die so oft zitierte Wohnungsnot unserer Tage ist nicht eine Not aller. Sie trifft mit Härte diejenigen Bevölkerungsschichten, die schon immer in bescheidenen Verhältnissen lebten und deren Haushaltsbudget durch höhere Mietzinsen endgültig aus den Fugen gerät. Sie trifft junge Familien, die nach der Geburt von Kindern mehr Wohnraum bräuchten und ihn zu bezahlbaren Preisen nicht finden. Sie trifft all die Mieter, die wegen Abbruch oder Umbau ihrer Altwohnung gehen müssen. Das Hauptproblem des Wohnungsmarkts besteht nicht im Mangel an leeren, bezugsbereiten Wohnungen, sondern im Mangel an günstigen Wohnungen.

Das Wohnbau- und Eigentumsförderungsgesetz (WEG) ist eine der Möglichkeiten, diesem Mangel zu begegnen. Mit Finanzierungshilfen, welche die hohe Anfangsbelastung für den Bauherrn (und dadurch auch für den Mieter) reduzieren, und mit zusätzlichen Beiträgen à fonds perdu für einkommensschwache Haushalte fördert das WEG den Bau (und den Kauf) preisgünstiger Wohnungen. In der Hochzinsphase zu Beginn dieses Jahrzehnts, als die privaten Investoren die Waffen streckten, erwies sich das WEG als Retter vor der Not, indem es einen grossen Teil der Neubauwohnungen finanzieren half.

Eine andere Idee, die viele glühende Verfechter und nicht weniger entschlossene Gegner hat, ist die Einführung der Marktmiete (freie Preisbildung für Mietzinsen entsprechend Angebot und Nachfrage). Nachteil dieses Modells: Die Altwohnungen würden mit Sicherheit massiv teurer – nach Meinung von Experten bis gut 60 Prozent. Die Folge: Eine grosse Zahl von Mietern würde zu Sozialhilfeempfängern; indirekt müsste so der Staat einen Teil der höheren Mietzinsen finanzieren.

Mieterschutz, ein Thema mit Tradition
Das Schweizer Mietrecht hat seine Wurzeln im 19. Jahrhundert. Schon die Bestimmungen über die Miete im neuen Obligationenrecht von 1912 basierten nämlich im Wesentlichen auf dem Obligationenrecht von 1881. Seit 1912 ist das Mietrecht nur gerade 14 Jahre ohne zusätzliche staatliche Eingriffe ausgekommen. Mietnotrechtsbestimmungen standen schon zur Zeit des Ersten Weltkriegs in Kraft. Die schrittweise Lockerung

nach Ende des Zweiten Weltkriegs bis zur Aufhebung der Mietzinsüberwachung 1970 wurde abgelöst von einer Gegenbewegung, die ihren vorläufigen Endpunkt im neuen Mietrecht von 1990 gefunden hat. Die Vorstufen dazu waren der Bundesbeschluss über die Missbräuche im Mietwesen, der zunächst nur in einzelnen Gemeinden anwendbar war, danach zeitweise für die ganze Schweiz galt, die Mieterschutzinitiative und schliesslich das Ja zum bundesrätlichen Gegenvorschlag in der Volksabstimmung vom 7. Dezember 1986. Mit dem neu formulierten Verfassungsartikel (Bundesverfassung Artikel 34 septies) wurde der Bund darauf verpflichtet, sämtliche Mieter der Schweiz vor missbräuchlichen Zinsen und anderen Forderungen der Vermieter zu schützen – nicht mehr nur diejenigen in Gemeinden, in denen Wohnungsnot herrscht. Die nachfolgende Arbeit am neuen Mietrecht stand unter dem Eindruck rasch steigender Mietzinsen und vermehrter Immobilienspekulation, während sich gleichzeitig eine weitere Verknappung des Wohnungsangebots abzeichnete. Entsprechend diesen Rahmenbedingungen brachte das neue Recht eine Verschärfung der Bestimmungen zum Schutz des Mieters. Die Möglichkeiten, einen Mietzins anzufechten, sind erweitert worden, ebenso der Kündigungsschutz. Mit der Hinterlegung des Mietzinses kann der Mieter nun schmerzhaften Druck auf den Vermieter ausüben, der sich beim Beheben von Mängeln über Gebühr Zeit lässt. Untermiete kann nicht mehr ohne weiteres untersagt werden. Die Schlichtungsbehörden (siehe nächstes Unterkapitel) wurden mit Entscheidungskompetenzen ausgestattet.

Der Hauseigentümerverband, der dem Gesetz «zähneknirschend» zustimmte, anerkannte, dass es dem Vermieter immer noch reelle Chancen belässt, auf seine Rechnung zu kommen. Nach seiner Auffassung ist das Mietrecht aber in der Hauptsache konservativ statt konstruktiv und damit nicht in der Lage, die Probleme des Schweizer Wohnungsmarkts zu lösen: Es schütze den eingesessenen Mieter in seinem Bestand, verschärfe dafür die ungerechte Verteilung von Wohnraum (gut verdienende Mieter belegen billige Wohnungen, während wohnungssuchende Personen mit tiefem Einkommen nur in teuren Neubauten Unterschlupf finden) und hemme die Lust der Investoren, neues Geld in den Wohnungsbau zu investieren, was sich für die Mieter in einem Angebotsrückgang auswirke. Auf der anderen Seite macht der Mieterinnen- und Mieterverband die Erfahrung, dass der Schutz vor Missbräuchen noch nicht ausreichend ist, um die Immobilienspekulation effektiv verhindern zu können. Und muss feststellen, dass nur jeder fünfte Rat suchende Mieter, dem seine Rechtsberater den Gang zur Schlichtungsbehörde empfehlen, diesen Gang auch wirklich tut.

Die Schlichtungsbehörde – Vermittlerin zwischen den Fronten

Die Schlichtungsbehörde ist keine Erfindung des Mietrechts von 1990, es gab sie schon zuvor (als Schlichtungsstelle in Mietangelegenheiten). Hingegen sind ihre Befugnisse erweitert worden.

Das Gesetz bestimmt, dass jede Schlichtungsbehörde aus mindestens drei Personen zu bestehen habe: je einem Vertreter der Vermieter und der Mieter sowie einem unabhängigen Vorsitzenden. Ihre Organisation im Einzelnen und auch ihre Finanzierung ist Aufgabe der Kantone (Adressübersicht im Anhang, Seite 267).

Das Verfahren vor der Schlichtungsbehörde ist in der ganzen Schweiz kostenlos. Eine Ausnahme gilt nur bei so genannt mutwilliger Prozessführung. Wer also leichtfertig in einer völlig aussichtslosen Sache die amtliche Mietschlichtung verlangt, muss Gebühren oder «Trölbussen» bezahlen.

Die Schlichtungsbehörde hat nach dem Willen des Gesetzgebers Mieter und Vermieter zu beraten und in diesem Sinn vorsorglich tätig zu sein. Ihre wichtigste Aufgabe lässt sich aus ihrem Namen ablesen: Sie soll sich dafür einsetzen, dass Konflikte zwischen Vermieter und Mieter einvernehmlich beigelegt werden und dadurch ein Gerichtsurteil gar nicht erst nötig wird. Zur Entlastung der Gerichte und im Dienst der raschen Erledigung von Streitfällen hat die Schlichtungsbehörde in folgenden Fällen auch erstinstanzliche Entscheidungsbefugnisse:

- Hinterlegt der Mieter den Mietzins und können sich Vermieter und Mieter danach nicht einigen, bestimmt sie über die Verwendung der hinterlegten Gelder.
- Sie entscheidet, falls eine Einigung zwischen den Parteien nicht zustande kommt, über die Anfechtbarkeit einer Kündigung und über die Erstreckung des Mietverhältnisses.

An sich ist für ein Verfahren vor der Schlichtungsbehörde kein Anwalt nötig. Wer in diesen Fällen trotzdem die Unterstützung eines Rechtsvertreters braucht – zum Beispiel weil grosse sprachliche Verständigungsprobleme bestehen oder weil die Rechtslage kompliziert ist – und die Kosten nicht selber tragen kann, hat laut Bundesgericht Anspruch auf einen unentgeltlichen Rechtsbeistand (selbst wenn die kantonalen

Gesetze etwas anderes bestimmen). Die unterlegene Partei kann jeweils innert 30 Tagen die nächste Instanz anrufen; je nach Kanton ist dies das Miet-, Bezirks- oder Amtsgericht.

Konfliktparade: von der Schlichtungsbehörde erledigte Fälle 1998

	Anzahl Fälle	Prozent
Total der Fälle	30 361	100 %
davon:		
Einigung der Parteien	13 385	44 %
Nichteinigung	6 632	22 %
Entscheid durch Schlichtungsbehörde	1 830	6 %
Sonstige Erledigung (Nichteintreten, gegenstandslos, Überweisung, Rückzug)	8 514	28 %

Einigungsquote bei den wichtigsten Streitpunkten

	Total Fälle	Einigung
Mietzinserhöhung	2 135	70 %
Mietzinssenkung	4 334	69 %
Kündigungsschutz (Anfechtung, Erstreckung)	3 859	68 %
Mietzinshinterlegung	1 395	59 %
Anfangsmiete	222	60 %
Diverses	9 866	54 %

Wenn die Schlichtungsbehörde kein Recht hat zu entscheiden – was auf weiten Gebieten des Mietrechts noch immer der Fall ist – und kein Vergleich zustande kommt, stellt sie dies fest. Auch dann kann jede Partei innert der 30-Tage-Frist das Gericht anrufen. Verpasst sie diese Frist, verliert sie ihr Recht keineswegs – aber sie muss nochmals von vorn beginnen und als Erstes wieder die Schlichtungsbehörde anrufen, bevor sie einen richterlichen Entscheid erzwingen kann (Bundesgerichtsurteil vom 12. Dezember 1997).

Gegenstand einer Auseinandersetzung kann stets nur ein einzelnes mietvertragliches Verhältnis sein, und an die Schlichtungsbehörde können nur der einzelne Mieter beziehungsweise der einzelne Vermieter oder ihre juristischen Vertreter gelangen. Will ein Mieter auch stellvertretend für seine Mitmieter in einer Liegenschaft oder Genossenschaft vor der Schlichtungsbehörde auftreten, muss er von den Mietern, die nicht persönlich an der Verhandlung teilnehmen, eine schriftliche Vollmacht vorlegen.

2. Wohnungssuche

Zeig mir die Nadel im Heuhaufen

Wie finde ich eine neue Wohnung? Am schwierigsten ist die Wohnungssuche für Mieter, die auf eine günstige Wohnung angewiesen sind. Das Rezept heisst: Das eine tun und vieles andere nicht lassen. Und auch wenn die Suche lang gedauert hat, sollte das niemanden davon abhalten, die angebotene Wohnung gründlich zu prüfen. Sie soll ja immerhin neuer Lebensmittelpunkt für die nächsten Jahre werden!

Suche auf vielen Wegen

Je nach Situation auf dem örtlichen Wohnungsmarkt ist die Suche nach einer neuen Wohnung beschwerlich und langwierig. Wer mehrere der folgenden Spuren gleichzeitig verfolgt, kommt schneller zum Ziel. Wichtig in jedem Fall: Zuerst Klarheit darüber gewinnen, was man will. Wo soll die Wohnung liegen, welche Entfernung zum Arbeitsort darf sie höchstens haben, wie viele Zimmer braucht sie mindestens, welcher Preis liegt höchstens drin? Nach den Erfahrungen der Budgetberatungsstellen sollten die Wohnkosten (Miete und Nebenkosten) keinesfalls mehr als 30 Prozent des Bruttoeinkommens beanspruchen.

- *Den eigenen Vermieter fragen:* Handelt es sich beim bisherigen Vermieter um eine Immobiliengesellschaft, die als Eigentümerin oder im Auftrag anderer Eigentümer mehrere Liegenschaften verwaltet, lohnt es sich, der Verwaltung die veränderten Wohnbedürfnisse zu schildern. Sie weiss, ob und wann allenfalls eine geeignete Wohnung frei würde, und wird den ihr bereits bekannten Mieter auch bevorzugt behandeln, wenn das Mietverhältnis bisher erfreulich war. Möglicherweise ist sie auch bereit, einen Optionsvertrag abzuschliessen. Ein Optionsvertrag enthält die feste Zusage, dem Mieter beispielsweise die nächste frei werdende Parterrewohnung zu vermieten, falls er sein Optionsrecht innert einer bestimmten Frist wahrnimmt.
- *Inserate lesen:* Frühaufsteher haben bessere Chancen. Auf Chiffre-Inserate noch am gleichen Tag reagieren und ein frankiertes Antwortkuvert beilegen. Knappe, stichwortartige Angaben (Name, Adresse, Familiengrösse, Beruf, Grund des Interesses) genügen. Günstige Wohnungen werden häufig nur im Amtsblatt inseriert.
- *Baugesuche studieren:* Gesuche um Baubewilligung müssen im amtlichen Anzeiger der baubewilligenden Gemeinde publiziert werden. Die regelmässige Lektüre dieser Gesuche verschafft einen Überblick über die künftige Wohnbautätigkeit in der Gemeinde (nicht nur Neubauten, auch grössere Umbauten sind bewilligungspflichtig).
- *Gezielte Recherchen:* Anfragen bei der eigenen Pensionskasse, bei den Versicherungsgesellschaften, deren Kunde man ist, bei der Liegenschaftenverwaltung der Wohngemeinde (vor allem in grösseren Gemeinden), bei der Vermietungs- und Vermittlungsstelle der Gemeinde, bei der Liegenschaftenverwaltung von Grossfirmen (die vermieten ihre Personalwohnungen meist nicht nur an Personal), bei der Hausbank (die hat vielleicht selbst Liegenschaften oder weiss

von Neubauprojekten), bei Liegenschaftenverwaltungsfirmen in der Region.
- *Mundpropaganda:* Die Nachbarn, Freunde, Kunden, Lieferanten beiläufig darauf aufmerksam machen, dass man eine Wohnung sucht. Anschlagbretter im bevorzugten Quartier konsultieren und allenfalls selber einen Anschlag aushängen.
- *Selbst inserieren:* Zu empfehlen, wenn weiträumig gesucht wird (Grossstadt und Agglomeration, ganze Region) oder mit einem Handicap, das je nach Einstellung des Vermieters auch einen Sympathiebonus bedeuten kann («Gesangslehrerin sucht helle Wohnung, die sich gut zum Musizieren eignet.» – «Sechsköpfige Familie mit Hund und Katze sucht einfache Wohnung in Bauernhaus oder familienfreundlicher Reihenhaussiedlung.»). Falls die bisherige Wohnung nicht bereits fest vergeben ist oder kurz vor der Vergabe steht, eventuell Tausch anbieten. Keine Provisionsangebote machen; das würde auf weit fortgeschrittene Verzweiflung schliessen lassen und Misstrauen wecken. Das eigene Inserat ist eine gute Alternative zur Wohnungsvermittlungsagentur; die Kosten pro Schaltung belaufen sich je nach Auflage der Zeitung und Grösse des Inserats (drei bis fünf Zeilen genügen) auf 20 bis 50 Franken – eine Vermittlung dagegen kostet mindestens die Hälfte einer Monatsmiete.
- *Studentenwohnung:* Bei der Vermittlungsstelle der Hochschule vorsprechen. Frühzeitig anmelden!
- *Behindertenwohnung:* Der schweizerische Invalidenverband unterhält eine Wohnungsvermittlungsstelle in Olten. Ausserdem helfen die Beratungsstellen der Pro Infirmis.
- *Genossenschaftswohnung:* Wer sich dafür interessiert, muss sich gelegentlich schon bei der Anmeldung mit einem Anteilschein «einkaufen». Je nach Länge der Warteliste ist das eine lohnende Anlage. Bei den heute üblichen langen Wartelisten empfiehlt sich, regelmässig nachzufragen. Wer sich immer wieder in Erinnerung bringt, kommt bei der Auswahl aus zig gleichwertigen Bewerbungen eher zum Zug.

Kommerzielle Wohnungsvermittler: Vorsicht ist am Platz
Eine Wohnungsvermittlungsagentur einzuschalten kann sinnvoll sein, wenn ein Umzug in eine andere Landesgegend bevorsteht oder die Zeit zum Selber-Suchen schlicht nicht ausreicht. Eins können diese Agenturen aber auf keinen Fall: Wunder vollbringen! Denn auch im

von ihnen vermittelten Angebot sind die gesuchtesten Objekte (Drei- bis Vierzimmerwohnungen, günstig bei gutem Komfort) zugleich die rarsten.

Bisher hat erst der Kanton Zürich Vorschriften für die Wohnungsvermittlung erlassen. Danach darf die Gebühr bei erfolgreicher Vermittlung 75 Prozent des ersten monatlichen Nettomietzinses nicht überschreiten. Der Mäkler (Vermittler) kann zwar bei Auftragserteilung eine Sicherheitsleistung im Betrag von höchstens der Hälfte seines mutmasslichen Erfolgshonorars verlangen, muss diese aber spätestens sechs Monate nach Abschluss des Mäklervertrags zurückzahlen, wenn innert dieser Frist kein Mietvertrag zustande gekommen ist. Vor Agenturen, die bei Auftragserteilung eine «Bearbeitungsgebühr» erheben, welche auch im Fall eines Misserfolgs nicht zurückgezahlt wird, ist zu warnen: Diese Bearbeitungs- müsste eher Bereicherungsgebühr heissen.

Was der Vermieter alles wissen will – und was er wissen darf
Natürlich wird sich nicht nur der Interessent die Wohnung genau ansehen wollen, sondern auch der Vermieter den Interessenten. Das Anmeldeformular, das er dem Mieter in spe vorlegt, enthält neben den unentbehrlichen Fragen nach dem Namen, dem Geburtsdatum, dem Zivilstand, der Anzahl Mitbewohner und der bisherigen Adresse auch etliche Positionen, die dem Bedürfnis des Vermieters nach Sicherheit entspringen. Beruf, Arbeitgeber und Einkommen dienen zur Beurteilung der Zahlungsfähigkeit. Fragen nach der Haltung von Haustieren oder nach Musikinstrumenten sind im Hinblick auf die Mieterpflichten und die Hausordnung von Bedeutung (siehe Seite 66).

In der Regel haben Wohnungsinteressenten nur theoretisch die Möglichkeit, einzelne der geforderten Angaben gar nicht zu liefern: Entweder man will die Wohnung und spielt das Spiel nach den Regeln des Anbieters oder man lässt es eben bleiben. Immerhin hat der Vermieter die Grenzen der Verhältnismässigkeit, die in Artikel 4 des Bundesgesetzes über den Datenschutz verankert sind, zu beachten. Dieses Gesetz gilt seit dem 1. Juli 1993. Der Eidgenössische Datenschutzbeauftragte hat am 21. November 1994 Empfehlungen erlassen «betreffend den bei Interessenten für Mietwohnungen erhobenen Daten». Danach darf nicht nur nach Name, Vorname, Adresse, Beruf, Arbeitgeber, Geburtsdatum, nach dem Einkommen in 10 000er-Schritten (bis Fr. 100 000.–) oder nach dem Verhältnis zwischen Miete und Einkommen gefragt werden, sondern auch nach Betreibungen in den letzten zwei Jahren, Haustieren, besonders lärmigen Tätigkeiten. Ferner ist auch zulässig zu fragen, ob die Wohnung als Familienwohnung (siehe Seite 32) verwendet wird, wie viele Personen und Kinder sie bewohnen werden und ob ein Untermietverhältnis besteht oder beabsichtigt ist. Gestattet ist sogar die Frage, ob die bisherige Wohnung vom Vermieter gekündigt wurde und wenn ja, warum... In besonderen Fällen können noch weitere Daten erhoben werden. In keinem Fall ist es zulässig, weitere Angaben zur finanziellen Situation (Abzahlungsverträge, Lohnzessionen) oder gar zu den persönlichen Umständen (Krankheiten, Mitgliedschaft bei Mieterschutzorganisation etc.) des Mieters oder seiner Angehörigen zu verlangen. Für die Aufnahme in Wartelisten, die sich nicht auf eine konkretes Wohnobjekt beziehen, dürfen in der Regel nur Name, Vorname und Adresse erfragt werden.

Im Übrigen tut der Mieter gut daran, die geforderten Angaben wahrheitsgetreu zu machen. Falschangaben bei Daten, die für den Vermieter wichtig sind zur Entscheidung, ob er einen Interessenten berücksichtigt, berechtigen ihn unter Umständen zur Auflösung des Mietvertrags!

Die Wohnung ist noch gar nicht fertig gebaut

«Hier kommt die Küche hin», sagt der Vermieter und zeigt auf einen Dreckhaufen. Wer eine Wohnung mietet, die erst auf dem Plan existiert, braucht ein gut entwickeltes Vorstellungsvermögen. Aber auch ein Quantum besondere Vorsicht. Der Mietvertrag sollte in diesem Fall einen genauen Bau- und Ausbaubeschrieb enthalten, damit spätere Sparübungen des Bauherrn nicht auf Kosten des bereits gebundenen Mieters gehen. Anderseits hat der Erstmieter einer noch im Bau befindlichen Wohnung oft die Möglichkeit, gewisse Ausstattungsdetails mit zu bestimmen. Je nach Stand eines Neubauprojekts kann es für beide Seiten vorteilhaft sein, zuerst einen Vorvertrag abzuschliessen, in dem zwar ein Mietzinsrahmen festgelegt, der definitive Mietzins aber (innerhalb dieses Rahmens) von der Bauteuerung und allenfalls auch von der definitiven Ausstattung abhängig gemacht wird. Im Übrigen sind aber an einen Vorvertrag genauso hohe Anforderungen zu stellen wie an einen normalen Mietvertrag, da er genauso bindend ist. Deshalb sollte der Weg über den Vorvertrag auch nur dann gewählt werden, wenn eine Situation wie die oben geschilderte vorliegt.

Hätten Sie Interesse, diese Vorhänge zu übernehmen?
Manchmal – vor allem bei einem vorzeitigen Auszug – überlässt der Vermieter dem ausziehenden Mieter die Vorauswahl des Nachmieters. Der Mieter hat aber keinen Rechtsanspruch, seinen Nachmieter zu

Checkliste Eignungsprüfung

- *Wohnung*
  Ausreichende Grösse? Praktische Raumaufteilung (eventuell Pläne aushändigen lassen oder selber Skizze machen)? Balkon? Gute Lichtverhältnisse? Wie beheizt? Wie isoliert? Lärm im Haus (Lift, Heizung etc.)? Qualität der Einrichtungen, allgemeiner Zustand? Wird vor Einzug renoviert?
- *Nebenräume*
  Keller und/oder Estrich vorhanden? Wie viele Parteien teilen sich in die Benützung einer Waschmaschine und eines Trockenraums? Garage oder Abstellplatz? Kinderspielplatz? Gartenbenützung?
- *Nachbarn*
  Passen wir zur Hausgemeinschaft? Wohnt der Vermieter selbst im Haus? Schaut ein Hauswart nach dem Rechten?
- *Haus und nächste Umgebung*
  Nähe zu stark befahrenen Durchgangsstrassen? Schiessplatz? Industriegebiet? Erreichbarkeit öffentlicher Verkehrsmittel? Nächste Einkaufsmöglichkeit? Lage der Schulen und anderer öffentlicher Einrichtungen (Theater, Konzerthalle, Schwimmbad, Sportzentrum etc.)?
- *Gemeinde/Kanton*
  Steuerliche Belastung? Angebot öffentlicher Dienste (Bibliotheken, Mütterberatung etc.), Vereinsaktivitäten?
- *Mietzins*
  Ist er angemessen? Wann wurde er letztmals erhöht? Besteht ein Vorbehalt? Staffelmiete? Können wir uns die Wohnung zu diesem Preis leisten?
- *Vertragliche Besonderheiten*
  Langfristige Bindung erforderlich? Haustierhaltung, Musizieren erlaubt?
- *Bezugstermin*
  Können wir die alte Wohnung rechtzeitig kündigen? Wenn nein: Wird ein Ersatzmieter leicht zu finden sein?

bestimmen (siehe auch Seite 216). Ist die Zahl der Interessenten gross, kommt es vor, dass der Ausziehende auf seine möglichen Nachfolger einen diskreten Druck ausübt: «Die Vorhänge und dieses Garderobenmöbel würden wir natürlich schon gerne da lassen. Wir haben an 1500 Franken gedacht.» Diese Taktik ist unfein. Erste Möglichkeit (ebenso unfein): Eine vage mündliche Zusicherung machen und nach Erhalt des unterschriebenen Vertrags einleuchtende Gründe dafür vorbringen, dass das Geschäft nun doch nicht zustande kommen kann. Zweite Möglichkeit (etwas feiner): Beiläufig nach dem Vermieter fragen und sich dann bei diesem direkt melden. Schriftliche Vereinbarungen sind jedoch verbindlich!

Warten auf die gute Nachricht
Für die Auswahl und Überprüfung der Wohnungsinteressenten braucht der Vermieter eine Frist von mindestens zwei Wochen. Drängeln ist nicht zu empfehlen. Hat der Interessent seinerseits mehrere Eisen im Feuer, wird er ein wenig taktieren müssen: Bekommt er den unterschriebenen Mietvertrag derjenigen Wohnung zugestellt, die eher zweite Wahl ist, kann er die Rücksendung des gegengezeichneten Vertrags noch einige Tage hinauszögern (höchstens eine Woche) und in dieser Zeit beim anderen Vermieter höflich auf seine Lage aufmerksam machen. Wartet er mit der Rücksendung des Vertrags allerdings zu lange, ist der erste Vermieter an seine Zusage rechtlich nicht mehr gebunden.

In jedem Fall gilt: Die bisherige Wohnung erst kündigen, wenn der neue Mietvertrag von beiden Parteien unterschrieben ist!

➤ *Gehen Sie die Wohnungssuche auf mehreren Ebenen an: Betreiben Sie neben der täglichen Zeitungslektüre auch Nachforschungen bei staatlichen Stellen, Versicherungsgesellschaften, privaten Immobilienfirmen und Bau- und Wohngenossenschaften.*

➤ *Besichtigen Sie die Wohnung bei Tageslicht. Ist Ihnen die Umgebung nicht bereits bekannt, sollten Sie auch das Quartier oder die neue Wohngemeinde auskundschaften.*

➤ *Kündigen Sie die bisherige Wohnung erst, wenn die neue vertraglich zugesichert ist.*

3. Mietvertrag

Das klein Gedruckte beachten

Wie ruhig die Lage, wie hell und gross die Zimmer, wie hübsch die blauen Badezimmerkacheln! Schule, Migros, Busstation – alles in der Nähe! Der Entschluss steht fest: Diese Wohnung soll es sein. Und nachdem der Vermieter den Vertrag schon zugestellt hat, greifen die glücklichen Mieter eilig zum Füller, um ohne Zögern zu unterschreiben. Doch, Moment bitte: Der Merksatz: «Wer unterschreibt, gebunden bleibt», gilt auch für Mietverträge.

Gesetz: Artikel 253, 253a, b, 254, 255, 256, 256a, 258, 269b, c, 270d
Verordnung: Artikel 1, 2, 3, 18

Das Gesetz ist stärker als jeder Vertrag

Im Mietrecht sind die Rechte und Pflichten von Mieter und Vermieter verbindlich festgelegt, und mit ihrer Unterschrift unter einen Mietvertrag unterstellen sich beide Parteien den entsprechenden Bestimmungen – ob diese nun in irgendeiner Form im Vertrag wiederholt, erwähnt und erläutert werden oder nicht. Der Mieter ist damit, ganz unabhängig vom individuell vereinbarten Vertrag, bereits gegen viele mögliche Formen der Übervorteilung abgesichert.

So sind denn auch vertragliche Vereinbarungen, die den Mieter schlechter stellen, als es die zwingenden Bestimmungen des Mietrechts erlauben, schlicht und einfach nichtig. Einen Mietvertrag zum Beispiel, in dem sich der Vermieter die jederzeitige fristlose Kündigung auf das nächste Monatsende vorbehält, könnte man guten Mutes unterschreiben, denn dieser Vorbehalt verstösst gegen Artikel 266c des Obligationenrechts, der bei Wohnungen eine minimale Kündigungsfrist von drei Monaten vorschreibt, und ist damit ungültig. Genauso wie das vertragliche Verbot, Mitglied beim Mieterinnen- und Mieterverband zu werden oder im Streitfall den Beistand eines Anwalts zu suchen. Allerdings wird sich der Mieter, wenn ein Vermieter eine derart eigenwillige Vertragspolitik betreibt, mit Vorteil aus den Verhandlungen zurückziehen: Zwar käme er in einem Streit unzweifelhaft zu seinem Recht – aber will er denn Streit?

Formularmietverträge: verbreitet, aber nicht unantastbar

Das Gesetz schreibt keine besondere Form des Vertrags vor. Ein Mietvertrag kann demnach im Prinzip auch mündlich abgeschlossen werden. Die Schriftform ist aber selbst dann zu empfehlen, wenn sich die Parteien bereits kennen und aufgrund ihrer engen und guten Beziehung überzeugt sind, das Mietverhältnis werde nie zu Konflikten Anlass geben. Was, wenn doch? Zur Beurteilung der Rechtslage wird in erster Linie das Gesetz beigezogen werden, und die Parteien werden Mühe haben, einen davon abweichenden Vertragsinhalt zu beweisen.

Obwohl ein schriftlicher Mietvertrag für jedes Mietverhältnis neu erfunden, von Hand auf Büttenpapier gesetzt oder mit klappriger Schreibmaschine von A bis Z getippt werden darf, verwenden doch die weitaus meisten Vermieter Formularmietverträge. Diese sind, von Kanton zu Kanton unterschiedlich, teils von paritätischen Kommissionen, teils in Eigenregie vom jeweiligen Hauseigentümerverband oder vom

Verband der Immobilientreuhänder ausgearbeitet worden. Wo der Mieterinnen- und Mieterverband ein Mitspracherecht besitzt oder gar als Mitherausgeber des Vertragsformulars zeichnet, sind die Verträge auch mieterfreundlicher abgefasst – weniger in ihrer rechtlichen Substanz als in der Ausführlichkeit, mit der sie neben den Pflichten des Mieters auch diejenigen des Vermieters festhalten.

Das detaillierte Mietrecht auf eidgenössischer Gesetzesstufe lässt kantonalen Eigenheiten nicht mehr viel Raum – dennoch halten sich Reste von «Kantönligeist» auch in den Mietverträgen. So fahren die beiden Basler Halbkantone ein Sonderzüglein mit der Regelung, dass die Schlussreinigung Sache des Vermieters ist, der Mieter aber dafür zu bezahlen hat, und in Basel-Stadt kann der Mieter bei Mietantritt das unentgeltliche Plombieren seines Kabel-TV-Anschlusses verlangen. Von Kanton zu Kanton unterschiedlich festgelegt sind die Maximalbeträge für kleine Reparaturen, für die der Mieter selbst aufzukommen hat.

Formularverträge sind je nach Kanton mehr oder minder aufwändig gestaltete Drucksachen und vermitteln durch die umständliche, am Juristenlatein geschulte Sprache gerade dem Laien gerne das Gefühl, ihr Inhalt sei unumstösslich. Das ist aber keineswegs der Fall: Mieter und Vermieter können durchaus den einen oder anderen Paragraphen abändern oder durchstreichen und Zusätze verfassen – immer mit der Einschränkung, dass die Änderung nicht gegen das Mietrecht verstösst.

Die Hausordnung lässt auf den Hausgeist schliessen
Eine Hausordnung kann in die Allgemeinen Geschäftsbedingungen des Formularmietvertrags integriert sein oder separat abgegeben werden – so oder so verpflichtet sich der Mieter mit der Vertragsunterschrift in der Regel, auch sie einzuhalten. Die Lektüre vor Vertragsunterzeichnung lohnt sich aus zwei Gründen: Erstens weist die Hausordnung auf Pflichten des Mieters hin, die in Arbeit ausarten können (Schneeräumung, Treppenreinigung), zweitens lässt sich aus Stil und Umfang der Hausordnung auf den Hausgeist eines Wohnhauses und das Temperament seines Eigentümers schliessen. Pingelig detaillierte Bestimmungen sind häufig ein Hinweis auf einen vorsichtigen Vermieter.

Wer ist denn nun der Mieter?
Die Frage ist so banal wie brisant. Denn, nur wer im Vertrag als Mieter bezeichnet wird und zum guten Schluss auch unterschreibt, wird damit

grundsätzlich zum Mieter mit allen Rechten und Pflichten. Solange das Verhältnis zum Vermieter problemlos ist und die Wohngemeinschaft gut funktioniert, ist diese besondere Stellung des vertraglich benannten Mieters kaum von Bedeutung. Aber man weiss ja nie...

Für *verheiratete Paare* – ob mit oder ohne Kinder – sieht das Mietrecht eine besondere Regelung vor: Eine Familienwohnung kann von einem Ehegatten nur mit ausdrücklicher Zustimmung des anderen gekündigt werden. Damit verhindert das Gesetz, dass im Fall einer Trennung der eine Ehegatte, der aus der Wohnung auszieht, diese zugleich kündigen und damit den zurückbleibenden Partner zum Auszug zwingen kann. Dieser besondere Schutz kommt zwar auch zum Tragen, wenn nur einer der beiden Ehegatten den Mietvertrag unterzeichnet. In der Regel drängen die Vermieter bei Familienwohnungen aber darauf, dass beide Ehepartner den Vertrag unterzeichnen und damit die Haftung solidarisch übernehmen. Diese Solidarität entspricht überdies dem Prinzip der Gleichberechtigung beider Partner. Der Schutz gilt nicht für Zweit- oder Ferienwohnungen.

Elemente des Mietvertrags

Rahmenbedingungen	• Gesetze und Verordnungen • Allgemeine Geschäftsbedingungen des Formularmietvertrags • Hausordnung
Individuell auszuhandeln:	• Vertragspartner • Mietdauer • Mietpreis • Besondere Nutzungsrechte (Haustierhaltung, gewerbliche Nutzung, Vornahme baulicher Veränderungen durch den Mieter etc.) • Arbeiten, die der Vermieter vor Mietantritt noch ausführen lässt • Vorkaufsrecht, Kaufrecht, Option auf Verlängerung des Mietvertrags bei befristeter Vertragsdauer

Für *Konkubinatspaare* gelten andere Regeln. Meist wird der Vermieter den Vertrag von beiden Partnern unterzeichnen lassen, weil dann auch beide haftbar sind – und zwar jeder zu hundert Prozent. Diese Haftung gilt für alle Forderungen des Vermieters aus dem Mietverhältnis, also für den Mietzins, die Nebenkosten, die Kaution oder den Schadenersatz, wenn wegen unsachgemässer Benützung Schäden an der Wohnung oder den festen Einrichtungen entstehen. Vor allem junge Mietinteressenten bedenken die Konsequenzen dieser gemeinschaftlichen Verpflichtung oft zu wenig. Zerbricht nämlich die Beziehung und kann sich das Paar nicht darüber einigen, wer nun die Wohnung behält, entsteht eine unangenehme Patt-Situation: Ob Kündigung oder Überschreibung auf den einen Partner, jede Vertragsänderung ist nur mit einer gemeinsamen Unterschrift möglich. Auch wenn es den Verliebten im Moment furchtbar unromantisch erscheint, sie sollten Konflikten dieser Art vorbeugen.

Die eine Möglichkeit ist der Konkubinatsvertrag, in dem die Partner nicht nur die Eigentumsverhältnisse am Mobiliar und ihre finanziellen Beiträge an den gemeinsamen Haushalt, sondern auch die weitere Verwendung der Wohnung im Fall der Trennung zum Voraus regeln. Von beiden unterschrieben, ist dieser Vertrag auch für beide Partner bindend. Die andere Möglichkeit, zu der allerdings das Einverständnis des Vermieters notwendig ist: Das Konkubinatspaar lässt in den Mietvertrag eine Klausel aufnehmen, die zur Einzelkündigung berechtigt. Formulierungsvorschlag: «Jeder Mieter ist berechtigt, das Mietverhältnis für sich aufzulösen. In einem solchen Fall verlängert sich die Kündigungsfrist für den einzeln kündigenden Mieter um 20 Tage. Erfolgt während dieser Bedenkzeit keine Kündigung des Vermieters, so wird das Mietverhältnis mit dem verbleibenden Mieter fortgesetzt.» Fehlt eine solche Regelung, wird die Auflösung des Mietverhältnisses schwieriger (siehe Seite 215).

Die gleiche Klausel kann auch *Wohngemeinschaften* empfohlen werden, in denen mehrere Personen den Vertrag gemeinsam unterzeichnen. Zumindest solange es sich um voraussehbar stabile Wohngemeinschaften handelt. Schliesslich gibt diese Klausel dem Vermieter mit jedem Wechsel in der Mieterschaft die Möglichkeit, die Wohnung zu kündigen! Bei Wohngemeinschaften mit häufigen Wechseln – zum Beispiel Studentenwohnungen – ist es deshalb erfahrungsgemäss vorteilhafter, wenn nur eine oder zwei Personen den Mietvertrag unterzeichnen und die

Mitbewohner in Untermiete aufnehmen (siehe Kapitel «Untermiete», Seite 77). Unterzeichnet von mehreren Wohnungsbenützern nur einer den Mietvertrag, sind die anderen meist Untermieter. Das gilt auch, wenn später ein Partner einzieht, ohne dass der bestehende Vertrag ausdrücklich auf den Nachzügler als Mieter ausgedehnt wird.

Ist der Mieter *unmündig* (unter 18 Jahre alt) oder *bevormundet*, kann er einen Mietvertrag nur mit Zustimmung seines gesetzlichen Vertreters abschliessen. Haben Unmündige hingegen das Recht, allein zu leben und einen Haushalt zu führen, ist die Einwilligung der Eltern nicht notwendig. Dasselbe gilt, wenn sie über Einkommen aus eigener Arbeit verfügen.

Die Mietsache soll genau beschrieben sein

Was ist eigentlich Gegenstand des Mietvertrags? Die Wohnung, aber auch die Räume, die der Mieter gemeinsam mit anderen Mietern nutzen kann, sollten genau umschrieben sein. Gehört zur Mietsache nämlich beispielsweise ein Bastelraum, der allen Hausbewohnern zur Verfügung steht, und wird dieser Raum später einmal einer Partei zur alleinigen Nutzung vermietet, können die betroffenen Mieter eine Reduktion des Mietzinses verlangen. Dieser Anspruch ist einfacher durchzusetzen, wenn das Benützungsrecht schriftlich zugesichert worden ist.

Mietdauer: auf unbestimmte Zeit oder fest

Für Wohnungszwecke ist die Mietdauer auf unbestimmte Zeit noch immer das meistverbreitete Vertragsmodell. Das Mietrecht schreibt bei Wohnungen mindestens drei Monate Kündigungsfrist für beide Parteien vor (möblierte Zimmer: zwei Wochen). Diese Frist kann nach Belieben verlängert und für Mieter und Vermieter unterschiedlich festgesetzt werden (zum Beispiel drei Monate für den Mieter, aber sechs Monate für den Vermieter). Die Kündigungstermine können die Vertragspartner frei wählen, halten sich dabei aber mit Vorteil an ortsübliche Daten (siehe Anhang, Seite 266).

Bei der festen Vertragsdauer sind zwei Fälle zu unterscheiden: Die Partner können vereinbaren, dass der Vertrag nach einer bestimmten Frist abläuft, ohne dass es dazu noch einer Kündigung bedarf. Oder sie vereinbaren, dass sich das Mietverhältnis nach Ablauf der Erstdauer automatisch verlängert (auch ein Übergang zu den vom Gesetz vorgesehenen minimalen Kündigungsfristen ist möglich). In diesem Fall muss der Vertrag zu seiner Beendigung gekündigt werden. Diese Variante ist die bei Wohnungsmieten gebräuchlichere. Es ist aber zu beachten, dass nach bundesgerichtlicher Rechtsprechung der Vermieter nach Ablauf der festen Vertragsdauer die Möglichkeit hat, den Mietzins nach der so genannten absoluten Methode, das heisst ohne Rücksicht auf den bisherigen Mietzins (siehe Seite 132), neu zu kalkulieren und eine allfällige Erhöhung auf dem amtlichen Formular anzuzeigen. Das gilt sowohl, wenn vorher ein Staffelmietzins, wie auch, wenn eine Indexmiete vereinbart war (Bundesgerichtsurteil vom 10. Dezember 1996).

Eine feste Vertragsdauer von einem oder zwei, häufiger aber von drei und mehr Jahren kann im Interesse von Mieter und Vermieter sein, birgt aber auch für beide Parteien Risiken. Der Mieter wird einen lang-

Spielregeln für die Mietzinsfestsetzung bei Verträgen mit fester Dauer

Generell gilt der Grundsatz: Während einer festen Vertragsdauer bleiben Mieter und Vermieter an den Mietvertrag gebunden und können weder Mietzinssenkungen noch -erhöhungen verlangen, soweit diese nicht im Vertrag bereits vereinbart worden sind. Wer also einen Fünfjahresvertrag unterschreibt, dessen Zinsberechnung auf einem Hypothekarzinssatz von 5 Prozent beruht, kann nicht nach zwei Jahren einen tieferen Mietzins verlangen, weil der Hypothekarzins mittlerweile auf $3^{3}/_{4}$ Prozent gesunken ist. Umgekehrt kann der Vermieter auch keine weiteren Erhöhungsgründe anrufen; selbst Mehrleistungen (Investitionen) sind innerhalb der festen Vertragsdauer nur nach Vereinbarung abzugelten.

Staffelmiete (ab drei Jahren)

In Inseraten liest sich das so: «4-Zimmer-Wohnung, Fr. 2250.– exkl. (Staffelmiete)». Im Mietvertrag wird dann eine feste Vertragsdauer von drei oder mehr Jahren vorgeschrieben, während der sich der Mietzins jedes Jahr einmal um einen zum Voraus festgesetzten Betrag erhöht. Diese Beträge müssen im Vertrag auf den Franken genau aufgelistet sein. Ist der Vertrag einmal unterschrieben, kann der Mieter zwar den Anfangsmietzins anfechten, nicht aber die eigentliche Zinsstaffel.

Indexierte Miete (ab fünf Jahren)

Bei Mietverträgen von fünf oder mehr Jahren Dauer können die Vertragspartner die Entwicklung des Mietzinses von der Entwicklung der Geldentwertung abhängig machen. Die Verordnung zum Mietrecht legt fest, dass indexierte Mietzinsen für Wohnungen im Umfang der Zunahme des Landesindexes erhöht werden dürfen. Seit dem 1. August 1996 darf die Teuerung zu 100 Prozent (früher nur bis 80 Prozent) überwälzt werden. Bei einer Jahresteuerung von drei Prozent darf der Mietzins demnach um ebenfalls drei Prozent angehoben werden. Bei indexierten Mieten spielt die Entwicklung des Hypothekarzinssatzes für die Entwicklung des Mietzinses keine Rolle! Abgesehen vom ohnehin beschränkten Recht, den Anfangsmietzins anzufechten (siehe Seite 53), kann der Mieter nur die rechnerische Richtigkeit der Indexberechnung anfechten.

Eine Kombination von Index- und Staffelmiete in ein und demselben Vertrag ist gemäss Bundesgericht unzulässig. Wenn also der Mietzins während der festen Vertragsdauer dem Landesindex der Konsumentenpreise angepasst werden darf, ist es nicht mehr möglich, den Mietzins von beispielsweise Fr. 1800.– nach zwei Jahren auf Fr. 2000.– zu erhöhen, selbst wenn der tiefere Mietzins als Anfangsverbilligung oder nicht kostendeckender Anfangsmietzins deklariert wird (Bundesgerichtsentscheid vom 17. November 1997).

fristigen Mietvertrag wünschen, wenn er seine familiären, beruflichen und finanziellen Verhältnisse als stabil beurteilt und sich die Wohnung für möglichst lange sichern möchte. Gut beraten ist er mit einem langfristigen Mietvertrag besonders auch dann, wenn er selber bauliche Veränderungen in der Wohnung vornehmen möchte. Der Vermieter lässt sich eher von kommerziellen Überlegungen leiten: Er kann für Objekte, die er demnächst umfassend renovieren will, einen befristeten Mietvertrag abschliessen (mit ausdrücklichem Hinweis auf seine Absicht) und muss dann keine Schereien mit Erstreckungsgesuchen befürchten (siehe auch Seite 195). Er kann zudem bei Objekten, die wegen ihrer Lage oder ihres Preises schwer vermietbar sind, den Ertrag für eine längere Dauer sicherstellen.

Neben diesen Vorteilen stehen Nachteile und Risiken: Hat beispielsweise ein junges Paar im Vertrauen auf den Fortbestand seiner

Liebe sowie seines Doppelverdienstes eine sündhaft teure Dach-Maisonette auf mehrere Jahre fest gemietet, kann es – ob die Liebe nun abhanden kommt oder zu Elternfreuden führt – in arge Nöte geraten, wenn sich kein Nachmieter findet. Auf der Seite des Vermieters steht dafür das Risiko, sich auf mehrere Jahre hinaus einem Mieter zu verpflichten, der immer wieder für Ärger sorgt.

Eine Begleiterscheinung des rasanten Anstiegs der Wohnbaukosten während der Immobilienhausse im letzten Jahrzehnt sind die Verträge auf feste Dauer mit Staffelmietzinsen (siehe Kasten, Seite 35). Oft nehmen Vermieter, die zu teuer gebaut haben und ihre Wohnungen zu kostendeckenden Zinsen nicht losbringen, zu dieser Methode Zuflucht und locken mit «Anfangsverbilligungen». Wer einen solchen Vertrag eingehen will, sollte sorgfältig abwägen, ob die Miete auch noch auf der letzten Stufe der Staffel verkraftbar sein wird. So schnell, wie die Mietzinsstaffel steigt – verbreitet sind Sätze um zehn Prozent pro Jahr –, werden die Löhne auch in der Schweiz nicht mehr erhöht!

Der Mietpreis: aufgepasst bei Vorbehalten!
Das neue Mietrecht macht es dem Vermieter fast unmöglich, bei der Festsetzung des Mietzinses im Vertrag zu schummeln, indem er beispielsweise Nebenkosten nicht auflistet, die er dem Mieter nachträglich doch aufhalsen will. Denn es gilt der mieterfreundliche Grundsatz, dass alle Kosten, die nicht ausdrücklich als separat verrechenbare Nebenkosten aufgezählt werden, im Nettomietzins enthalten sind.

Der Mieter sollte aber sein Augenmerk auf Vertragsbestimmungen richten, die als so genannte Mietzinsvorbehalte oder -reserven dem Vermieter das Recht einräumen, zu einem späteren Zeitpunkt den Mietzins zu erhöhen. Mit Vorbehalten macht der Vermieter darauf aufmerksam, dass der vereinbarte Mietzins nicht ausreicht, um mit der vermieteten Liegenschaft den gesetzlich zulässigen Ertrag zu erzielen, und dass ihm, so gesehen, ein höherer Mietzins zustehen würde. Dass er diesen höheren Zins früher oder später einfordern wird, darf angenommen werden. Gründe für einen Vorbehalt können sein:
- Der orts- oder quartierübliche Mietzins für gleichwertige Mietobjekte liegt höher.
- Die so genannte kostendeckende Bruttorendite wird nicht erreicht (siehe Seite 112 und 128).
- Die Verzinsung des Eigenkapitals ist ungenügend (siehe Seite 127).

- Der Mietzins basiert auf einem tieferen als dem zurzeit geltenden Hypothekarzinssatz.
- Der Mietzins basiert auf einem tieferen als dem zurzeit geltenden Landesindex der Konsumentenpreise.
- Die Unterhalts- und Betriebskostenteuerung ist nicht im vollen Umfang auf den Mietpreis überwälzt.
- Es sind wertvermehrende Investitionen vorgenommen worden oder im Gang, die im Mietpreis noch nicht berücksichtigt sind.

Wer als Mieter eine Vorbehaltserklärung unterschreibt, verliert damit zwar nicht das Recht, eine spätere Mietzinserhöhung, welche mit dem Vorbehalt begründet wird, anzufechten (Vorgehen siehe Seite 134). Aber er muss zur Kenntnis nehmen, dass ihm jederzeit eine Erhöhung ins Haus schneien kann. Vorsicht ist vor allem bei Neubauten angebracht, bei denen der Vermieter, um überhaupt Interessenten zu finden, mit einem günstigen Preis lockt und sich danach im Vertrag die Erhöhung des Mietzinses zur Erreichung einer kostendeckenden Bruttorendite vorbehält: Das Erhöhungsschreiben kommt nämlich so sicher wie das Amen in der Kirche, sobald man in der Wohnung erst einmal richtig heimisch geworden ist.

Ein Vorbehalt kann aber auch von Mieterfreundlichkeit zeugen: Hat ein Vermieter sein Haus mit einer Festhypothek belehnt, deren Zinssatz tiefer ist als der zurzeit geltende, und lässt er seine Mieter davon über einen günstigen Mietpreis profitieren, ist ihm wohl auch zuzubilligen, dass er sich mit einem Vorbehalt absichert. Muss er nämlich die Festhypothek durch eine Hypothek mit höherem Zinssatz ablösen, will er die Mehrkosten auf den Mietzins überwälzen können.

Wichtig für den Wohnungsinteressenten ist in jedem Fall, dass er einen Vorbehalt in sein Budget einbezieht und sich darüber Rechenschaft ablegt, ob er die Wohnung auch noch wird halten können, wenn der Mietzins um den vorbehaltenen Betrag angehoben wird. Und wer nach Addition von vertraglichem Mietzins und vorbehaltener Erhöhung zum Schluss kommt, so viel sei ihm die Wohnung doch eigentlich nicht wert, der unterschreibt das tückische Vertragswerk gar nicht erst!

Meldet der Vermieter keinen Vorbehalt an, darf der Mieter daraus schliessen, dass der im Mietvertrag vereinbarte Zins zur Erzielung eines angemessenen Ertrags ausreicht. Deshalb können alle späteren Erhöhungen, die mit Kostensteigerungen vor dem Vertragsabschluss begründet werden, als missbräuchlich angefochten werden. Das gilt sogar für den Fall, dass ein Vermieter den Mietpreis auf der Basis einer günstigen Festhypothek berechnete, es aber versäumte, den Mieter darauf in einer Vorbehaltserklärung hinzuweisen. Die Verordnung verlangt vom Vermieter, dass er den Vorbehalt ausdrücklich in Franken oder in Prozent des Mietzinses festlegt. Andernfalls ist der Vorbehalt ungültig.

Es kommt auch vor, dass der Vermieter einen solchen Vorbehalt während laufendem Mietvertrag anlässlich einer Erhöhung des Zinses erklärt. Er kündigt also an, dass die Mietzinsanpassung nur teilweise erfolgt sei. Will der Vermieter einen solchen Vorbehalt zu einem späteren Zeitpunkt für eine Mietzinserhöhung nutzen, muss er nachweisen, dass damals für ihn effektiv die Möglichkeit bestanden hätte, einen höheren Mietzins zu fordern. Die Praxis zeigt, dass der Vermieter diesen Nachweis bei nachträglich angebrachten Vorbehalten oft gar nicht führen kann.

Beispiele von Vorbehalten
(in Mietverträgen häufig Mietzinsreserve genannt)

«Der Mietzins wurde bei der Wiedervermietung nicht angepasst. Er beruht auf einem Index der Konsumentenpreise von 104,5 Punkten (März 1999, Basis Mai 1993 = 100 Punkte), einem Hypothekarzins von 3,75% und dem Kostenstand April 1999. Eine Mietzinsanpassung von 4,27% wird daher vorbehalten.»
Ein solcher Vorbehalt ist korrekt, allerdings ist es ratsam, die Berechnung zu kontrollieren, zum Beispiel indem man die eigenen Eckdaten auf der Internetseite des Mieterinnen- und Mieterverbands (siehe Anhang, Seite 270) ins Berechnungsschema eingibt.

«Der Mietzins führt nicht zu einer angemessenen Nettorendite. Eine Erhöhung um 15% bleibt daher vorbehalten.»
Auch dieser Vorbehalt ist korrekt, doch muss man allenfalls die Nettorendite überprüfen. Weigert sich der Vermieter, die dazu nötigen Angaben zu liefern, kann man sich an die Schlichtungsbehörde wenden.

«Der Mietzins entspricht nicht dem orts- oder quartierüblichen Niveau.»
Ein solcher Vorbehalt wäre nur gültig, wenn der vorbehaltene Betrag in Franken oder Prozent genau angegeben wäre.

Ein Spezialfall muss hier noch erwähnt werden: Der Mietzins von Wohnungen, die mit Bundeshilfe finanziert worden sind, kann entsprechend der im Reglement vorgesehenen schrittweisen Anpassung an die effektiven Kosten alle zwei Jahre um einen bestimmten Prozentsatz angehoben werden (siehe Seite 236). Mit dem Mietvertrag zu einer solchen Wohnung unterschreibt der Mieter gleichzeitig eine Erklärung, dass er von diesen periodischen Erhöhungen Kenntnis hat.

Auf Anfechtung des Anfangsmietzinses spekulieren ist zu gefährlich
Wer schon einmal etwas davon gehört hat, dass nach neuem Mietrecht ein Anfangsmietzins anfechtbar ist, mag sich bei der Vertragsunterzeichnung vielleicht sagen: «Die Wohnung ist zwar deutlich überteuert, aber wenn ich erst einmal unterschrieben habe, kann ich ja den Mietzins anfechten.»

Doch so einfach ist das nicht: Die Anfechtung ist nur unter bestimmten Voraussetzungen möglich, der Ausgang der Verhandlung ist schwer abschätzbar und das Mietverhältnis wird von Anfang an belastet. Auf jeden Fall schützt das Gesetz denjenigen Mieter nicht, der sich ohne Not durch den Bezug einer für ihn zu teuren Wohnung in ein finanzielles Abenteuer stürzt (mehr zur Anfechtung des Anfangsmietzinses im Kapitel «Wohnungsbezug», Seite 53).

Die Kaution, auch Depot genannt: Gradmesser des Misstrauens
Zu Zeiten des alten Mietrechts hatte der Vermieter ein gesetzliches Pfandrecht an den Wohnungseinrichtungen des Mieters. Er konnte also beispielsweise den Steinway-Flügel pfänden lassen, wenn sein Mieter zwar musikalisch war, aber für Mietzahlungen partout kein Musikgehör zeigte. Dieses Recht besteht nach heutigem Mietrecht nicht mehr (auch wenn der Vertrag vor Inkrafttreten der neuen Bestimmungen abgeschlossen worden ist). Umso mehr Gewicht hat für den Vermieter die Kaution oder das Depot als Sicherheit bei Zahlungsunfähigkeit oder -unwilligkeit seines Mieters. Diese Kaution darf bei Mietwohnungen bis zu drei Monatsmieten betragen (Geschäftsmiete siehe Seite 234). Je nach Mietvertrag und kantonalen Usanzen ist dabei die Brutto- oder die Nettomiete Berechnungsgrundlage.

Es gibt Vermieter – darunter grosse Versicherungsgesellschaften mit namhaftem Immobilienbesitz –, die grundsätzlich auf eine Kaution verzichten. Andere schöpfen die gesetzliche Limite aus und fügen in den Mietvertrag sogar einen Passus ein, in dem sie sich die Erhöhung der Kaution im Fall einer Mietzinserhöhung vorbehalten.

Die Kaution kann zwar auch in Form einer Bankgarantie oder Bürgschaft geleistet werden. Für Wohnungsmieter ist das Bankkonto aber eindeutig vorzuziehen: Das Geld trägt Zins wie auf einem Sparkonto und ist spesenfrei angelegt, während bei der Errichtung einer Bürgschaft oder einer Bankgarantie Spesen entstehen. Der Mieter sollte Zahlungen nur auf ein auf seinen Namen lautendes Konto vornehmen, wobei das Konto vom Mieter oder Vermieter eröffnet werden kann.

Das Gesetz hat etliche Vorkehrungen getroffen, die Kautionssumme vor dem unberechtigten Zugriff des Vermieters (aber auch des Mieters) zu schützen (siehe Seite 91 und 229). Dennoch muss der Mieter damit rechnen, dass die Kaution im ungünstigsten Fall bis zu einem Jahr nach Beendigung des Mietverhältnisses blockiert bleibt. Deshalb ist eine hohe Kautionsforderung bei der Abwägung von Argumenten für oder gegen einen Vertragsabschluss ein – wenn auch kleiner – Gewichtstein auf der Kontra-Seite.

Individuelle Vereinbarungen immer in Schriftform
«Günstiger Mietzins. 5 Jahre keine Erhöhung.» So las Herr Fritschi im Zeitungsinserat. Er mietete die Wohnung. Zwei Jahre später erhielt er eine Mietzinserhöhung von über 300 Franken angezeigt. Er zog einen Anwalt bei und wandte sich an die Schlichtungsbehörde. Das unbefriedigende Verhandlungsresultat: ein Vergleich, der ihn verpflichtete, die Hälfte des verlangten Aufschlags zu zahlen. Inserate, Kataloge und Preislisten gelten eben nicht als Offerten im Rechtssinn. Verbindlich wäre die Zusage des Vermieters nur gewesen, wenn sie in den Mietvertrag aufgenommen worden wäre.

«In dieser Wohnung wird es Ihnen sicher gefallen», sagte der Vermieter bei der Besichtigung, «zumal wir in nächster Zeit noch einen Wintergarten anbauen werden!» Frau Kübler unterschrieb in wohliger Vorfreude aufs winterliche Sonnenbad hinter Glas den Mietvertrag. Der Wintergarten wurde nie gebaut. Und weil er auch im Vertrag mit keiner Silbe erwähnt worden war, konnte sie nicht einmal eine Herabsetzung des Mietzinses durchsetzen – aus Mangel an Beweisen.

«Aber natürlich bieten wir das Einfamilienhaus Ihnen zuerst an, wenn wir es doch einmal verkaufen möchten!» Also sprach dessen Besitzer vor fünf Jahren bei der Vertragsunterzeichnung. Und heute liegt auf dem Tisch von Familie Fröhlich, der Mieterin, ein Chargé-Brief, in dem sich der neue Eigentümer des Hauses vorstellt und zugleich infolge dringenden Eigenbedarfs die Kündigung ausspricht. Der frühere Vermieter hat sich an sein Versprechen von damals ganz einfach nicht mehr erinnert...

Noch mehr Beispiele gefällig? Die vorliegenden dürften bereits genügen, um die altbewährte These zu belegen: Gut gesagt ist halb vergessen! Individuelle Absprachen zu den folgenden Punkten sollten deshalb ohne Ausnahme schriftlich vereinbart werden:

- Reparaturen und wertvermehrende Installationen, die der Vermieter noch vor Mietbeginn vornimmt und die durch den vereinbarten Mietzins auch bereits abgegolten sind
- Ermächtigung des Mieters zu baulichen Veränderungen in der Wohnung sowie eine Regelung, wie der Mieter beim Auszug für den Mehrwert entschädigt wird (siehe auch Seite 72)
- Besondere Nutzungsrechte des Mieters, die aufgrund der Allgemeinen Geschäftsbedingungen des Mietvertrags der individuellen Regelung bedürfen (Haustierhaltung, Betreiben eines stillen Gewerbes)
- Mietzinsgarantien des Vermieters (keine oder nur limitierte Erhöhungen während einer bestimmten Frist)
- Vorkaufsrecht oder Kaufrecht des Mieters (siehe Seite 43)
- Option auf Verlängerung eines Mietvertrags mit fester Dauer

Koppelungsgeschäfte: so verboten, wie das Wort klingt
Schlaumeier sterben nicht aus. Manchmal treten sie auch als Vermieter auf und wollen den Mieter einer Wohnung zum Abschluss einer Lebensversicherung, zum Kauf von Möbeln oder von Aktien des Eigentümers verpflichten. Alle Verpflichtungen dieser Art sind aber nichtig, wenn sie nicht in einem direkten Zusammenhang mit dem Gebrauch der Wohnung stehen. Der Mieter braucht sie nicht zu erfüllen und kann von einem solchen Koppelungsgeschäft jederzeit zurücktreten. Bekommt er daraufhin die Kündigung, kann er diese mit grosser Aussicht auf Erfolg anfechten. Statthaft ist hingegen die Auflage, bei Miete einer Genossenschaftswohnung einen Anteilschein oder, je nach Gesellschaftsform des Wohneigentümers, eine Aktie der Mieter-Aktiengesellschaft zeichnen zu müssen. In etlichen Verträgen enthalten und auch zulässig ist zudem die Verpflichtung des Mieters, eine Haftpflichtversicherung abzuschliessen.

Vorkaufsrecht? Ja. Kaufrecht? Ja. Kaufzwang? Nein!

Manch einer ist Mieter und wäre lieber Eigentümer. Da ist die Aussicht darauf, die Mietwohnung später einmal kaufen zu können, verlockend. Mieter und Vermieter können sich über einen späteren Kauf in verschiedener Form absprechen. Räumt der Vermieter dem Mieter ein Vorkaufsrecht ein, verpflichtet er sich nicht dazu, die Wohnung zu verkaufen – aber falls er sie jemals verkaufen würde, hätte er sie dem Mieter als Erstem anzubieten und auch ihm zu verkaufen, sollte dieser einen marktgerechten Preis dafür bieten. Das Kaufrecht hingegen ist mit einer Option vergleichbar: Der Mieter erhält damit das Recht (aber nicht die Pflicht), die Wohnung zu einem bestimmten Zeitpunkt zu einem bestimmten Preis zu erwerben. Das Vorkaufsrecht können Mieter und Vermieter ohne weitere Formalitäten schriftlich vereinbaren; ein Kaufrecht dagegen muss öffentlich beurkundet werden.

Vermieter, die einen Kaufvertrag zum «integrierenden Bestandteil» des Mietvertrags machen und damit naive Mietinteressenten zu einem späteren Kauf der Wohnung verpflichten wollen, haben Pech. Die Rechtsprechung beurteilt diese Kombination von Verträgen als Koppelungsgeschäft und hat sie für nichtig erklärt. Wird also mit einem Mietvertrag zugleich die Verpflichtung zu einem späteren Kauf eingegangen, ist der Mietvertrag als solcher zwar gültig, die Kaufverpflichtung aber gegenstandslos.

Zu viel Bedenkzeit darf nicht sein

Einen Mietvertrag gründlich zu durchleuchten, bevor man ihn unterschreibt, ist das eine, ihn dann doch nicht allzu lange unschlüssig liegen zu lassen, das andere. Der Vermieter kann nämlich den Vertragsschluss ablehnen, wenn er den Vertrag bereits unterzeichnet an den künftigen Mieter schickt und dieser mit der Rücksendung zu lange zuwartet (Richtzeit: rund eine Woche). Stellt der Vermieter anderseits den Vertrag zu, ohne ihn selbst unterzeichnet zu haben, kann der Mieter trotz Unterschrift erklären, der Vertrag sei nicht zustande gekommen, wenn der Vermieter die Rücksendung länger als eine Woche hinauszögert.

▶ *Grundlage jedes Mietvertrags bildet das im Obligationenrecht geregelte Mietrecht. Bestimmungen im Mietvertrag, die zwingenden Bestimmungen des Mietrechts (oder anderem geltendem Recht) widersprechen, sind ungültig. Dazu gehören auch alle Verpflichtungen des Mieters zum Abschluss von Geschäften, die nicht einen unmittelbaren Zusammenhang mit dem Gebrauch der Wohnung haben.*

➤ *Die Verpflichtung zu einer langen Vertragsdauer will sorgfältig bedacht sein und sollte nur eingegangen werden, wenn das Mietobjekt in jeder Beziehung überzeugt und zugleich die persönlichen Verhältnisse auf längere Sicht als stabil eingeschätzt werden oder wenn das Mietobjekt derart günstig und gut vermietbar ist, dass schlimmstenfalls ein Ersatzmieter gefunden werden könnte.*

➤ *Bei Verträgen mit Staffelmietzins oder Vorbehaltsklausel sollten Sie vor Vertragsunterzeichnung sicher sein, dass Ihnen die Wohnung auch zum höheren Preis noch attraktiv erscheint – und dass Sie diesen höheren Preis auch werden bezahlen können.*

➤ *Mündliche Zusagen des Vermieters, etwa zur Haustierhaltung, zur Entwicklung des Mietzinses oder zu Verbesserungen an der Wohnung, gehören im Vertrag schriftlich festgehalten.*

➤ *Eine Kautionsforderung des Vermieters bis zur Höhe von drei Netto- oder Bruttomonatszinsen ist zulässig. Leisten Sie Kautionszahlungen ausschliesslich auf ein eigens zu diesem Zweck eingerichtetes Konto – ein so genanntes Kautionskonto, über das nur beide Parteien gemeinsam verfügen können –, das auf Ihren Namen lautet!*

4. Wohnungsbezug

Alles für den guten Start

Der Bezug einer neuen Wohnung ist für die meisten ein wichtiges Ereignis und kommt für manche sogar dem Beginn eines neuen Lebensabschnitts gleich. Vorfreude und Stress mischen sich zum typischen Zügelfieber, das oft schon Monate vor dem grossen Tag ausbricht. Trotz Aufregung: Es lohnt sich, den Umzug sorgfältig zu planen, die neue Wohnung gründlich auf Mängel zu prüfen und, sollten die Voraussetzungen gegeben sein, rasch die nötigen Schritte zur Wahrung der Rechte als Mieter einzuleiten.

Gesetz: Artikel 256, 256 a 1, 258, 270

Vor dem Einzug kommt doch der Auszug!

Das Zügeln, als Bühnenstück verstanden, ist ein klassischer Zweiakter. Erster Akt: Verlassen der bisherigen Wohnung. Zweiter Akt: Bezug der neuen Wohnung. In diesem Buch wird der zweite Akt zuerst gespielt und der erste nur so weit behandelt, als es um die Organisation des Umzugs geht. All die rechtlichen Fragen, die sich beim Auszug aus einer Wohnung stellen, sind nämlich ein Kapitel für sich (siehe Kapitel «Wohnungsrückgabe», Seite 221).

Selber zügeln oder zügeln lassen?

«Würdest Du uns beim Zügeln helfen?» Diese Frage hat schon manche Freundschaft einer argen Belastungsprobe ausgesetzt. Oft hilft nur noch der Hinweis auf den Rückenschaden, um sich mit Anstand aus der Affäre zu ziehen. Im Ernst: Wer andere um Unterstützung beim Umzug angeht, muss sich bewusst sein, dass dieser Freundschaftsdienst – je nach Grösse des Haushalts und Gewicht der Stücke – ungeübte Helfer rasch einmal überfordert. Für kleine Haushalte mit leichten, zerlegbaren und auch nicht allzu kostbaren Möbeln ist das Do-it-yourself-Zügeln aber durchaus möglich.

Wer von Profis zügeln lässt, holt mit Vorteil zwei oder mehr schriftliche Offerten ein. Dabei sollten zunächst Transportfirmen aus der näheren Umgebung der alten oder der neuen Wohnung angefragt werden, denn man bezahlt auch für die Fahrzeit vom Standplatz des Zügelwagens bis zur Wohnung.

Ob Laien oder Profis zügeln – sie sind für eine gute Vorbereitung dankbar. Also: Alle Kleinwaren (Bücher, Platten, Geschirr, Spielsachen, Kleider etc.) in nicht zu grosse und nicht zu schwere Schachteln oder Transportkisten verpacken, Kästen und andere Möbel so weit möglich bereits zerlegen, für die Möbel einen Einrichtungsplan (was kommt am neuen Ort in welches Zimmer zu stehen) anfertigen, den Parkplatz für den Zügelwagen am alten und neuen Ort so nah wie möglich bei der Wohnung reservieren.

Achtung: Zügelschäden sind mit Ausnahme von Glasbruch (Vitrine, Tische) durch die Hausratversicherung nicht gedeckt! Für alle Schäden am Mobiliar, die der Eigentümer selbst verursacht, hat er selbst aufzukommen. Passiert dagegen einem Bekannten, der gratis hilft, ein Missgeschick, kommt für Sachschäden dessen Haftpflichtversicherung auf. Sie kann ihre Leistungen allerdings kürzen, denn für Schäden, die

Checkliste Umzug

Vorbereitung: so früh wie möglich
- ❏ Offerten Wohnungsendreinigung einholen (mit Abnahmegarantie), Auftrag erteilen
- ❏ Offerten Zügelfirma einholen, Auftrag erteilen
- ❏ Beim Arbeitgeber Zügelurlaub anmelden
- ❏ Neuen Telefonanschluss beantragen
- ❏ Adressänderungsanzeigen vorbereiten und zwei bis vier Wochen vor dem Umzug versenden
- ❏ Einrichtungsskizze für die neue Wohnung anfertigen
- ❏ Selten Gebrauchtes einpacken, Schachteln beschriften
- ❏ Aufgaben am Zügeltag innerhalb der Familie / Mietergemeinschaft verteilen

Am Zügeltag: so entspannt wie möglich
- ❏ Zügelequipe anhand der Einrichtungsskizze instruieren
- ❏ Am alten Wohnort Zählerstände ablesen (lassen)
- ❏ Wohnungsübergabe am alten Wohnort (mit Übergabeprotokoll)
- ❏ Am neuen Wohnort Zählerstände ablesen (lassen)
- ❏ Wohnungsübernahme am neuen Wohnort (mit Antrittsprotokoll)

Am neuen Wohnort: so bald wie möglich
- ❏ Sich bei den Mitmietern vorstellen
- ❏ Antrittsbesuche bei Gemeindeverwaltung, Schule
- ❏ Nachträglich festgestellte Mängel dem Vermieter sofort nach Feststellung, jedenfalls innert der vertraglichen Frist (10 bis 30 Tage), melden
- ❏ Zügelschäden innert drei Tagen der Zügelfirma melden

---

jemand bei Gefälligkeitshandlungen verursacht, ist die Haftung weniger streng. Verletzt sich der Helfer, steht die Unfallversicherung für die Heilungskosten ein. Zügelfirmen verfügen in der Regel über eine Haftpflichtversicherung. Es lohnt sich, vor der Auftragserteilung abzuklären, welche Schäden diese deckt, und für Deckungslücken eine Zusatzversicherung abzuschliessen.

Das Antrittsprotokoll beschreibt die Stunde Null
Das Antrittsprotokoll beim Bezug einer Wohnung ist nicht obligatorisch. Die Vermieter haben jedoch ein grosses Interesse daran. Denn, um den Mieter beim späteren Auszug für Schäden belangen zu können, müssen sie beweisen, dass sie die Wohnung mängelfrei übergeben haben.

Für den Mieter hat das Protokoll den Vorteil, dass es klare Verhältnisse schafft und zugleich Gelegenheit bietet, schriftlich festzuhalten, was der Vermieter noch auszubessern hat. Gewöhnlich wird für das Antrittsprotokoll ein Formular mit Durchschlagskopie verwendet. Der Mieter sollte unbedingt darauf bestehen, dass ihm sofort eine Kopie ausgehändigt wird.

Welche Mängel darf ein Mieter überhaupt monieren? Als Richtschnur gilt, dass die Wohnung im vertragsgemässen Zustand sein muss. In der Praxis bedeutet dies, dass sich die Wohnung bei Mietantritt so präsentiert, wie sie bei der Besichtigung ausgesehen hat. In einer unrenovierten Altwohnung wird der Mieter also beim Bezug nicht plötzlich den ausgetretenen Parkettboden bemängeln können – es sei denn, er habe sich im Mietvertrag die Erneuerung des Bodens ausbedungen. Trotz dieser Einschränkung ist der neue Mieter aber gut beraten, seine Chancen zu nutzen und sich alles genau anzusehen. Denn der Vermieter ist verpflichtet, bei Mietantritt auch kleine Ausbesserungen und Reinigungen auf eigene Kosten vorzunehmen. Ist der Mieter aber einmal eingezogen und hat auch die Frist zur nachträglichen Mängelmeldung ungenutzt verstreichen lassen, muss er diese Arbeiten selbst ausführen oder bezahlen.

Die Aufnahme des Protokolls sollte wo immer möglich bei Tageslicht geschehen, denn im milden Schimmer winterlicher Morgen- oder Abendstunden oder im Schein gemütlicher Lampen sind Flecken und Muster nur noch schwer auseinander zu halten.

Der Mieter kann auch verlangen, dass ihm Einsicht in das Rückgabeprotokoll des Vormieters gewährt wird. Ein nützliches Recht: Da der Vermieter ein Interesse daran hat, bei der Wohnungsrückgabe möglichst alle Mängel aufzuspüren und aufzulisten, gibt das Protokoll wahrscheinlich ein sehr vollständiges Bild vom Zustand der Wohnung.

Nicht jeder Mangel, der bei Mietantritt festgestellt wird, muss auch behoben werden. Der Mieter kann von sich aus auf die Reparatur verzichten oder der Vermieter kann eine Instandstellung auch verweigern, wenn es sich zum Beispiel um einen Schönheitsfehler handelt, den zu

> Anton und Jolanda Vontobel
> Postweg 9
> 8400 Winterthur
>
> EINSCHREIBEN
>
> Pro Haus Verwaltungs-AG
> Postfach
> 8022 Zürich
>
> Winterthur, 5. August 1999
>
> Ergänzung des Übernahmeprotokolls
>
> Sehr geehrte Damen und Herren
>
> Am 2. August 1999 haben wir die Wohnung am Postweg 9, 2. Stock, übernommen. Innert der im Übernahmeprotokoll gesetzten Frist von zehn Tagen melden wir Ihnen noch folgende Mängel, die bei der Wohnungsübergabe nicht festgehalten wurden:
>
> Küche: Der Grill im Backofen funktioniert nicht.
> Bad: Das Abflussrohr unter dem Lavabo rinnt.
>
> Wir bitten Sie, diese Mängel möglichst rasch beheben zu lassen. Besten Dank im Voraus!
>
> Freundliche Grüsse
>
> *Anton Vontobel   Jolanda Vontobel*
>
> Anton und Jolanda Vontobel
>
> PS: Aus Beweisgründen senden wir Ihnen diesen Brief eingeschrieben. Wir bitten Sie um Verständnis.

Nachträgliche Meldung von Mängeln nach Wohnungsübernahme

beheben unverhältnismässig hohe Kosten verursachen würde. Ein nur zentimetergrosser hartnäckiger Flecken im zweijährigen und sonst noch makellosen Spannteppich etwa sollte zwar unbedingt protokolliert werden, der Vermieter muss den Teppich aber auch dann nicht auswechseln lassen, wenn die Fleckenentfernung unmöglich ist.

Für das nachträgliche Reklamieren von Mängeln nennen die Formularmietverträge Fristen zwischen 10 und 30 Tagen. Eine solche Frist lässt sich auch rechtfertigen, denn mit zunehmender Wohndauer wächst die Wahrscheinlichkeit, dass der Mieter selbst die Mängel verursacht hat. Er tut deshalb gut daran, während der ersten Tage in der neuen Wohnung die Räume noch einmal gründlich zu inspizieren und sämtliche elektrischen und sanitären Installationen zu überprüfen – auch solche, die je nach Jahreszeit im Moment gar nicht genutzt werden: Sonnenstoren zum Beispiel, Wasserleitungen und Steckdosen an Aussenwänden. Nachträglich festgestellte Mängel müssen dem Vermieter mit eingeschriebenem Brief mitgeteilt werden. Bestreitet er die Mängel nicht innert angemessener Frist – einige Formularmietverträge beziffern diese Frist auf den Tag genau –, gelten sie als anerkannt.

Verlässt der Vormieter die Wohnung erst zum ordentlichen Auszugstermin, muss der neue Mieter damit rechnen, dass Instandstellungsarbeiten, die bereits im Mietvertrag vereinbart worden sind, erst nach seinem Einzug ausgeführt werden. Denn der «Wohnfriede» des ausziehenden Mieters darf durch Ausbesserungsarbeiten, von denen er selbst nichts mehr hat, nicht ohne seine Einwilligung gestört werden.

Oh Schreck, schwerwiegende Mängel!
Oh Graus, die Wohnung ist gar nicht frei!
Gewiss, auch kleine Mängel können lästig sein. Aber so richtig unangenehm wird's erst, wenn Schäden bestehen, die das komfortable Wohnen empfindlich beeinträchtigen oder gar unmöglich machen, oder wenn die Wohnung – weil sie noch im Bau ist, weil der Vormieter noch darin wohnt oder seinen Hausrat darin zurückgelassen hat – gar nicht bezugsbereit ist. In diesen Fällen ist schnell einmal der Punkt erreicht, wo man sich den Beistand eines Rechtsberaters sichern sollte. Im Folgenden ein Überblick über die rechtlichen Möglichkeiten.

Kann die Wohnung gar nicht bezogen werden oder ist sie zwar bezugsbereit, weist aber unzumutbare Mängel auf (zum Beispiel eine nicht funktionierende Heizung im Winter), setzt der Mieter dem Vermieter eine kurze Frist von etwa einer Woche zur Mängelbehebung und hat das Recht, vom Vertrag zurückzutreten, wenn der Vermieter die gesetzte Frist nicht einhält. Dieser wird danach für Kosten, die dem Mieter durch das Einstellen der Möbel und die Hotelunterkunft entstehen, schadenersatzpflichtig – es sei denn, er könne beweisen, dass ihn am Mangel kein Verschulden trifft. Hier ist unbedingt ratsam, mit einem Anwalt, dem Beobachter-Beratungsdienst oder einem Rechtsberater des Mieterinnen- und Mieterverbands Rücksprache zu nehmen, denn die Streitsumme erreicht rasch einmal eine fünfstellige Zahl.

Entschliesst sich der Mieter, die Wohnung trotz schwerer Mängel zu beziehen, oder ist es nicht ganz unzumutbar, die Wohnung zu benutzen, meldet er dem Vermieter die Mängel postwendend und setzt ihm ebenfalls eine Frist zur Behebung. Er hat in diesem Fall die gleichen Mängelrechte wie der Mieter, der eine Wohnung schon längere Zeit bewohnt. Dazu zählen das Recht auf Herabsetzung des Mietzinses und auf Schadenersatz (siehe Seite 155 und 158).

Grüezi, Frau Nachbar! Zum Wohl, Herr Hauswart! Grüssgott, Herr Pfarrer!
Eine Züglete ist nicht nur für den, der zügelt, ein Ereignis; auch die alten und neuen Nachbarn nehmen lebhaften Anteil daran, was sich je nachdem in einem herzlichen Abschiednehmen und Willkommenheissen oder im diskreten Rascheln der Vorhänge zeigt. So selbstverständlich wie der persönliche Abschiedsgruss bei allen guten Nachbarn, die er verlässt, ist für den Mieter, der umzieht, eine Vorstellungsrunde bei den nächsten Nachbarn im neuen Heim. Im Hochhaus sind das vielleicht nur die Parteien auf dem gleichen Stockwerk, bei kleineren Mehrfamilienhäusern sind es alle Mitbewohner, die den gleichen Hauseingang benutzen. Etwas zurückhaltende Naturen finden eine Alternative in der Begrüssungskarte, die den Nachbarn in den Briefkasten gesteckt wird und ein kleines Selbstporträt etwa im Umfang eines Steckbriefs enthält (mit ausführlicheren Angaben setzt man sich schnell dem Verdacht aus, man halte sich für wichtig). Ein bewährtes Mittel, um die Kommunikation rasch in Gang zu bringen, ist auch die Einladung zu einem Begrüssungsapéro. Der Hauswart verdient spezielle Aufmerksamkeit: Er klärt gewöhnlich den neuen Mieter über die Sitten und Gebräuche des Hauses im Allgemeinen und die Waschordnung im Besonderen auf. Während die staatlichen Ämter (Einwohnerkontrolle, Sektionschef, Schulbehörde) in der Regel erwarten, dass der Mieter sie aufsucht oder ihnen schriftlich seine Antrittsreferenz erweist, ist es in Gemeinden auf dem Land teilweise noch der Brauch, dass der Ortsgeistliche sich zum Antrittsbesuch anmeldet.

Mieten, einziehen, anfechten
Das Traktandum sorgte bei der Beratung des neuen Mietrechts im Parlament für heisse Köpfe. Es sei doch ein Verstoss gegen Treu und Glauben, wenn ein Mieter, kaum habe er den Vertrag unterschrieben und die Wohnung bezogen, schon gegen den Vermieter ins Feld ziehe und behaupte, der Mietzins, dem er vor kurzem zugestimmt habe, sei zu hoch. Es kam, wie's immer kommt, zu einem Kompromiss. Tatsächlich kann

der Mieter innert 30 Tagen nach Wohnungsbezug den Anfangsmietzins bei der Schlichtungsbehörde als missbräuchlich anfechten. Aber damit sein Vorstoss behandelt wird, muss mindestens eine der drei folgenden Voraussetzungen erfüllt sein:

- *Persönliche oder familiäre Notlage:* Der Mieter, ein Ausländer mit Schweizer Frau und sechs Kindern, musste die bisherige Wohnung wegen Abbruchs verlassen und sieht sich nach vielen Absagen gezwungen, eine deutlich überteuerte Wohnung zu mieten.

Monika Zwahlen
Berghalde 15
9202 Gossau

EINSCHREIBEN

Schlichtungsstelle für Miet- und Pachtverhältnisse
Bahnhofstrasse 25
9200 Gossau

Gossau, 20. Januar 1999

Anfechtung des Anfangsmietzinses

Sehr geehrte Damen und Herren

Am 5. Dezember 1998 habe ich mit der ABZ-Immobilien AG einen Mietvertrag für meine Zweizimmerwohnung an der Berghalde 15 (1. Stock) abgeschlossen. Als Mietzins wurden Fr. 1850.– (zuzüglich Fr. 110.– für Nebenkosten) vereinbart.

Am 1. Januar 1999 bin ich eingezogen und habe bald darauf erfahren, dass ich 40 Prozent mehr bezahle als mein Vormieter. Ich fechte deshalb den Mietzins im Umfang von 30 Prozent als missbräuchlich an.

Für Rückfragen erreichen Sie mich tagsüber unter Telefon 071/123 56 78.

Freundliche Grüsse

Monika Zwahlen
Monika Zwahlen

Adresse der Vermieterin:
ABZ-Immobilien AG
Bahnhofstrasse 11
9000 St. Gallen

Orientierungskopie an die Vermieterin

Anfechtung des Anfangsmietzinses

- *Prekäre Situation auf dem Wohnungsmarkt:* Unabhängig von der persönlichen oder familiären Situation kann eine Wohnungsnot die Mieter dazu zwingen, überhöhte Mietzinse vertraglich zu akzeptieren. Als prekär gilt die Lage auf dem Wohnungsmarkt gemeinhin, wenn der Leerwohnungsbestand unter einem Prozent liegt.
- *Erhebliche Mietzinserhöhung:* Ein Mieter stellt fest, dass sein Vormieter deutlich billiger gewohnt hat oder dass seine Nachbarn im Haus für vergleichbare Wohnungen deutlich (mindestens zehn Prozent) tiefere Mietzinsen zahlen. Offenbar hat der Vermieter die Gelegenheit des Wechsels für einen erheblichen Aufschlag genutzt. (In den Kantonen Freiburg, Genf, Jura, Neuenburg, Waadt, Zug und Zürich ist der Vermieter verpflichtet, dem neuen Mieter den Zins seines Vorgängers mitzuteilen.)

Nun ist, auch wenn eine oder mehrere dieser Voraussetzungen erfüllt sind, noch längst nicht gesagt, dass der Vermieter wirklich einen ungebührlich hohen Zins verlangt. Aber bei erheblich höheren Mietzinsen liegt die Beweislast nun auf seinen Schultern: Es ist nachfühlbar, dass sich ein neuer Mieter verschaukelt fühlt, wenn er beim Bezug der neuen Wohnung erfährt, dass er deutlich mehr Zins bezahlt als die Nachbarn. Doch darf er daraus nicht automatisch den Schluss ziehen, der Vermieter erziele deshalb einen übermässigen Gewinn. Es kann zum Beispiel sein, dass der Vermieter in der Vergangenheit eine Mietzinserhöhung vornahm, bei der er nur die Hälfte des gesetzlich Zulässigen forderte, dabei aber vergass, seine Mieter darüber in Form eines Vorbehalts zu informieren. Den alten Mietern gegenüber hat er damit den Anspruch auf eine nachgezogene Erhöhung verwirkt – dem neuen Mieter gegenüber aber nicht.

> ➤ *Je stärker der Zeitdruck, unter dem die Züglete abläuft, umso wichtiger ist die exakte Planung. Eine Checkliste hilft die Übersicht zu behalten. Fällt der Umzug auf einen ortsüblichen Kündigungstermin, müssen Reinigungsinstitut und Transportunternehmen frühzeitig reserviert werden.*

> ➤ *Ein Antrittsprotokoll beim Bezug der Wohnung ist für Mieter und Vermieter von Vorteil. Bestehen Sie darauf, dass die Wohnungs-*

abnahme bei gutem Tageslicht durchgeführt wird. Lassen Sie auch kleine Mängel, mit denen Sie glauben leben zu können, notieren (wichtig für die Schadensregelung beim späteren Auszug).

➤ *Mängel, die erst einige Tage nach Mietantritt sichtbar werden, müssen Sie innerhalb der vertraglich gesetzten oder ortsüblichen Frist mit eingeschriebenem Brief melden.*

➤ *Schwere Mängel, die das Wohnen unzumutbar machen, berechtigen zum Rücktritt vom Vertrag. Wegen der heiklen rechtlichen Fragen (Schadenersatzansprüche) sollten Sie diesen Schritt nicht ohne Beizug eines Rechtsberaters wagen.*

➤ *Unter bestimmten Voraussetzungen kann der Anfangsmietzins angefochten werden. Das Gesetz räumt dem Mieter dafür eine Frist von 30 Tagen nach Übernahme der Wohnung ein.*

➤ *Die Nachbarn im neuen Zuhause sind begierig zu erfahren, wer da einzieht. Eine kleine Vorstellungsrunde oder die Einladung zu einem Begrüssungsapéro verschafft Ihnen einen Sympathiebonus und hilft Ihnen sich rasch zu akklimatisieren.*

5. Nutzungsrechte und Mieterpflichten

Im Zweifel
für die Freiheit

Böse Kommentatoren behaupten gelegentlich, der Schweizer halte alles für verboten, was nicht ausdrücklich erlaubt sei. Es wäre schlimm, wenn sie Recht hätten. Denn in den Allgemeinen Geschäftsbedingungen zum Mietvertrag sowie in der Hausordnung ist von Geboten und Verboten viel die Rede, von Erlaubtem nur wenig. Den Mietern zum Trost: Erlaubt ist alles, was ihnen zur Entfaltung des eigenen Lebensstils richtig erscheint, solange sie damit niemand anderem Schaden zufügen.

Gesetz: Artikel 256, 257f, 257h, 260a

Die Hausordnung nimmt Mieter in die Pflicht

In der Regel wird die Hausordnung zum «integrierenden Bestandteil» des Mietvertrags erklärt. Sie muss dann aber dem Mieter auch bereits bei der Vertragsunterzeichnung vorliegen, damit er weiss, wozu er sich verpflichtet. Ihre wichtigsten Elemente sind die Definition der Nachtruhezeit und der Sperrzeiten für lärmige Tätigkeiten wie Teppichklopfen, Waschen, Musizieren sowie die Verteilung von Reinigungs- und allenfalls Gartenarbeiten unter den Mietern (wer putzt welchen Treppenabschnitt, wer mäht den Rasen). Je nach Regelungsbedürfnis des Hauseigentümers finden sich weitere Bestimmungen: Man dürfe keine übel riechenden Stoffe und kein wurmstichiges Holz im Haus lagern, keinen Kehricht in die WC-Schüssel werfen und andere Dinge mehr, die, wenn sie nicht ausdrücklich verboten wären, jeder Mieter ständig und mit Freude tun würde.

Die Regeln einer Hausordnung müssen sich im Wesentlichen aus der Verpflichtung zur gegenseitigen Rücksichtnahme ergeben und beziehen sich deshalb in erster Linie auf die gemeinsamen Einrichtungen und Gebäudeteile wie Waschküche, Treppenhaus, Garten oder Tiefgarage. Nur in engen Grenzen ist es möglich, eine Hausordnung, auf welche die Mieter einmal vertraglich verpflichtet worden sind, nachträglich abzuändern oder sie gar erst nachträglich zu erlassen. Will der Vermieter seinen Mietern neue Arbeiten aufbürden (zum Beispiel Reinigungsarbeiten, die bisher ein Hauswart besorgt hat) oder ihnen neue Beschränkungen im Gebrauch der Mietsache auferlegen, bedeutet dies eine Vertragsänderung. Sie muss dem Mieter mit amtlichem Formular und unter Einhaltung der ordentlichen Kündigungsfristen angezeigt werden.

Auch bei Hausordnungen gilt: gleiches Recht für alle. Gestattet zum Beispiel der Vermieter dem einen Mieter, das Mofa auf einem freien Platz in der Tiefgarage abzustellen, kann er es einem anderen nicht ohne guten Grund verbieten, sein Mofa ebenfalls dort zu parkieren.

Dafür haben wir doch einen Hauswart!

Hauswarte sind häufig nicht zu beneiden. Manche Mieter halten den Hauswart nämlich für einen Hausdiener, der ihnen rund um die Uhr zur Verfügung zu stehen hat und vom tropfenden Wasserhahn bis zum schreienden Nachbarskind schlicht für alles zuständig ist, was Anlass zu Missmut geben kann. Ist er aber nicht. Sein Pflichtenheft umfasst in der

Regel die Überwachung und teilweise die Steuerung zentraler Installationen wie Heizung, Wasser- und Stromversorgung, manchmal auch Reinigungs- und Gartenarbeiten. Sein Amt schliesst aber nicht in jedem Fall Reparaturdienste in den Mietwohnungen ein, und sicher hat er nicht den Auftrag, polizeiliche Funktionen wahrzunehmen. Zudem ist seine Verantwortlichkeit im Hauswartsvertrag eingeschränkt auf bestimmte Zeiten (in der Regel 8 bis 21 Uhr); schliesslich braucht auch ein Hauswart Schlaf.

Wenn beispielsweise über Nacht Schnee fällt und ein Mieter um sechs Uhr morgens zum Frühdienst ausrücken muss, wird er nicht beim Hauswart klingeln können, damit ihm dieser den Schnee von der Garagenausfahrt schaufelt. Selber Schaufeln macht fit!

Natürlich gibt es auch viele Hauswarte, die ganz einfach aus Freundlichkeit zu Hilfe kommen, wenn Not am Mann ist. Mit einem schnellen Blick finden sie heraus, woran's liegt, dass der WC-Spülkasten rinnt, und beheben den Schaden im Nu. Mit guten Worten gelingt es ihnen, einen Streit um die Waschküchenbenützung zu schlichten. Geschickt verarzten sie den Buben, der sich beim Turnen an der Teppichstange verletzt hat. Bei solcher Hilfsbereitschaft sollten sich die Mieter bewusst sein, dass der Hauswart freiwillig handelt und dass er sich über ein schönes Trinkgeld freuen wird. Fürstlich sind die Hauswartsentschädigungen nämlich nicht.

Und beschere uns Frieden in der Waschküche!
In manchen Mehrfamilienhäusern entwickelt sich die Waschküche zu einem eigentlichen Kriegsschauplatz, weil die eine Partei stets zur Unzeit wäscht, die andere die Maschine schlecht reinigt oder die Leintücher tagelang hängen lässt. Je mehr Mieter sich einen Waschplatz teilen müssen, umso eher kommt es zu Konflikten, die zudem oft die Funktion von Stellvertretungskriegen haben: Eigentlich stört Frau Müller, dass die geschiedene Frau Huber einen neuen Mann bei sich aufgenommen hat, aber so ins Gesicht kann sie ihr das ja nicht sagen. Da beschwert sie sich halt über den schlecht geputzten Tumbler.

Gelobt sei deshalb eine gerechte Waschordnung, die auch Rücksicht auf den grösseren Waschbedarf von Familien mit Kindern nimmt oder auf Doppelverdiener-Haushalte, in denen nur abends oder am Samstag gewaschen werden kann. Einen von der Hausverwaltung aufgesetzten Waschplan, den die Mieter als untauglich empfinden, können sie ohne Rückfrage abändern – Voraussetzung ist natürlich das Einverständnis aller von der Änderung Betroffenen. Werden sich die Mieter nicht einig, bitten sie hingegen die Verwaltung zu einer Aussprache und suchen mit ihrer Hilfe eine Lösung «am grünen Tisch».

Sind die Waschzeiten in einem Mehrfamilienhaus für alle ausserordentlich knapp (zum Beispiel nur ein Tag alle zwei Wochen), lohnt es sich allenfalls, eine kleine Waschmaschine in der Wohnung zu installieren. Dazu braucht man jedoch die Einwilligung des Vermieters, sofern die Maschine fest installiert wird.

Der Gastfreundlichkeit sind kaum Grenzen gesetzt...

«Gestern Nachmittag wollte ein Schulfreund meines Sohnes zu Besuch kommen. Der Hausbesitzer fing den Buben im Treppenhaus ab und schickte ihn nach Hause. Darf er das?» Dem Beobachter-Beratungsdienst fiel die Antwort auf diese Zuschrift nicht schwer: Der Hausbesitzer darf nicht. Die normale Nutzung einer Mietwohnung schliesst den Empfang von Besuchern ein. Gäste dürfen auch über Nacht und für die Dauer von Ferien aufgenommen werden. Den Vermieter hat dabei weder das Alter noch das Geschlecht noch die Zahl noch die Hautfarbe der Besucher zu interessieren. Entscheidend ist einzig, dass die Aufnahme von Gästen nicht gewerbliche Zwecke verfolgt und dass sich die Gäste nicht auf die Verletzung der Hausordnung kaprizieren.

...dafür dem Zutrittsrecht des Vermieters

Mit der Vermietung überlässt der Eigentümer die Wohnung dem Mieter zum alleinigen Gebrauch; obwohl nach wie vor Eigentümer, darf er fortan in den vermieteten Räumen nicht mehr aus und ein gehen, wie ihm beliebt. Ein Zutrittsrecht hat er nur, soweit dies im Zusammenhang mit dem Unterhalt der Wohnung, dem Verkauf oder der Wiedervermietung nötig ist. Das Mietrecht verpflichtet ihn auch dazu, solche Besichtigungen rechtzeitig anzumelden. Je nach Mietvertrag wird die Rechtzeitigkeit in Stunden definiert (St. Galler Mietvertrag: 48 Stunden), und das Besichtigungsrecht wird auf bestimmte Tageszeiten eingeschränkt. Damit der Mieter Gewähr hat, dass der Vermieter diese Restriktionen auch in seiner Abwesenheit beachtet, darf dieser keinen Wohnungsschlüssel zurückbehalten, sofern der Vertrag nichts anderes vorsieht. Anderseits muss der Mieter dafür sorgen, dass bei längerer Abwesenheit der Zutritt zu seiner Wohnung möglich ist, und gibt einem Mitmieter seiner Wahl, dem Hauswart oder einer Vertrauensperson aus der Nachbarschaft einen Schlüssel.

Darf man die Feste feiern, wie sie fallen?
Das Recht, Besuche zu empfangen, schliesst das Ausrichten von Festen und Feiern aller Art mit ein. Natürlich gilt es auch hier, auf die Mitbewohner Rücksicht zu nehmen und sich an die Hausordnung zu halten. Eine richtige Party wird allerdings selten schon um 22 Uhr, bei Beginn der Nachtruhe also, zu Ende sein, und vom herzhaften Lachen auf ein diskretes, verschwiegenes Schmunzeln umzustellen, das kann den Gästen um diese Zeit erfahrungsgemäss nicht befohlen werden. Also: Den Nachbarn, die unvermeidlich akustische Zeugen festlicher Ausgelassenheit werden, die Ausnahme von der Regel einige Tage vorher persönlich mitteilen. Zumutbar ist allen Gästen, beim Abschiednehmen nicht zu lärmig zu sein und insbesondere beim Wegfahren auf Türenknallen und Kavalierstart zu verzichten.

Religiös motivierte Festlichkeiten sind auch dann ohne weiteres erlaubt, wenn sie nicht den landeskirchlichen Segen haben. Denn der Mieter ist berechtigt, seine Wohnung im sozial üblichen Rahmen zu gebrauchen, und dieses Recht gilt auch für ethnische und religiöse Minderheiten. Einer jüdischen Familie darf demnach nicht verboten werden, zum Laubhüttenfest auf dem Balkon eine Laubhütte aufzubauen und das Fest mit Glaubensgenossen freudig zu begehen.

Sind Babys oder Schwiegermütter ein Kündigungsgrund?
Auch wenn im Mietvertrag nur ein Ehe- oder Konkubinatspaar als Mieter aufgeführt wird, ist es selbstverständlich, dass der Nachwuchs ein Recht auf Mitgebrauch der Wohnung hat. Ein Mietvertrag oder eine Hausordnung dürfen also nie so weit gehen, dieses Recht zu beschränken – Babygeschrei hin oder her. Auch der bisweilen von Vermietern vorgebrachte Einwand, die Wohnung sei zu klein oder für Kleinkinder aus irgendwelchen Gründen völlig ungeeignet, ist nicht stichhaltig. Ein Kündigungsgrund kann allenfalls dann gegeben sein, wenn die Wohnung durch die Geburt mehrerer Kinder «krass überbelegt» ist.

Auch die längerfristige oder dauernde Aufnahme weiterer Familienangehöriger – Eltern, Geschwister, erwachsene Kinder – kann der Vermieter nicht verbieten. Der Mieter braucht nicht einmal seine Zustimmung einzuholen, wird ihm aber die Aufnahme des Familienangehörigen der guten Ordnung halber melden. Nimmt ein Mieter, der mit Frau und zwei Kindern eine kleine Vierzimmerwohnung bewohnt, allerdings gleich die fünfköpfige Familie seines Schwagers auf und bringt sie in einem der Zimmer unter, kann der Vermieter intervenieren und, falls der Zustand andauert, mit Aussicht auf Erfolg eine Kündigung wegen andauernder und nachteiliger Überbelegung aussprechen. Sobald im Übrigen der oder die Verwandte für das überlassene Zimmer einen Zins bezahlt, liegt ein Untermietverhältnis vor, das vom Vermieter gebilligt werden muss. Er kann seine Zustimmung jedoch nur unter eng begrenzten Bedingungen verweigern (siehe Kapitel «Untermiete», Seite 77).

Juhui, wir ziehen zusammen!

Reifere Semester erinnern sich noch, dass das Zusammenleben von Mann und Frau ohne Trauschein einmal verboten war und das Zusammenleben von Mann und Mann oder Frau und Frau für dermassen unsittlich gehalten wurde, dass man darüber schon gar nicht sprach. Mittlerweile dürfen Lebensgemeinschaften mündiger Bürger gleich welchen Geschlechts als legal angesehen werden. In etlichen Mietverträgen findet sich für Konkubinat & Co. die schöne Formulierung des «eheähnlichen Verhältnisses». Diesen Status dürfen auch gleichgeschlechtliche Paare ohne weiteres für sich in Anspruch nehmen. Der Vermieter hat keine Möglichkeit, gegen die nachträgliche Aufnahme eines Lebenspartners sein Veto einzulegen. Formell wäre seine Zustimmung nur gefordert, wenn der Erstmieter seinen neu zugezogenen Lebenspartner als Untermieter deklarieren würde. Untermiete ist jedoch die Überlassung der Wohnung gegen Geld; ein Lebenspartner ist weit mehr als ein Untermieter. Neuzuzüger – unabhängig davon, in welcher Beziehung sie zum Mieter stehen – sind aber dem Vermieter im Voraus zu melden. Schliesslich hat er Anrecht zu wissen, wer sein Haus bewohnt.

Nimmt jemand seinen Lebenspartner bei sich auf, kommen die beiden möglicherweise überein, dass sie den Mietvertrag neu als solidarisch haftende Mieter gemeinsam unterzeichnen möchten (die Vor- und Nachteile dieser Regelung sind im Kapitel «Mietvertrag», Seite 33, geschildert). Der Vermieter kann diesem Wunsch stattgeben, muss aber nicht. Umgekehrt kann auch er den neu zuziehenden Mitbewohner nicht zwingen, in das Vertragsverhältnis einzutreten.

Ein Konkubinatspaar, das heiratet, ist verpflichtet, die Änderung des Zivilstands dem Vermieter mitzuteilen. Denn durch die Heirat wird die Wohnung in den meisten Fällen zur Familienwohnung und unterliegt damit besonderen Kündigungsregeln (siehe Seite 32).

**Was auf dem Balkon geschieht,
bestimmen manche Vermieter gerne mit**
«Insbesondere ist untersagt ... das Aufhängen der Wäsche unter Fenstern und von aussen sichtbar auf den Balkonen.» (Hausordnung des Hauseigentümerverbands Bern und Umgebung) – «Das Füttern von Vögeln von Fenstern und Balkonen aus ist verboten. Blumenbehälter auf Balkonen sind auf der Innenseite der Brüstungen zu montieren.» (Allgemeine Bestimmungen zum Luzerner Mietvertrag, Ausgabe 1989) – «Zu unterlassen ist ... das Grillieren auf Balkonen und Terrassen.» (Hausordnung im Anhang zu den Allgemeinen Bestimmungen zum Mietvertrag von Appenzell Ausserrhoden).

Dem Himmel sei Dank: In den weitaus meisten Miethäusern wird die Suppe nicht so heiss gegessen, wie sie in solchen Hausordnungen gekocht worden ist. Mag sogar sein, dass sich jede der oben zitierten Bestimmungen irgendwie begründen lässt: Unterwäsche, auch wenn sie frisch gewaschen ist, mag das sittliche Empfinden eines Mitbewohners stören; mit dem Füttern von Vögeln wird ein Verdauungsprozess in Gang gesetzt, der in bekannter Weise endet; Blumenbehälter im freien Fall können gefährlich werden; ein unsachgemäss betriebener Grill kann grässlich stinken – aber wozu hat man eigentlich den Balkon? Da der Wohnungsbalkon nicht zu den gemeinsamen Einrichtungen und Gebäudeteilen zählt, bewegen sich Nutzungsvorschriften, die den freien Gebrauch des Balkons einschränken, rechtlich auf dünnem Eis.

**Volkssport Grillieren: wenn das Anfeuern
zu hitzigen Diskussionen führt**
Wenn das Grillieren auf dem Balkon zu Streit unter Mietern führt, dann meist, weil's schlecht riecht. Schlechte Gerüche entstehen vor allem durch falsches Grillieren: zu viel «Zip-Würfel», schlecht gereinigte Roste, unsachgemässe Behandlung des Grillfleisches. Vorschlag zur Güte 1: Ein Mieter, der Meister des Grillierens ist, lädt seine weniger geübten Nachbarn zum gemeinsamen Grillieren ein und ist dabei mit guten Tipps nicht geizig. Vorschlag zur Güte 2: Wer ein Grillgerät mit Haube anschafft, kann die Rauch- und Duftentwicklung stark eindämmen.

Von Ara bis Zierfisch: Haustierhaltung unter Einschränkungen
Glücklich, wessen Tierliebe den Meerschweinchen, Hamstern, Kanarienvögeln oder Zierfischen gilt: Kleintiere dieser Art zu halten ist nämlich in jedem Fall erlaubt, solange der Mieter nicht gleich eine ganze Herde aufnimmt oder heranzüchtet. Katzen- und Hundefreunde haben es schwerer. Kaum ein Mietvertrag gestattet nämlich das Halten dieser Haustiere vorbehaltlos. Gerade in Liegenschaften mit mehreren Parteien macht das auch Sinn. Nicht jeder Kater ist ein Schmusekater und nicht jeder Hund gibt Laut nur dann, wenn Herrchen es befiehlt. Zudem darf man je nach Umgebung auch die Auffassung vertreten, sie erschwere oder verunmögliche eine artgerechte Tierhaltung.

Mieter, die einen Hund oder eine Katze (auch Papageien, Reptilien) halten möchten, müssen deshalb nach den meisten Mietverträgen die Einwilligung des Vermieters haben. Solange er alle Mieter gleich behandelt, braucht er eine Ablehnung nicht zu begründen. Böses Blut entsteht aber, wenn Mieter Koller seit Jahr und Tag zwei Katzen halten darf, dem Mieter Bichsel aber die Erlaubnis zur Katzenhaltung verweigert wird. Diese ungleiche Behandlung ist dem Vermieter im Prinzip nicht gestattet – es sei denn, er könne sie mit unterschiedlichen Umständen begründen. Zum Beispiel, dass für den allein lebenden, vereinsamten Rentner Koller die beiden Katzen eine wichtige soziale Funktion hätten, was bei Familie Bichsel nicht der Fall sei, die zudem wegen häufiger Ortsabwesenheit nicht genügend auf die Tiere aufpassen könne. Vertretbar kann in einem anderen Fall auch das Argument sein, weil bereits zwei Parteien im Haus einen Hund hätten, könne der Hausgemeinschaft ein dritter nicht mehr zugemutet werden. Falls der vom Verbot betroffene Mieter danach durch eine Unterschriftensammlung nachweist, dass sämtliche Mitbewohner sich über einen dritten Hund freuen würden, wird der Vermieter seinen Spruch allerdings revidieren müssen.

Und hat er die Einwilligung einmal erteilt, darf er sie nicht ohne Grund rückgängig machen. Zudem ist das Recht zur Hundehaltung in doppelter Hinsicht erblich. Stirbt Fido, darf Nachfolger Waldi ohne weiteres seinen Platz einnehmen. Verkauft der Vermieter an einen neuen Eigentümer, hat auch dieser das vorbestandene Recht auf Hundehaltung zu respektieren.

Eine letzte Bemerkung gilt den Zierfischen: Aquarien sollten erst aufgestellt werden, wenn abgeklärt ist, ob der Boden das oft ausserordentlich hohe Gewicht zu tragen vermag. Eine Mieterhaftpflichtversicherung, die durch das Auslaufen des Beckens entstandene Schäden deckt, ist dringend zu empfehlen.

Hausmusik: wenn Harmonien die Harmonie stören
«Mein Mann nimmt Klavierstunden und übt auch täglich eineinhalb bis zwei Stunden. In letzter Zeit reklamiert der Mieter über uns immer wieder. Muss sich mein Mann jetzt einschränken?» Fragen dieser Art beschäftigen den Beobachter-Beratungsdienst häufig. Eigentlich sind sie einfach zu beantworten. Nur ist mit der Klärung der rechtlichen Situation das Problem meist nicht aus der Welt geschafft.

Stets ist das Musizieren zeitlich beschränkt, mindestens durch die Zeiten allgemeiner Mittags- und Nachtruhe (schweigen sich Vertrag und Hausordnung darüber aus, gilt die Polizeiordnung der Wohngemeinde oder der Ortsgebrauch). Zusätzliche Beschränkungen können im Vertrag auferlegt werden, zum Beispiel auch eine Höchstdauer pro Tag von zwei, drei oder vier Stunden. Dem Musikanten ist zuzumuten, dass er seine Etüden bei geschlossenen Fenstern probt. Obwohl in vertraglichen Bestimmungen selten nach Instrumenten differenziert wird, spielt es doch eine gewisse Rolle, ob der Mieter Blockflöte oder Trompete bläst. Nach deutscher Rechtsprechung sind Trompete und Schlagzeug sogar von der allgemein geltenden Erlaubnis zum Musizieren ausgenommen. Dem Mieter, der ausgesprochen lautstarke Instrumente spielt, ist jedenfalls anzuraten, seine Spielzeiten einzuschränken, wenn die Mitbewohner sich nachhaltig gestört fühlen. Schliessen sich nämlich die anderen Mieter zusammen und gelangen an den Vermieter, könnte sich dieser gezwungen sehen, selbst eine solche Einschränkung zu verlangen oder gar – wenn der Musiker sich nicht daran hält – den Mietvertrag zu kündigen. Der Vermieter hat nämlich den anderen Mietern gegenüber die Pflicht, ihnen den vertragsgemässen Gebrauch der Mietsache zu ermöglichen. Täglich vier Stunden Posaunenkonzert kann diesen Gebrauch empfindlich stören. Man denke nur an Jericho!

Lieblingsthema Lärm
Was ist Lärm? Lärm ist das Geräusch, das ein anderer macht. Die Subjektivität der Lärmempfindung macht das Thema delikat. Subjektiv ist die Lärmempfindung in zweifacher Hinsicht: Zum einen hören nicht alle Menschen gleich gut (im Alter nimmt das Hörvermögen ab), zum andern hören nicht alle das Gleiche gern. Geniesst der schwerhörige

Mieter Buser laut Volksmusik, klopft der über ihm wohnende Mieter Basler amüsiert den Takt: Das «Guggerzytli» ist auch sein Lieblingslied. Mieter Borer dagegen – er wohnt einen Stock tiefer als Buser – klopft schon nach der ersten Strophe erzürnt an die Decke oder dreht an seinem CD-Player den Regler auf und revanchiert sich mit einer Portion Heavy-Metal-Sound. In diesem Fall sagt jede Hausordnung klar, was Sache ist: Bei Radio und Fernseher ist Zimmerlautstärke das Mass aller Mediengenüsse. Aber wie verhält es sich mit anderen Lärmquellen?

Wenn Kinder mit ihren Kameraden auf dem Rasen oder im Hinterhof spielen und dabei auch einmal laut werden, wird das vor Gericht kaum als Verletzung einer Mieterpflicht angesehen. Denn die Einsicht, dass Grabesruhe nicht kindgerecht ist, hat sich mittlerweile durchgesetzt. Gelegentlich verursachen aber auch Erwachsene Lärm beim Spielen, beispielsweise beim Liebesspiel. In einem Urteil des Solothurner Obergerichts steht zu lesen: «Es ist bekannt, dass in besonders ringhörigen Gebäuden Geräusche von Liebesspielen auch in anderen Wohnungen und Stockwerken vernommen werden können. Dies mag zwar für unfreiwillige Zuhörer unangenehm sein, gestattet aber nicht, solche Geräuschimmissionen von vornherein als übermässig zu qualifizieren, zumal derartige Belästigungen anders als ein zu laut eingestelltes Fernsehgerät nach der Lebenserfahrung nie länger anzuhalten pflegen.»

Dass ein solcher Fall überhaupt vor Gericht kam, weist daraufhin, dass Mitmieter auf Nachtruhestörungen am empfindlichsten reagieren. Die Nachtruhe ist denn auch nach dem kantonalen oder kommunalen Recht geschützt und erstreckt sich meist auf den Zeitraum von 22 Uhr abends bis 6 oder 7 Uhr morgens. Zusätzlich gelten die Nachtruhezeiten der Hausordnung.

Eine andere Kategorie bildet der Lärm, der von aussen in die Wohnungen dringt. Gegen Strassen-, Flug- und Bahnlärm ist wenig auszurichten. Je neuer und je teurer das Miethaus, desto besser ist in der Regel die Schallisolation. Nur bei extremen Lärmbelastungen fordern die Baubehörden (gestützt auf die Lärmschutzverordnung) von Hauseigentümern den Einbau von Schallschutzfenstern und zahlen entsprechende Beiträge.

Baut hingegen der Eigentümer des Nachbargrundstücks sein Haus um und hämmert auch zu öffentlichen Ruhezeiten, kann man ihn darauf aufmerksam machen und, falls dies nichts fruchtet, einklagen.

Ist die Lärmquelle ein unsachgemäss gewartetes Gerät im Haus (Ventilator, Pumpe), darf der Mieter dies dem Vermieter als Mangel melden und gemäss seinen Mängelrechten vorgehen (siehe Kapitel «Mängel», Seite 153).

Mieter gegen Mieter: kleines Streit-Brevier
Auch wenn jeder Mieter seine eigene Wohnung hat und sich jederzeit dorthin zurückziehen kann, bilden die Parteien in einem Mehrfamilienhaus doch eine Art Lebensgemeinschaft, in der man sich wohl oder übel immer wieder über den Weg läuft. Dass daraus nicht nur erfreuliche Begegnungen entstehen, ist menschlich. Wie kann man Konflikten vorbeugen, und wie löst man sie, wenn sie doch entstehen?

1. In konfliktfreien Zeiten ein gutes Verhältnis aufbauen. Dabei aber niemanden zu Vertraulichkeiten zwingen, die ihm nicht liegen. Die Eigenheiten des anderen respektieren, auch wenn sie einem denkbar merkwürdig erscheinen.

2. Gibt ein Mieter Anlass zu Ärger, zunächst prüfen, ob man den Vorfall nicht auf sich beruhen lassen und abwarten wolle, ob er sich wiederholt. Wenn dies geschieht, zuerst das direkte Gespräch mit dem Verursacher suchen. Zuvor gut überdenken, welchen Vorwurf man erheben und welchen Ton man anschlagen will. Es ist von Vorteil, einen Vorschlag zur Güte im diplomatischen Gepäck gleich mitzuführen.

3. Kann das Ärgernis im direkten Gespräch nicht aus der Welt geschafft werden und hat man guten Grund zur Annahme, auch andere Mieter fühlten sich gestört, findet sich unter diesen vielleicht jemand, der sich mit dem Störenfried besser als andere versteht und ein vermittelndes Wort einlegen kann.

4. Führt auch diese Intervention nicht zum Ziel, sollte der Vermieter informiert werden. Am besten schriftlich und in Worten, die den Sachverhalt nüchtern schildern. Nicht zu Sanktionen auffordern, sondern um eine Aussprache bitten. Eine Kopie an den betroffenen Mieter zu senden ist fair: Immerhin handelt es sich um eine Art Anklageschrift. Dabei immer signalisieren, dass man bereit ist, den Konflikt ohne Aufhebens und Gesichtsverlust für die Gegenpartei zu beenden.

5. Endet eine Aussprache zwischen «Kläger» und «Beklagtem» vor dem Vermieter oder Verwalter ohne Einigung, wird dieser prüfen, ob er schriftlich mahnen und damit einen ersten Schritt in Richtung Kündigung tun will. Der Entscheid darüber, ob das Mietverhältnis weiter-

geführt oder beendet werden soll, ist seine Sache. Je nach Schwere und Dauer kann die Belästigung durch einen anderen Mieter als Mangel gelten, den zu beseitigen eine Pflicht des Vermieters ist. Die belästigten Mieter haben das Recht, eine Mietzinsreduktion zu verlangen, was den Vermieter zu wirksamen Massnahmen zwingt.

Die Wohnung als Arbeitsplatz
Der Grundsatz ist klar: Was als Wohnraum gemietet wird, darf nicht zu Geschäftszwecken benützt werden, und der Vermieter muss eine solche Nutzungsänderung auch dann nicht dulden, wenn sie ohne bauliche Massnahmen möglich ist. In einigen Kantonen oder Gemeinden ist zur Umwandlung von Wohnungen zu Geschäftsräumen sogar eine staatliche Bewilligung nötig.

Bei Künstlern und freiberuflich Tätigen (wie etwa Schriftstellern, Übersetzern, Kunstmalern, Grafikern, EDV-Spezialisten), die in ihrer Wohnung wohnen und arbeiten, deren Beruf keinen zusätzlichen Lärm und keinen regelmässigen Kundenverkehr verursacht, keine baulichen Massnahmen an der Wohnung bedingt und die Räume und Installationen nicht überbeansprucht – bei allen Formen «diskreter Heimarbeit» also –, ist diese erweiterte Nutzung problemlos möglich. Ohne weiteres zulässig ist es auch, die Wohnung nebenher für die Verrichtung von Büroarbeiten zu benützen. Oder eine andere, auch handwerkliche Heimarbeit zu verrichten, solange sie nicht Lärm oder andere Emissionen erzeugt, die gegen die Hausordnung und die Pflicht zur Rücksichtnahme auf die anderen Mieter verstossen.

Ist mit der nebenberuflichen oder teilzeitlichen Tätigkeit des Mieters ein Kundenverkehr verbunden, kann in einem Wohnhaus das tolerierbare Mass sehr bald überschritten sein. Das gilt vor allem für Schönheits- und Haarpflegesalons wie auch für therapeutische Angebote aller Art. In diesen Fällen ist deshalb die Zustimmung des Vermieters erforderlich. Dieser kann seine Einwilligung im Interesse der anderen Mieter mit Vorbehalten verbinden, in denen beispielsweise eine ungefähre Zahl von Kundenbesuchen pro Woche oder bestimmte Öffnungszeiten festgehalten werden. Wer solche Richtlinien missachtet, läuft Gefahr, dass der Vermieter die Zustimmung wieder entzieht.

Die Ausübung der Prostitution in der Wohnung eines Mieters braucht der Vermieter nicht zu dulden, sofern er sein Einverständnis dazu nicht bei Abschluss des Mietvertrags erteilt hat.

Rauchen, Trinken und andere Drogen
Enthält eine Hausordnung die Vorschrift, in der Wohnung dürfe kein Tabak geraucht oder es dürften keine alkoholischen Getränke konsumiert werden, kann sich der Mieter ohne weiteres darüber hinwegsetzen: Was er in den eigenen vier Wänden seiner Leber und seiner Lunge zumutet, ist einzig seine Sache. Hingegen hat er hinzunehmen, wenn das Rauchen in den gemeinsam mit anderen Mietern genutzten Räumen untersagt ist (Treppenhaus, Garage und Spielraum).

Gelegentlich werden Wohnungen mit dem Hinweis «nur für Nichtraucher» ausgeschrieben. Erhält ein starker Raucher diese Wohnung, weil er sich als Nichtraucher vorstellt und einen entsprechenden Passus im Mietvertrag unterschreibt, um vom ersten Tag an seinem Laster mit unverminderter Inbrunst zu frönen, muss er sich eine deswegen ausgesprochene Kündigung nicht gefallen lassen. Der Zwang zur Enthaltsamkeit von gesetzlich geduldeten Lastern gilt nämlich als Persönlichkeitsverletzung. Aber natürlich wird das Mietverhältnis nach einem derartigen Vertrauensmissbrauch unter einem schlechten Stern stehen. Und in jedem Fall müssen schwere Raucher damit rechnen, beim Auszug zur Kasse gebeten zu werden: Starke «Schmauchspuren» an Wänden und Decken gelten in der Schweiz (im Gegensatz beispielsweise zu Deutschland) als ausserordentliche Abnützung, für die der Mieter haftbar ist.

Der blosse Konsum von Drogen wie Haschisch, Kokain oder Heroin führt längst nicht mehr in allen Fällen zu Anklage und gerichtlichem Verfahren. Dennoch ist er nach wie vor ein Straftatbestand. Nun gesteht das Mietrecht dem Vermieter die Massnahme der ausserordentlichen Kündigung unter anderem dann zu, wenn der Mieter gute Sitten und strafrechtliche Bestimmungen offenkundig verletzt. Ein Grund zur vorzeitigen Vertragsauflösung ist aber erst gegeben, wenn der Drogenkonsum (oder -handel) auch Verstösse gegen die Mieterpflichten mit sich bringt: wenn also zum Beispiel leere Spritzen auf dem Rasen herumliegen, oder wenn der Mieter häufig Besuch empfängt, dessen Aussehen und Benehmen die Nachbarn ängstigen muss. Wird hingegen dem Vermieter zugetragen, einer seiner Mieter habe gerade wegen fortgesetzten Haschischkonsums vor Gericht gestanden, wäre die Kündigung missbräuchlich, weil ihm aus dieser «Straftat» kein Nachteil erwächst.

Von der Verschönerung zum Umbau

Eine Wohnung, auch wenn sie nur gemietet ist, so einzurichten, dass sie gefällt, entspricht einem verständlichen Wunsch zur Selbstverwirklichung. Diesem Ziel darf auch so lange ohne weitere Rückfragen nachgelebt werden, als durch die Installation von Apparaten und durch das Möblieren und Schmücken von Räumen keine Veränderungen an der Wohnung entstehen, die bei Mietende nicht problemos rückgängig gemacht werden können. Bild aufhängen, ja – Zwischenwand durchbrechen, nein. Oder, in einen hausordnungsdeutschen Merksatz gefasst: Das Bohren eines Loches in die Wand ist so lange gestattet, als es nicht dazu dient, die Wand herauszuschlagen.

«Aber wenn ich den Estrich zum Kinderzimmer ausbaue, ist das doch eine wertvermehrende Investition», wirft ein Mieter ein. «Der Vermieter soll froh sein, dass ich die Kosten dafür übernehme!» Ziemlich sicher ist dieser Umbau eine wertvermehrende Investition, aber noch sicherer ist er eine unerlaubte Veränderung, und der Mieter, der den Umbau eigenmächtig vorgenommen hat, muss am Ende froh sein, wenn ihn der Vermieter nicht zum sofortigen Rückbau verdonnert und ihm erst noch die Kündigung schickt. Gegen unbewillige Umbauten kann der Vermieter nämlich gerichtlich vorgehen, sie sogar, wenn er vom Vorhaben rechtzeitig erfährt, durch eine vorsorgliche Verfügung stoppen lassen.

Aber auch wenn der Vermieter nicht sofort einschreitet, kann er bei Mietende verlangen, dass der Mieter den ursprünglichen Zustand auf eigene Kosten wieder herstellt. Daraus ergibt sich die dringliche Empfehlung, Investitionen in die Wohnung nur mit schriftlicher Zustimmung des Vermieters vorzunehmen.

Hat der Vermieter einer Veränderung der Wohnung einmal schriftlich zugestimmt, muss er – sofern diese einen erheblichen Mehrwert bewirkt – bei Mietende ein Entschädigung dafür bezahlen. Der Mehrwert ist erheblich, sobald er eine Erhöhung des künftigen Mietzinses erlauben würde. Beispiele für Veränderungen, die einen Mehrwert bewirken: Einbau einer Geschirrwaschmaschine oder einer wohnungseigenen Waschmaschine, Ersatz der alten Kunststoffböden durch Parkett in allen Räumen, Einbau einer Gästetoilette im Reduit. Die Höhe dieser Entschädigung macht man am besten schon vor dem Ein- oder Umbau ab und hält sie zusammen mit der Zustimmung des Vermieters schriftlich fest.

Daneben gibt es auch Veränderungen, die der Vermieter möglicherweise billigt, die aber keinen ausreichenden Grund für eine Erhöhung des Mietzinses abgeben: Ersetzen der Tapeten durch einen Klosterputz, Ersetzen der beigen Spannteppiche durch hellgrüne (weil die dem Mieter besser gefallen), Abschliessen einer zum Wohnraum hin offenen Küche durch Wand und Türe. Bei Verschönerungen und Umbauten dieser Art sollte der Mieter – am besten kraft eines langfristigen Mietvertrags – die Gewissheit haben, dass er sich selber möglichst lange daran wird erfreuen können, bevor sein Nachmieter gratis in ihren Genuss kommt, nur um alsogleich den Klosterputz durch Tapeten und den hellgrünen durch einen beigen Spannteppich zu ersetzen sowie beim Vermieter das Herausbrechen der Wand zwischen Küche und Wohnraum zu beantragen...

Aus all diesen Erläuterungen lässt sich auch schliessen, dass der Wohnungsmieter seinen Umbau- und Investitionsgelüsten mit Zurückhaltung nachgeben sollte. Vielleicht wäre es doch gescheiter, er würde das Geld auf ein Sparkonto einzahlen, um möglichst bald sein eigener Bauherr zu werden.

Satelliten-TV und Antennenbau: Mieter sucht Anschluss

Manche Mieter möchten aufs Fernsehen gänzlich verzichten, obwohl das Haus «verkabelt» ist. Sie werden aus diesem Verzicht in den meisten Fällen (Ausnahme Kanton Basel-Stadt) keine Herabsetzung der Nebenkosten erzielen können (siehe Seite 103) oder müssen sich diese Ersparnis mit den hohen Kosten für das Plombieren und das spätere Deplombieren teuer erkaufen.

Anderseits wollen immer mehr Mieter mehr Sender empfangen können, als die Haus- oder Gemeinschaftsantenne hergibt. Dürfen sie eine eigene Parabolantenne installieren? Ja. Weil das Recht auf Information und Unterhaltung ins normale Gebrauchsrecht des Wohnungsmieters fällt, hat der Vermieter die fachmännische Montage einer Antenne für Radio und Fernsehen zu gestatten. Zu beachten sind aber die kantonalen und kommunalen Vorschriften für den Antennenbau. In einzelnen Kantonen ist für Parabolantennen ab einer gewissen Grösse sogar eine Baubewilligung erforderlich, für die der Mieter selbst sorgen muss. Ein generelles Antennenverbot, wie es in einigen Kantonen oder Gemeinden noch herumgeistert, steht im Gegensatz zum Recht auf freie Informationsbeschaffung über alle Grenzen, das in der Schweiz seit der Einführung des Radio- und Fernsehgesetzes am 1. April 1992 gilt. Nur der Schutz von Landschaft und Ortsbild kann im Einzelfall der Antennenmontage entgegenstehen. Das Bundesgericht lässt aber auch in diesem Fall ein Verbot einer Parabolantenne nur zu, wenn die Versorgung mit Radio- und Fernsehprogrammen zum Beispiel durch ein Kabelnetz gewährleistet ist. Soll ein bedeutendes Ortsbild geschützt werden, kann die Bewilligungsbehörde die Verlegung der Antenne an einen anderen Standort verlangen, soweit dies ohne nennenswerte Empfangseinbusse möglich ist.

Bei der Installation der Antenne ist sorgsam darauf zu achten, dass weder die Dachhaut noch andere Gebäudeteile beschädigt werden. Auch aus Gründen der Haftung sollte die Montage deshalb einem Fachgeschäft anvertraut werden. Dasselbe gilt für Funkantennen der Amateurfunker.

➤ *Eine Hausordnung schafft Regeln des Zusammenlebens, die respektiert werden sollten. Kleinlichkeit allerdings gefährdet den Hausfrieden. So grosszügig, wie man über die eigenen kleinen Lässlichkeiten hinwegsieht, verhält man sich auch gegenüber den Mitmietern.*

➤ *Mieter dürfen Besuch nach Belieben empfangen, Verwandte in die Wohnung aufnehmen, die grosse Liebe auf Dauer bei sich wohnen lassen.*

➤ *Kleintiere dürfen in jeder Wohnung ohne weiteres gehalten werden. Wollen Sie jedoch eine Katze oder einen Hund halten, brauchen Sie dazu je nach Mietvertrag die Einwilligung des Vermieters. Haben bereits andere Mieter im selben Haus eine Einwilligung erhalten, kann sie Ihnen nur mit gewichtigen Gründen verweigert werden. Das Halten eines Hundes trotz mietvertraglichem Verbot ist ein gerichtlich geschützter Kündigungsgrund!*

➤ *Wo viel Lärm ist, gibt's viel Krach. Zur Vermeidung empfiehlt sich, die Nachtruhezeiten einzuhalten, bei voraussehbarem Lärm (Party!) die Nachbarn vorzuwarnen und sich beim Musizieren auf die im Haus geltende Zeit und Dauer zu beschränken.*

➤ *Inwieweit die Wohnung nebenbei als Arbeitsplatz dienen darf, hängt davon ab, ob es dazu bauliche Massnahmen bräuchte, regelmässiger Kundenverkehr entstünde und mit Lärm zu rechnen wäre. Handelt es sich nicht um ausgesprochen diskrete Tätigkeiten, ist die Zustimmung des Vermieters erforderlich.*

➤ *Jeder Mieter darf die Wohnung einrichten, wie es ihm gefällt. Die Installation von Waschmaschine oder Geschirrspüler, der Einbau einer zusätzlichen Toilette, das Ersetzen von Böden, das Durchbrechen von Wänden und ähnliche Massnahmen zur Verschönerung des trauten Heims dürfen nicht ohne schriftliche Zustimmung des Vermieters vorgenommen werden. Bei grösseren Umbauten, welche die Wohnung so aufwerten, dass vom Nachmieter ein höherer Zins verlangt werden könnte, sollten Sie mit dem Vermieter unbedingt die Entschädigungsfrage regeln.*

➤ *Die Installation einer Parabolantenne zum Empfang von Satellitensendern kann nur in Ausnahmefällen durch staatliche Behörden (Orts- und Landschaftsschutz) und durch den Vermieter untersagt werden.*

6. Untermiete

Wenn der Mieter Vermieter wird

Ist die Wohnung nach dem Auszug der Kinder zu gross geworden, ist sie nach einem namhaften Mietzinsaufschlag für den Mieter allein zu teuer, möchte er jemanden dauernd beherbergen in der Hoffnung auf ein bisschen Geselligkeit, verreist er für ein halbes Jahr nach London «to brush up his English» – all das sind gute Gründe, die Wohnung teilweise oder ganz unterzuvermieten. Das Mietrecht schafft die Möglichkeit dazu.

Gesetz: Artikel 262, 273 b

Untervermietung grundsätzlich gestattet; Offenheit ist Pflicht

Vor der Revision des Mietrechts konnte der Vermieter die Untermiete vertraglich ausschliessen. Das ist jetzt nicht mehr möglich, und wenn der Mietvertrag noch unter altem Mietrecht abgeschlossen worden ist und deshalb vielleicht ein Untermietverbot enthält, ist dieses ungültig. Zwar muss der Vermieter über eine Untervermietung informiert werden und muss seine Zustimmung dazu erteilen, aber er darf sie nur unter ganz bestimmten Umständen verweigern. Nämlich,

- wenn der Mieter nicht bereit ist, dem Vermieter den Inhalt des Untermietvertrags bekannt zu geben.
- wenn der Untermietvertrag im Vergleich zum Hauptmietvertrag missbräuchlich ist.
- wenn dem Vermieter aus der Untermiete wesentliche Nachteile entstehen.

Rita und Franz Hauser
Haldenstrasse 30
3014 Bern

        Erbengemeinschaft R. Fueter
        Frau K. Fueter
        Matte 12
        3089 Köniz

        Bern, 8. Februar 1999

Untervermietung

Sehr geehrte Frau Fueter

Da unser Sohn seit Anfang Jahr nicht mehr bei uns wohnt, wird uns unsere Wohnung zu gross. Wir möchten deshalb ein Zimmer untervermieten.

Es interessiert sich dafür Herr Jules Brunner, Jurastudent an der Universität Bern. Er wird uns für das möblierte Zimmer und die Mitbenützung von Bad und Küche einen monatlichen Zins von Fr. 460.– bezahlen.

Wir bitten Sie um Ihre schriftliche Zustimmung und danken Ihnen schon im Voraus dafür.

        Freundliche Grüsse
        Rita Hauser *Franz Hauser*
        Rita und Franz Hauser

Meldung eines Untermietverhältnisses an den Vermieter

Missbräuchlich ist ein Untermietvertrag vor allem dann, wenn der vereinbarte Mietzins im Verhältnis zum Mietzins des Hauptvertrags überhöht ist und der Mieter dadurch mehr einen als bescheidenen Gewinn erzielt. Wesentliche Nachteile für den Vermieter können daraus entstehen, dass der Untermieter die Räume anders, als im Hauptmietvertrag gestattet, nutzt (zum Beispiel zur Ausübung eines Gewerbes) oder dass er als Person einzustufen ist, die den sozialen Frieden der Mietergemeinschaft nachhaltig stören könnte. Das bedeutet nun aber nicht, dass der Vermieter sich gegen einen Untermieter stellen könnte, nur weil dieser beispielsweise Ausländer ist oder einer Minderheit angehört, die er persönlich ins Pfefferland wünscht. Verweigert der Vermieter die Zustimmung zu Unrecht, kann der Mieter an die Schlichtungsbehörde gelangen.

Die Verletzung der gesetzlichen Informationspflicht ist nicht zu empfehlen. Erfährt der Vermieter von einem nicht bewilligten und sachlich unzulässigen Untermietverhältnis, kann er dessen Auflösung verlangen oder darf unter Umständen sogar den Hauptmietvertrag vorzeitig kündigen! Hingegen kann ein Vermieter, der das Untermietverhältnis nicht ausdrücklich bewilligt, durch Stillschweigen aber schon einige Zeit zugelassen hat, nicht plötzlich die Auflösung verlangen. Genauso wenig kann er die einmal gewährte Zustimmung widerrufen; es sei denn, es stelle sich heraus, dass er über das Untermietverhältnis falsch informiert worden ist oder dass es nachträglich ohne sein Wissen geändert worden ist. Aus diesem Grund muss ihm auch mitgeteilt werden, wenn der Untermieter wechselt, denn die einmal erteilte Zustimmung überträgt sich nicht automatisch auf eine neue Person.

Will der Vermieter seine einmal gegebene Zustimmung nachträglich zurückziehen, muss er dies auf amtlichem Formular unter Einhaltung der Kündigungsfrist tun. Bestreitet der Mieter, dass der Vermieter das Recht hat, seine Zustimmung zu widerrufen, und kommt vor der Schlichtungsbehörde keine Einigung zustande, muss der Vermieter innert 30 Tagen das Gericht zum Entscheid über diese Frage anrufen. Tut er dies nicht, ist der Widerruf wirkungslos (Bundesger.-Entscheid 13.1.1999).

Wie setzt man den Preis fest?
Der Zins für eine Untermiete darf nicht missbräuchlich sein, bestimmt das Mietrecht. Einen saftigen Gewinn darf der Mieter also nicht erzielen. Das Bundesgericht hat 1993 festgelegt, dass ein Zuschlag zum Miet-

zins von 30 bis 40 Prozent jedenfalls einen vom Gesetz verpönten Zwischengewinn darstellt. In einem solchen Fall darf der Vermieter seine Zustimmung zur Untermiete verweigern.

Preisbeispiele für Untermiete

	Hauptmiete	*Untermiete*
1	Wohnung, gleich welcher Grösse und zu beliebigem Preis	Ganze Wohnung, unmöbliert: zum gleichen Preis wie Hauptmiete
2	Wie 1	Ganze Wohnung, möbliert: zum gleichen Preis wie Hauptmiete. Kleiner Zuschlag für die Möblierung möglich (je nach Grösse der Wohnung und gebotenem Komfort); häufig ohne Zuschlag, weil der Untermieter für Unterhalt und Pflege der Einrichtung aufkommt.
3	3-Zimmer-Wohnung mit Bad/WC, Küche Fr. 1600.– plus Nebenkosten	1 Zimmer unmöbliert zur alleinigen Nutzung, Wohnzimmer, Bad/WC und Küche gemeinsame Nutzung: Fr. 800.– plus Hälfte der Nebenkosten
4	4-Zimmer-Wohnung mit Bad/WC, Dusche/WC, Küche (Wohnfläche 100 m^2) Fr. 1800.– plus NK (ca. 150.–)	1 Zimmer unmöbliert (16 m^2) und Dusche/WC (4 m^2) zur alleinigen Nutzung, keine Mitbenützung der anderen Räume, keine Übernahme von Mieterarbeiten gemäss Hausordnung (Treppenreinigung): Fr. 400.– bis 450.– inkl. Nebenkosten
5	Wie 4	Wie 4, aber Zimmer neu möbliert inkl. TV-Gerät, Kochplatte, Kühlschrank: Fr. 500.– bis 550.– inkl. Nebenkosten; für Zimmerreinigung, Wäscheservice, Mahlzeiten separate Vereinbarung treffen.

Im Mietzins für untervermietete Räume darf aber durchaus ein Entgelt für Leistungen enthalten sein, die der Mieter selbst seinem Untermieter bietet: zum Beispiel für die Möblierung (gemäss Bundesgericht bis zu 20 Prozent des Nettomietzinses) oder dafür, dass der Mieter seinen Anteil an den Arbeiten, die der Hausgemeinschaft in der Hausordnung auferlegt sind, nach wie vor ohne Mithilfe des Untermieters ausführt.

Bietet der Mieter dem Untermieter Leistungen eines Pensionats – Putzen, Waschen oder Kochen –, vereinbart er den Preis dafür besser in einem Separatvertrag. Bei der Preisfestsetzung müssen auch die Nebenkosten geregelt werden. Umfasst die Untermiete nicht die ganze oder mindestens die Hälfte der Wohnung, ist es sinnvoll, dafür eine Pauschale einzurechnen.

Möbliertes oder unmöbliertes Zimmer: ein rechtlich bedeutsamer Unterschied
Für möblierte Zimmer sieht das Mietrecht eine besondere Kündigungsfrist vor: Sie können nämlich mit einer Frist von zwei Wochen auf Ende einer einmonatigen Mietdauer gekündigt werden (also beispielsweise auf den 20. jedes Monats, wenn das Mietverhältnis an einem 20. begonnen hat). Unmöblierte Zimmer hingegen sind den unmöblierten oder möblierten Wohnungen gleichgestellt, womit eine Kündigungsfrist von mindestens drei Monaten gilt. Das sollte ein Mieter bedenken, wenn er zum ersten Mal ein Untermietverhältnis begründen will und sich seiner Sache nicht allzu sicher ist: Bringt der Untermieter seine Möbel mit, braucht man eine Weile, um ihn wieder hinauszukomplimentieren.

Mietrecht gilt auch für Untervermieter und Untermieter
Wer seine Wohnung ganz oder teilweise untervermietet, muss sich bewusst sein, dass er damit eine neue Rolle zugewiesen bekommt: Gegenüber seinem Untermieter ist er nun Vermieter – mit allen Konsequenzen, die das Mietrecht dafür vorsieht. Am besten liest er deshalb diesen Ratgeber einmal aus der Perspektive eines Vermieters und richtet sein Augenmerk auf einige wichtige Pflichten:
- Der Untermieter hat sämtliche Mängelrechte eines Mieters. Für die Behebung von mittleren und schweren Mängeln ist der Mieter dem Untermieter gegenüber verantwortlich und hat dafür zu sorgen, dass der Vermieter die Mängel behebt.

- Mietzinserhöhungen sind dem Untermieter ebenfalls auf dem amtlichen Formular und fristgerecht mitzuteilen. Der Untermieter kann eine missbräuchliche Erhöhung anfechten.
- Verstösst der Untermieter gegen Bestimmungen des Hauptmietvertrags oder der Hausordnung oder fügt er der Mietsache Schaden zu, ist der Hauptmieter dem Vermieter gegenüber dafür verantwortlich. Der Vermieter kann sich in allen Fällen an den Mieter halten und braucht sich um dessen rechtliches Verhältnis zum Untermieter nicht zu kümmern. Hingegen hat er das Recht, den Untermieter direkt dazu aufzufordern, sich an die geltenden Regeln zu halten.

Was in einem Untermietvertrag stehen sollte

Grundsatz: Ein Untermietvertrag ist rechtlich vom Hauptmietvertrag abhängig und darf die Bestimmungen des Mietrechts nicht verletzen. Elemente, die vertraglich geregelt sein sollten (vorzugsweise schriftlich):

- Vertragspartner
- Vertragsdauer (befristet, unbefristet)
- Kündigungsfrist
- Kündigungstermin
- Beschrieb der Mietsache (Räume zu alleiniger Nutzung oder zur Mitnutzung)
- Bei möblierten Räumen: Inventar
- Mietzins und Zahlungstermin
- Mietzinsreserve, Modalitäten der Mietzinserhöhung in Abhängigkeit zum Hauptmietvertrag
- Verbindlicher Hinweis auf Allgemeine Geschäftsbedingungen und Hausordung des Hauptmietvertrags
- Vorbehalt der Zustimmung zum Untermietvertrag durch den Vermieter

Für die vertragliche Regelung des Untermietverhältnisses kann auch ein Formularmietvertrag (vorzugsweise der gleiche wie für das Hauptmietverhältnis) verwendet werden. Wichtig ist aber auch in diesem Fall der Hinweis darauf, dass es sich um Untermiete handelt.

- Kündigungen sind auf Verlangen zu begründen. Gegen missbräuchliche Kündigungen hat der Untermieter dem Mieter gegenüber die gleichen Rechtsmittel wie der Mieter dem Vermieter gegenüber. Erhält er die Kündigung, darf er überdies auch ein Erstreckungsbegehren stellen. Allerdings wird die Erstreckung nicht über die Dauer des Hauptmietverhältnisses hinaus gewährt. Und bei dringendem Eigenbedarf des Untervermieters (Rückkehr aus dem Sprachurlaub) wird der Untermieter ohnehin keine Chancen auf Erstreckung haben.

Wichtig: Auch bei einem Untermietverhältnis drängt sich ein genaues Wohnungsübergabe- und Wohnungsabnahmeprotokoll auf.

Untermiete zur Umgehung des Kündigungsschutzes?
Unmöglich, sagt das Gesetz

Wenn ein Hauptmieter, der die Kündigung erhält, darauf verzichtet, ein Erstreckungsbegehren zu stellen, kann der Untermieter seinerseits zwar beim Hauptmieter um Erstreckung nachsuchen. Sein Anspruch ist aber grundsätzlich nur bis zum Ende des Hauptmietverhältnisses geschützt. Diese Einschränkung ist nachvollziehbar: Der Vermieter soll sich nicht mit auszugsunwilligen Untermietern herumplagen müssen, nachdem der Hauptmieter das Feld geräumt hat. Jedoch ist mit dieser Bestimmung auch ein Schlupfloch für Vermieter entstanden, die zur Umgehung des Kündigungsschutzes einen unechten Mieter zwischen sich und die eigentlichen Mieter der Wohnungen (oder Appartements) schalten. Das ist schlau. Aber der Gesetzgeber war noch schlauer und widmete einen Paragraphen eigens solchen Tricks: Dient die Untermiete hauptsächlich der Umgehung des Kündigungsschutzes, geniesst der Untermieter den gleichen Kündigungsschutz, wie wenn er Hauptmieter wäre.

Beispiel: Die Gemeinde Schönhausen besitzt Wohnräume. Sie möchte diese vermieten, will aber bei Bedarf kurzfristig darüber verfügen können. Dem ist der gut ausgebaute Kündigungsschutz nur hinderlich. Sie schaltet daher einen «Verein zur Förderung des guten Wohnens» als Mieter dazwischen und degradiert die eigentlichen Mieter juristisch zu Untermietern. Einige Jahre später ist es so weit: Die Wohnräume sollen in Büros für die rasch wachsende Gemeindeverwaltung umgewandelt werden. Der Verein, dessen Vorstand von staatlichen Repräsentanten dominiert ist, genehmigt in weiser Anerkennung behördlichen Expansionsdrangs die Kündigung. Die Untermieter gelangen ans

Mietgericht, welches auf Umgehung der Vorschriften über den Kündigungsschutz erkennt und die Gemeindevertreter von Schönhausen ermuntert, eine Erstreckungsvereinbarung über ein Jahr zu unterzeichnen.

➤ *Untermiete muss dem Vermieter mitgeteilt werden. Halten Sie sich jedoch an einige wenige Spielregeln, ist Ihnen die Zustimmung von Gesetzes wegen in den meisten Fällen sicher.*

➤ *Ein Untermietvertrag sollte immer schriftlich aufgesetzt werden.*

➤ *Dem Untermieter gegenüber werden Sie zum Vermieter. Daraus entsteht Ihnen neben Rechten auch eine Vielzahl von Pflichten.*

7. Mietzinszahlung

Wer zu spät zahlt, lebt gefährlich

Mag das Gesetz dem Mieter in vielen Punkten noch so gewogen sein, gerät er mit der Zinszahlung in Verzug, zieht es seine schützenden Fittiche rasch einmal zurück, um sie stattdessen über dem Vermieter auszubreiten. Wenn der Vermieter alle rechtlichen Möglichkeiten ausschöpft, ist er den schlechten Zahler binnen drei bis vier Monaten los. Es ist also sehr empfehlenswert, die Zahlungstermine einzuhalten. Vermindert sich der Wert der Mietsache, weil der Vermieter gewichtige Mängel nicht behebt, ist die Hinterlegung des Mietzinses das geeignete Mittel, ihm Beine zu machen.

Gesetz: Artikel 256 b, 257 c, d, e

Der Mieter muss den Mietzins bringen

Die Mietzinsschuld ist in der Juristensprache eine «Bringschuld», die innerhalb der Zahlungsfrist erfüllt werden muss. Das heisst, dass der Geldbetrag am Tag der Fälligkeit beim Vermieter sein muss. Der Mieter hat daher grundsätzlich das Geld am Wohnort oder am Geschäftssitz des Vermieters abzugeben. Zahlt er per Post oder über die Bank, so darf der Vermieter dadurch nicht schlechter gestellt sein als bei Barzahlung. Der Mieter muss durch rechtzeitige Erteilung des Zahlungsauftrags dafür sorgen, dass das Geld pünktlich auf dem Konto des Vermieters eintrifft. Bis zu diesem Zeitpunkt trägt der Mieter das Risiko, dass der Auftrag von der Post oder der Bank nicht oder erst verzögert ausgeführt wird. Diese Grundsätze können sich für den Mieter sehr nachteilig auswirken, wenn ihm der Vermieter eine schriftliche Zahlungsaufforderung mit Frist und Kündigungsdrohung geschickt hat (siehe Seite 91).

Zahlungsverweigerung ist ein untaugliches Druckmittel des Mieters

Der Rat zur Pünktlichkeit gilt selbst für den Fall, dass der Mieter gute Gründe dafür hat, dem Vermieter den Zins nicht oder nicht in voller Höhe zu zahlen. Wenn beispielsweise trotz schriftlicher Mahnung die Heizung noch immer nicht repariert ist und die Kinder deshalb im Mantel zu Bett gehen müssen, wenn aus der neu eröffneten Disco im Erdgeschoss bis drei Uhr morgens Techno-Sound dröhnt oder der Schimmelpilz die letzte, bisher verschont gebliebene Wohnzimmerwand erobert, sind das alles Mängel, die den Gebrauchswert einer Wohnung so gravierend beeinträchtigen, dass eine Reduktion des Mietzinses angebracht ist. In all diesen Fällen ist es aber besser, den Mietzins zu hinterlegen – die Schlichtungsbehörde nennt das Konto dafür –, als ihn einfach nicht zu bezahlen (siehe Kapitel «Mängel», Seite 156). Selbst wenn sich nachträglich vor Gericht herausstellen sollte, dass gar kein Mangel bestanden hat, kann der Vermieter dem Mieter nicht wegen Zahlungsverzug kündigen. Der Mieter ist durch die Hinterlegung geschützt, wenn er gutgläubig vom Bestehen eines Mangels ausgehen durfte (Bundesgerichtsurteil vom 19. Januar 1999).

Verrechnungsmöglichkeiten vorsichtig nutzen

Auch die Verrechnung des Zinses mit eigenen Forderungen gegen den Vermieter ist mit Bedacht vorzunehmen: Reagiert der Vermieter darauf mit Mahnung zur vollständigen Mietzinszahlung und spricht danach sogar wegen Zahlungsverzugs die vorzeitige Kündigung aus, kann der Mieter diese zwar als missbräuchlich anfechten. Kommen Schlichtungsbehörde oder Gericht aber zum Schluss, dass der Mieter die Verrechnung grossenteils oder gänzlich zu Unrecht vorgenommen hat, ist die Kündigung gültig. Mit Vorteil beschränkt man die Verrechnung deshalb auf eindeutig berechtigte und schriftlich belegbare Forderungen – und in jedem Fall zeigt man sie dem Vermieter zuvor schriftlich an. Was aber sind eindeutig berechtigte Forderungen? Zu denken ist etwa an:

- Saldo zugunsten des Mieters aus der Nebenkostenabrechnung (siehe Seite 102)
- Vom Mieter bezahlte, aber eindeutig zulasten des Vermieters gehende Arbeiten zur Beseitigung von Mängeln (siehe Seite 154)
- Vom Mieter irrtümlich bezahlte Zinserhöhungen
- Differenz zwischen dem bezahlten vollen Mietzins und dem inzwischen durch Schlichtungsbehörde oder Gericht wegen gebrauchswertmindernden Mängeln rückwirkend herabgesetzten Mietzins (siehe Seite 155)

Dauerauftrag ja – Lastschriftverfahren nur bedingt

Damit der Mietzins mit Sicherheit regelmässig bezahlt wird, empfiehlt es sich, einen Dauerauftrag zulasten des Postcheck- oder Bankkontos einzurichten. Die für den Mieter unbequemste Variante – die Bareinzahlung am Postschalter – wird auch vom Vermieter am wenigsten geschätzt, denn die Post verlangt von ihm für Bareinzahlungen eine Gebühr, die – obwohl sie in Promille beziffert werden kann – eine lästige Ertragsminderung darstellt. Besonders pingelige Vermieter sind deshalb schon dazu übergegangen, diese Gebühren über die Nebenkostenabrechnung auf den Mieter zu überwälzen – und begeben sich dabei auf rechtlich unsicheres Terrain, das aber wegen der geringen Höhe des Streitwerts bisher nicht ausgeleuchtet worden ist.

Gelegentlich wird Mietern vorgeschlagen, den Mietzins über das so genannte Lastschriftverfahren (LSV) abbuchen zu lassen. Mit der Unterschrift unter eine LSV-Vereinbarung erteilt man dem Vermieter die Vollmacht, Mietzinsen und Nebenkosten direkt vom Bankkonto abbuchen zu lassen. Eine für den Mieter gefährliche Konstruktion. Er sollte auf einen entsprechenden Vorschlag nur eingehen, wenn er ein Widerspruchsrecht erhält: Damit kann er eine unerwünschte Buchung innert fünf Tagen nach Anzeige widerrufen.

Was tun bei finanziellen Engpässen?
Weil ein grosser Mangel an günstigen Wohnungen herrscht, müssen manche Familien sich in Räumen einmieten, deren Preis das Budget arg strapaziert. Da braucht es nicht viel – hohe Zahnarztrechnungen, eine teure Autoreparatur oder auch eine beachtliche Mietzinserhöhung – und die Schieflage des Budgets wächst sich zu einem akuten Geldmangel aus. Andere denkbare Gründe sind der Verlust des Arbeitsplatzes oder eine Einkommensminderung (Rückstufung im Betrieb, Pensionierung, die Ehepartnerin wird Mutter und gibt deshalb ihre Stelle auf). Es gibt in einer solchen Situation zahlreiche Möglichkeiten, falsch zu reagieren: zum Beispiel mit der Aufnahme eines Kleinkredits oder mit einer passiven Haltung, die darauf hinausläuft, jeweils die Gläubiger zufrieden zu stellen, die sich am ekligsten gebärden. Besser ist es, frühzeitig selber aktiv zu werden.

Die Miete hat oberste Priorität. Lieber in einer vorübergehenden Finanzkrise den Zahnarzt oder die Garage zwei, drei Monate warten lassen als den Vermieter. Und reicht es für die Miete nicht mehr ganz, dann ist der Vermieter eher bereit, eine verlängerte Zahlungsfrist einzuräumen, wenn er bereits vor der ordentlichen Fälligkeit des Mietzinses kontaktiert wird. Dabei sind die Chancen des Mieters umso grösser, je länger das Mietverhältnis besteht und je problemloser es bisher war. Und natürlich muss der Mieter glaubhaft machen können, dass er bald in der Lage sein wird, seinen vertraglichen Verpflichtungen wieder ohne Abstriche und pünktlich nachzukommen.

Wenn die Einkommenssituation sich absehbar auf Jahre hinaus nicht bessern wird, ist es ratsam, alles zu unternehmen, um bald in eine günstigere Wohnung ziehen zu können (siehe Kapitel «Wohnungssuche», Seite 21). Diese Suche braucht Zeit und sollte gerade deshalb nicht unter dem Zeitdruck geschehen müssen, den eine kurzfristige Kündigung, wie sie der Vermieter gegen säumige Zahler aussprechen kann, schafft. Deshalb sollte man alles unternehmen, um den Mietzins zu zahlen. Je nachdem empfiehlt sich auch ein Gesprächstermin beim Sozialamt des Wohnorts. Sozialämter zahlen keine Schulden (auch keine Mietschulden), aber sie leisten unter Umständen Mietbeihilfen. Je nach persönlicher Situation besteht ein Recht auf solche Hilfe und es wäre verfehlt, aus falschem Stolz darauf zu verzichten. Das Sozialamt (oder eine andere Beratungsstelle, zum Beispiel der Arbeitnehmerorganisation oder des Personalbüros im Betrieb) ist auch behilflich beim Erstellen eines Zahlungsplans. Dabei wird auf jeden Fall der Wohnungsmiete Priorität eingeräumt.

Er kann sich ja die Kaution holen

Viele Mieter haben beim Einzug in die Wohnung eine Kaution in der Höhe von bis zu drei Mietzinsen bezahlt, die dem Vermieter als Sicherheit dient. «Nun denn: Jetzt, wo ich den Zins nicht zahlen kann, muss er sich halt die Kaution holen!» Die Überlegung ist nachvollziehbar, aber nicht korrekt. Denn die Kaution ist zwar als Sicherheit für den Vermieter gedacht, aber nicht nur für die Mietzinsen, sondern vor allem auch zur Absicherung von Schadenersatzforderungen beim Auszug des Mieters. Der Vermieter hat kein grosses Interesse, bei einem noch ungekündigten Mietverhältnis für rückständige Mieten auf die Kaution zurückzugreifen, und er ist dazu auch keineswegs verpflichtet. Tut er's doch – was nur mit schriftlich festgehaltener Zustimmung des Mieters, durch Einleitung der Betreibung oder aufgrund eines rechtskräftigen Gerichtsurteils möglich ist –, dann läuft er ja nur Gefahr, nach ein, zwei oder drei Monaten erneut Mahnschreiben und Zahlungsaufforderungen verschicken zu müssen. Und diesmal, ohne die Kaution als Trumpf im Ärmel zu haben. Deshalb ist der Vermieter, der die Kaution zur Begleichung überfälliger Mietzinsen verwendet, auch berechtigt, vom Mieter eine Wiederaufstockung auf die im Vertrag genannte Summe zu verlangen.

Von der Mahnung zur Ausweisung: der Countdown läuft

Obwohl dazu keine rechtliche Verpflichtung besteht, melden sich die meisten Vermieter zunächst mit einer Mahnung, in der sie eine Zahlungsfrist von etwa zehn Tagen einräumen. Läuft diese Frist ungenutzt ab, wird's ernst. Jetzt kann der Vermieter nämlich eine schriftliche Zahlungsaufforderung mit einer Frist von mindestens 30 Tagen senden und diese mit der Kündigungsandrohung verbinden. Er hat das Recht, zum geschuldeten Mietzins einen Verzugszins von fünf Prozent seit Verfalltag zu schlagen. Wird die Miete auch innert dieser letzten Frist nicht bezahlt, kann die Kündigung mit einer weiteren Frist von nur 30 Tagen auf ein Monatsende ausgesprochen werden. Trifft die Miete erst nach Ablauf der gesetzten Zahlungsfrist beim Vermieter ein, braucht er die Kündigung nicht zurückzunehmen. Umso wichtiger ist es deshalb, die Zahlungsfrist wo immer möglich einzuhalten. Als Fristbeginn gilt dabei der Tag, an dem die Empfangsbestätigung für den eingeschriebenen Brief des Vermieters unterzeichnet wird, oder, wenn der Brief auf der Post nicht abgeholt worden ist, der Tag nach Ablauf der siebentägigen Abholfrist. Die Zahlung muss danach innert 30 Tagen beim Vermieter eintreffen, das heisst, er muss über das Geld in diesem Zeitpunkt verfügen können. Wenn der Mieter den Zahlungsauftrag bei Bank oder Post erst am 30. Tag erteilt, so gilt die Frist nicht als eingehalten, wenn – was die Regel ist – der Betrag nicht noch am gleichen Tag dem Konto des Vermieters gutgeschrieben wird.

Hat der Vermieter dem Mieter allerdings Posteinzahlungsscheine übergeben und zahlt der Mieter noch innerhalb der Frist ein, gehen

---

Fristen im Countdown

So sieht der Terminplan aus, wenn auf der einen Seite ein Mieter im Zahlungsrückstand ist, auf der anderen Seite ein Vermieter seine gesetzlichen Möglichkeiten ausschöpft.

Mietzins fällig jeweils am 1. des Monats	Keine Mietzinszahlung	Vermieter mahnt*, gibt Frist 10 Tage	Mahnung bleibt unbeachtet	Zahlungsaufforderung mit Frist 30 Tage	Zahlungsfrist wird nicht eingehalten**	Kündigung wird ausgesprochen	Mieter muss Wohnung verlassen
1.4.	1.5.	10.5.	21.5.	22.5.	23.6.	25.6.	31.7.

* Der Vermieter ist nicht verpflichtet, vor der Zahlungsaufforderung mit Kündigungsandrohung eine Mahnung zuzustellen; bei ungestörten Beziehungen zwischen Mieter und Vermieter ist das Mahnschreiben aber üblich.

** Wird innert der 30-Tage-Frist ein Zins bezahlt, der mindestens der Höhe des seit dem 1.5. geschuldeten Zinses entspricht, gilt dieser als bezahlt und die 30-Tage-Frist als eingehalten. Jedoch wird der Vermieter nun ohne «Gnadenfrist» zur Zahlung des nächsten Monatszinses auffordern, falls dieser nicht präzise zum vertraglich vereinbarten Zeitpunkt eintrifft!

Verzögerungen in der Gutschrift zulasten des Vermieters. Die Zahlungsfrist ist dann gewahrt. So hat das Bundesgericht am 20. März 1998 entschieden und eine Ausweisung des Mieters abgelehnt. Aber aufgepasst! Die Zahlung am letzten Tag der in der Zahlungsaufforderung genannten Frist kann heikle Rechtsfragen auslösen. Hätte der Vermieter dem säumigen Mieter in der Zahlungsaufforderung unmissverständlich geschrieben: «Der Betrag ist entweder innert Frist bar zu bezahlen oder aber so frühzeitig zu überweisen, dass er innert Frist auf dem Konto des Vermieters gutgeschrieben wird», so wäre nach Ansicht des Bundesgerichts die Zahlung zu spät, wenn aus irgendeinem Grund die Gutschrift erst nach Fristablauf beim Vermieter erfolgt – und darauf hat der Mieter keinen Einfluss. Er hat nur die Möglichkeit, es nicht darauf ankommen zu lassen und, wenn er gemahnt werden musste, frühzeitig zu zahlen.

Ist die mit dem Zahlungsverzug begründete Kündigung einmal ausgesprochen, hat der Mieter nur noch bescheidene Möglichkeiten, den Kopf aus der Schlinge zu ziehen. So kann die Kündigung bei der Schlichtungsbehörde angefochten werden, falls dem Vermieter Formfehler unterlaufen sind: Er hat vielleicht zeitgleich mit der Zahlungsaufforderung gar keine Kündigungsandrohung ausgesprochen, danach aber gleichwohl die Kündigung geschickt; er hat die Kündigung nicht auf dem amtlichen Formular mitgeteilt oder bei Familienwohnungen nicht separat an beide Ehepartner adressiert; er hat eine Kündigungsfrist von weniger als 30 Tagen eingeräumt (zum Beispiel mit Schreiben vom 1. April auf den 30. April gekündigt) oder er hat zu früh, das heisst vor Ablauf der 30-Tage-Frist, gekündigt. Ist die Anfechtung aus einem dieser Gründe erfolgreich, verschafft dies dem Mieter einen zeitlichen Aufschub, mehr nicht. Denn der Vermieter wird das Prozedere ohne Verzug neu in Gang setzen – diesmal wahrscheinlich ohne Formfehler! Ganz aussichtslos ist übrigens auch ein Erstreckungsbegehren, wie es bei der ordentlichen Vermieterkündigung eingereicht werden kann.

Verlässt der Mieter nach Ablauf der Kündigungsfrist nicht freiwillig die Wohnung, kann der Vermieter einen amtlichen Räumungsbefehl erwirken. Bis zur Räumung schuldet der Mieter den Mietzins oder einen Schadenersatz mindestens in der Höhe des Mietzinses.

Der Vermieter hat ausreichende Rechtsmittel, einen säumigen Mieter loszuwerden. Hemdsärmlige Formen der Selbsthilfe wie etwa das Abstellen von Strom oder Wasser sind nicht erlaubt, sie stellen sogar strafbares Unrecht dar (Nötigung). Nicht statthaft ist auch das Eindringen in die Wohnung (Hausfriedensbruch) oder das Behändigen von Möbeln aus der Wohnung eines Mieters (Sachentziehung). Mit dem neuen Mietrecht ist bei Wohnungen – nicht hingegen bei Geschäftsräumen – auch das Retentionsrecht (Recht zur Pfändung von Einrichtungsgegenständen des Mieters) weggefallen.

Es kann vorkommen, dass der Vermieter bei Zahlungsverzug des Mieters die Kündigung zu früh ausspricht, das heisst vor Ablauf der gesetzlichen 30-Tage-Frist. Korrekt berechnet, beginnt diese Frist für den Mieter erst ab dem tatsächlichen Empfang der Zahlungsaufforderung oder – wenn er den Brief nicht abholt – ab dem letzten Tag der Abholfrist von sieben Tagen. Eine zu früh ausgesprochene Kündigung des Vermieters ist aber nicht einfach ungültig, sondern nur anfechtbar. Der Mieter, der in der Wohnung bleiben will, muss also die Kündigung innert der gesetzlichen Frist von wiederum 30 Tagen bei der Schlichtungsbehörde anfechten.

Kündigung aufgeschoben ist nicht aufgehoben
Gnade vor Recht – ein schöner Brauch, den gelegentlich auch Vermieter pflegen. Sei's aus Menschenliebe (weil sie die nette, aber finanzschwache Familie nicht auf die Strasse stellen möchten), sei's aus Eigenliebe (weil sie in der sündhaft teuren Wohnung lieber einen unzuverlässigen Zahler haben als gar keinen). So oder so: Sie ziehen also die kurzfristige Kündigung zurück oder sprechen sie gar nicht erst aus, obwohl der säumige Mieter erst nach der gesetzten Frist bezahlt hat. Widerfährt einem Mieter solche Milde, kann er sich dennoch nicht allzu sicher fühlen. Denn die Kündigung darf auch erst später – allerdings nicht Jahre später und unter Beachtung der normalen, vertraglich vereinbarten Kündigungsfrist – mit dem Hinweis auf den damaligen Zahlungsverzug ausgesprochen werden, ohne dass sie deswegen als missbräuchlich anfechtbar wäre.

➤ *Erteilen Sie für regelmässige Mietzinszahlungen einen Dauerauftrag zulasten des Postcheck- oder Bankkontos. Wenn der Vermieter die Abbuchung über das Lastschriftverfahren wünscht (LSV), stimmen Sie nur unter dem Vorbehalt eines Widerspruchsrechts zu.*

➤ *Bei finanziellen Engpässen sollte man der Wohnungsmiete Priorität einräumen und lieber andere Gläubiger warten lassen. Ist auch die Mietzinszahlung gefährdet, empfiehlt es sich, das Gespräch mit dem Vermieter zu suchen und/oder das Sozialamt der Gemeinde um Zahlungsbeihilfen anzufragen.*

➤ *Die Mietzinszahlung einzustellen, um einer Forderung gegen den Vermieter Nachdruck zu verleihen, ist gefährlich. Wollen Sie klar belegbare eigene Forderungen gegenüber dem Vermieter mit Ihrer Zinszahlung verrechnen, sollten Sie dies unbedingt zuvor schriftlich anzeigen. Wollen Sie eine Reduktion des Mietzinses oder Schadenersatzzahlungen geltend machen (Gebrauchswertminderung), können Sie den Mietzins hinterlegen (siehe Kapitel «Mängel», Seite 156).*

➤ *Mit Zustimmung des Mieters kann die bei Mietantritt geleistete Kaution zur Zahlung des Ausstands verwendet werden. Der Mieter muss aber damit rechnen, dass der Vermieter danach verlangt, dass die Kaution erneut in voller Höhe gestellt wird. Mehr als einen Zeitgewinn bringt diese Zahlungsform deshalb nicht.*

➤ *Eine vom Vermieter auf 30 Tage angesetzte Zahlungsfrist für überfällige Mietzinsen ist rechtens. Falls sie nicht eingehalten wird und der Vermieter gleichzeitig mit der Zahlungsaufforderung die Kündigung angedroht hat, kann er diese mit einer Frist von nur 30 Tagen auf Ende eines Monats aussprechen. Gegen diese Kündigung gibt es – ausser Einwänden gegen Formfehler des Vermieters – keinen rechtlichen Schutz.*

8. Nebenkosten

Die Kunst der korrekten Abrechnung

«Sende Ihnen anbei die Nebenkostenabrechnung mit höflicher Bitte um Überprüfung.» Briefpost dieser Art landet häufig auf dem Tisch des Beobachter-Beratungsdienstes. Und fast ebenso häufig retourniert der Beobachter solche Schreiben mit dem höflichen Hinweis, dass eine abschliessende Beurteilung aus der Ferne und ohne Einsicht in die Originalbelege schlicht unmöglich sei. In der Tat: Wer genau wissen will, ob ihm in Sachen Nebenkosten Gerechtigkeit widerfährt, kommt um detektivische (Eigen-)Arbeit nicht herum. Eine grobe Kontrolle der Abrechnung ist jedoch mit vertretbarem Aufwand möglich.

Gesetz: Artikel 256 b, 257 a, b
Verordnung: Artikel 4 bis 8

Gewinne verboten – Transparenz vorgeschrieben

Stellen wir den wohl wichtigsten Grundsatz zum Thema gleich an den Anfang: Die Nebenkostenabrechnung ist ein Nullsummenspiel. So viel, wie der Vermieter ausgibt oder aufwendet, so viel darf er seinen Mietern in Rechnung stellen. Und damit er auch genügend motiviert ist, diesen Grundsatz einzuhalten, hat der Mieter das Recht, in sämtliche Details – also in jeden Rechnungsbeleg sowie in den Verteilschlüssel – Einsicht zu nehmen.

Je nach Bestimmungen des Mietvertrags werden dem Mieter unterschiedlich lange Fristen eingeräumt, um Belege einzusehen oder Einwände gegen die Nebenkostenabrechnung geltend zu machen. Das Einsichtsrecht in Belege auf zehn Tage nach Zustellung der Abrechnung zu beschränken, wie es auf dem Musterformular des Schweizerischen Hauseigentümerverbands postuliert wird, ist wenig mieterfreundlich und gesetzlich nicht zulässig.

Heizung, Warmwasser und und und

Obwohl das Gesetz zur Trennung zwischen Mietzins und Nebenkosten nicht verpflichtet, sind Mietverträge mit einem «Mietpreis alles inklusive» äusserst selten. Schliesslich macht die Ausscheidung von Nebenkosten für beide Vertragspartner Sinn. Für den Mieter, weil er einen Teil seiner Wohnkosten – je nach vertraglicher Regelung und Stand der Technik bei der individuellen Heizkostenabrechnung in kleinerem oder grösserem Ausmass – durch sparsames Wirtschaften positiv beeinflussen kann. Und für den Vermieter, weil er so bei steigenden Kosten (vor allem für Strom und Heizöl) nicht den mühsamen Weg der Mietzinserhöhung gehen muss, um zu seinem Geld zu kommen.

Was als Nebenkosten verrechnet werden darf, ist im Gesetz und der dazu gehörenden Verordung aufgezählt. Damit die Nebenkostenabrechnung nicht zum Melken des Mieters missbraucht werden kann, hat der Gesetzgeber einige Pflöcke eingeschlagen, die das Terrain der Begehrlichkeit einschränken. Statthafte Positionen sind demnach:

- Heizungs- und Warmwasserkosten, insbesondere die Auslagen für (im Wortlaut der Verordnung)
  - die Brennstoffe und die Energie, die verbraucht wurden
  - die Elektrizität zum Betrieb von Brennern und Pumpen
  - die Betriebskosten für Alternativenergien
  - die Reinigung der Heizungsanlage und des Kamins, das Auskratzen,

Ausbrennen und Einölen der Heizkessel sowie die Abfall- und Schlackenbeseitigung
- die periodische Revision der Heizungsanlage einschliesslich des Öltanks sowie das Entkalken der Warmwasseranlage, der Boiler und des Leitungsnetzes
- die Verbrauchserfassung und den Abrechnungsservice für die verbrauchsabhängige Heizkostenabrechnung sowie den Unterhalt der nötigen Apparate
- die Wartung
- die Versicherungsprämien, soweit sie sich ausschliesslich auf die Heizungsanlage beziehen
- die Verwaltungsarbeit, die mit dem Betrieb der Heizungsanlage zusammenhängt
• Andere unmittelbar mit dem Gebrauch der Mietsache zusammenhängende Auslagen
- Beleuchtung der allgemeinen Räume
- Betriebs- und Servicekosten gemeinschaftlich genutzter Anlagen und Geräte (Lift, Waschmaschine, Tumbler)
- Abonnementsgebühren für den TV-/Radio-Kabelanschluss
- Wasserzins
- Abwasserreingungs- und Kehrichtabfuhrgebühren
- Treppenhausreinigung
- Hauswartung und Gartenunterhalt

Und nun die Negativliste: Wer Beträge zu folgenden Positionen in der Abrechnung findet, darf seinem Vermieter einen Strich durch die Rechnung machen:
• Alle Formen der Gebäude- und Haftpflichtversicherungen (ausser Versicherung der Heizanlage) sowie die Liegenschaftensteuer
• Alle Kosten für Arbeiten am und im Haus, die über einen Service hinausgehen (Reparaturen, Ersatzinstallationen, wertvermehrende Investitionen). Der eigentliche Unterhalt der Liegenschaft geht zulasten des Vermieters. Nimmt er wertvermehrende Investitionen vor, muss er die Mieter über eine Mietzinserhöhung zur Kasse bitten.

Zu den gesetzlichen Leitplanken kommen die durch den Mietvertrag individuell gesetzten. Grundsätzlich ist der Mieter nur verpflichtet, die im Mietvertrag namentlich erwähnten Nebenkosten zu bezahlen. Fehlt also im Vertrag beispielsweise die Position «Hauswartung» in der Aufzählung der Nebenkosten, kann sie dem Mieter nicht separat belastet werden. Es ist nicht zulässig, dass der Vermieter im Vertrag festhält, der Mieter müsse «alle Nebenkosten» bezahlen. Laut einem Bundesgerichtsurteil vom 6. April 1999 ist der Vermieter verpflichtet, die Kosten zulasten des Mieters im Mietvertrag einzeln aufzuführen. Es gibt noch kein Gesetz, das vorschreibt, dass die Nebenkosten einen gewissen Prozentsatz des Mietzinses nicht überschreiten dürften.

Die verbrauchsabhängige Heizkostenabrechnung

Seit dem 1. Mai 1991 ist der Bundesbeschluss für eine sparsame und rationelle Energienutzung in Kraft. Er verlangt, dass ab diesem Datum in allen Neubauten mit mehreren Wärmebezügern und in allen Altbauten mit fünf oder mehr Wärmebezügern Vorrichtungen für eine verbrauchsabhängige, individuelle Heizkostenabrechnung installiert werden. Bei den Altbauten wurde eine Übergangsfrist von sieben Jahren gesetzt und die Massnahme auf Objekte beschränkt, bei denen die technischen und betrieblichen Möglichkeiten gegeben sind, der Aufwand also plausibel erscheint. Die Mehrzahl der Kantone hat ähnliche Vorschriften schon früher erlassen.

Die nach derzeitigem Stand der Wissenschaft bestmögliche (das heisst am genauesten den individuellen Verbrauch erfassende) Methode ist zugleich die teuerste: Ein Wärmezähler berechnet aus der Differenz zwischen Vor- und Rücklauf des Heizungswassers die in die Wohnung abgegebene Wärmemenge. Dieser Wert wird anschliessend korrigiert um einen Lageausgleich (aussen liegende Wohnungen zum Beispiel brauchen lagebedingt mehr Heizenergie als innen liegende) und den Zwangswärmekonsum (von Verbindungsleitungen, die das Heizwasser zu höher liegenden Wohnungen transportieren, abgegebene Wärme). Weniger präzise Messungen liefern die Geräte, welche direkt an den Heizkörpern angebracht sind und einen Vergleich zwischen den unterschiedlichen Heizgewohnheiten der einzelnen Mietparteien erlauben.

In Liegenschaften, die aufgrund der eidgenössischen und kantonalen Vorschriften keine oder noch keine solchen Installationen aufweisen, in denen aber mehrere Mieter ihre Wärme aus der gleichen Quelle beziehen, sind die Heizkosten mindestens nach dem Rauminhalt (und nicht nach der Fläche!) der Wohnungen aufzuschlüsseln.

Installiert ein Vermieter neu Vorrichtungen zur individuellen Heizkostenabrechnung, berechtigt ihn dies zu einer Mietzinserhöhung.

Es lohnt sich daher, sich vor Abschluss des Mietvertrags über die tatsächlich verrechneten Nebenkosten zu erkundigen. Eine tiefe Akontozahlung schützt nicht vor einer grossen Schlussrechnung.

Der Vermieter darf die für die Erstellung der Abrechnung entstehenden Verwaltungskosten nach Aufwand oder im Rahmen der üblichen Ansätze verrechnen. Die Auffassung, wonach Verwaltungskosten nur auf den Heizungs- und Warmwasserkosten berechnet werden dürfen, ist damit überholt. Sie war auch unter dem früheren Recht problematisch. In der Deutschschweiz üblich sind Verwaltungspauschalen von drei Prozent (Kanton Aargau 4 Prozent).

Die Nebenkostenpauschale: einfach, aber auch nicht frei von Tücke

Auf den ersten Blick ist die Variante der Nebenkostenpauschale anstelle der Akontozahlung mit jährlicher Abrechnung elegant und bequem: Mieter und Vermieter sparen sich das Zahlenbeigen und einigen sich dafür auf eine feste Summe pro Monat. Dabei ist der Vermieter gehalten, den Betrag so festzulegen, dass er dem Durchschnittswert der effektiven Nebenkosten über drei Jahre entspricht. Diese Lösung setzt ein rechtes Mass Vertrauen vonseiten des Mieters voraus. Kommt ihm das Vertrauen später einmal abhanden, ist er jedoch so gut gestellt wie der akontozahlende Mieter: Auch er kann Einsicht in die Belege verlangen und auch er kann eine Korrektur (sogar rückwirkend) fordern, wenn der Vermieter sich einen Verstoss gegen die Spielregeln hat zuschulden kommen lassen. Die Beweisführung wird für den Mieter aber ziemlich aufwändig sein. Zudem muss er es hinnehmen, wenn die tatsächlichen, belegten Kosten nicht ganz den bezahlten Pauschalbeträgen entsprechen, der Vermieter also einen bescheidenen Gewinn erzielte – dieser hat ja anderseits das Risiko getragen, beispielsweise wegen übertriebenen Heizens des Mieters einen Verlust zu erleiden.

Bei einer Pauschalregelung kann der Vermieter also keine Nachforderungen stellen mit der Begründung, diese oder jene Gebühr habe in den vergangenen Jahren aufgeschlagen. Und findet er deshalb, er wolle doch lieber auf das Akontosystem mit jährlicher Abrechnung wechseln, bedarf dieser Schritt einer Anzeige auf dem amtlichen Formular und ist nur auf einen ordentlichen Kündigungstermin möglich. Dasselbe gilt für eine Erhöhung der Pauschale.

Eine deutliche Beschränkung erfährt die Pauschalregelung durch die neuen Vorschriften zur individuellen Heizkostenabrechnung (siehe Seite 100). Wo diese Vorschriften zu befolgen sind (sie gelten nicht für jedes Objekt), muss die Kostenregelung präzis den effektiven Energieverbräuchen des einzelnen Mieters entsprechen.

Akontozahlung: die sauberste Lösung
Wo Akontozahlung vereinbart ist, hat der Vermieter mindestens einmal jährlich eine Abrechnung über die effektiven Kosten zu erstellen und darf die Differenz zu den Vorauszahlungen einfordern oder muss, falls sich ein Saldo zugunsten des Mieters ergibt, eine Rückzahlung leisten. Dabei sind Nach- oder Rückzahlungen innert 30 Tagen fällig. Der Mieter darf, falls der Vermieter mit der Rückzahlung in Verzug gerät, sein Guthaben auch vom nächsten fälligen Mietzins abziehen.

Ein, gemessen an den effektiven Kosten, eher zu knapper Akontobetrag ist für den Mieter vorteilhaft. Zum einen, weil durchs Jahr zu viel geleistete Zahlungen vom Vermieter nicht verzinst werden, zum andern, weil es im Streitfall leichter ist, eine Zahlung nicht zu leisten, als zu viel bezahltem Geld nachzurennen. Und schliesslich ist der Vermieter auch eher interessiert, die definitive Abrechnung rechtzeitig vorzulegen, wenn er weiss, dass ihm ein Guthaben zusteht.

Möchte der Vermieter eine Erhöhung des Akontobetrags vornehmen, bedarf dies einer Mitteilung auf amtlichem Formular. Sie ist anfechtbar (siehe Kapitel «Mietzinserhöhung», Seite 134). Mieter, welche den Akontobetrag senken möchten – zum Beispiel wegen einer wesentlichen Änderung der Berechnungsgrundlagen oder weil er sich über mehrere Jahre als zu hoch erwiesen hat –, müssen dafür ein Herabsetzungsbegehren stellen (siehe Seite 138).

Für die sorgfältige Prüfung einer Nebenkostenabrechnung muss sich der Mieter etwas Zeit nehmen. Zunächst wird er die einzelnen Positionen daraufhin anschauen, ob sie überhaupt zu den gemäss Vertrag und Gesetz von ihm zu bezahlenden Nebenkosten gehören. Weitere (und heiklere) Prüfpunkte sind danach die Verteilgerechtigkeit und die Plausibilität.

Was heisst denn gerecht?
Die Bewohner eines Hauses zahlen dem Eigentümer, was er für die im Vertrag genannten Nebenkosten effektiv aufgewendet hat. So weit, so

gut. Nur: Wie werden diese Kosten nun auf die einzelnen Parteien in einem Mehrfamilienhaus verteilt? Entsprechend dem Verbrauch jedes einzelnen Mieters. Wie aber wird der Verbrauch exakt ermittelt? So gut wie möglich; absolute Genauigkeit ist nicht zu erreichen.

Was den Energieverbrauch vor allem für das Heizen der Wohnungen betrifft, sind die Vorschriften mittlerweile detailliert genug, dass sie der Willkür meist nur wenig Spielraum lassen. Für Ungerechtigkeiten bleibt aber immer noch Raum, zumal bei Objekten, die noch nicht mit Installationen für die individuelle Heizkostenabrechnung ausgestattet sind. Beispiele: In einem Zweifamilienhaus werden die Heizkosten für die einzige geschlossene Garage, die nur vom einen Mieter genutzt wird, auf beide Mieter verteilt. Oder: In einem Mehrfamilienhaus, das neben normalhohen Wohnungen auch Dachwohnungen mit einer Raumhöhe bis zu sechs Metern aufweist, werden die Heizkosten nach der Wohnfläche aufgeschlüsselt. In beiden Fällen haben die benachteiligten Mieter das Recht, eine Änderung des Verteilschlüssels zu verlangen.

Neben solchen «systematischen» Fehlern kann es auch zu «Ungerechtigkeiten» kommen, deren Ursache in den unterschiedlichen Lebensgewohnheiten der Mieter liegen: Frau Müller badet täglich, Herr Meier nur vor hohen kirchlichen Feiertagen. Dennoch zahlt Meier, da er die grössere Wohnung hat, einen höheren Anteil an die Warmwasserkosten als die Müllers. Der Sohn von Hubers bastelt in der Tiefgarage nächtelang an seinem altersschwachen Cabriolet – für den Strom, den er dazu benötigt, zahlen alle Mieter mit. Die kinderreiche Familie Burger macht dem Hauswart viel mehr Arbeit als das Doppelverdiener-Ehepaar Wenger, das praktisch nie zu Hause ist – und doch bezahlen beide Parteien den gleichen Anteil an den Hauswartslohn. In all diesen Fällen ist die Nebenkostenabrechnung kein tauglicher Ansatzpunkt zur Konfliktlösung. Wenn denn ein Streit sein soll, müsste er hier mit der Hausordnung in der Hand geführt werden (siehe Seite 60 und 69).

Ein weiterer Aspekt der Gerechtigkeit: Für die Austrocknung von Neubauten muss nicht der Mieter, sondern der Vermieter aufkommen. Bei Neubauten muss dieser deshalb an der Heizkostenabrechnung einen Abzug von 10 bis 20 Prozent vornehmen (je nachdem, in welcher Jahreszeit das neue Haus bezugsbereit war).

Ein Spezialfall ist die Abonnementsgebühr für Kabel-TV. Auch wenn ein Mieter den Kabelanschluss nicht benützt, wird er die Gebühr in der Regel entrichten müssen, so wie der Mieter, der die gemeinsame

Waschmaschine nicht braucht, weil er die Wäsche seiner Mutter bringt, gleichwohl einen Beitrag an das Serviceabonnement und die Wasserkosten zu bezahlen hat. Kabelnetzbetreiber und Hauseigentümer müssen

Für Nebenkosten-Detektive: Heizgradtagzahl und Stromkosten

Die Heizgradtagzahl ist die monatliche Summe der täglichen Differenz zwischen einer Raumtemperatur von 20 °C und der Tagesmitteltemperatur aller Heiztage (Tage mit Temperaturen von 12 °C und weniger). Wenn im Dezember 1998 in Schaffhausen an 31 Tagen die mittlere Tagestemperatur 4 °C betragen hätte, würde die Heizgradtagzahl 496 betragen (31 x 20 minus 31 x 4)

Mehrfamilienhaus in Schaffhausen	Abrechnungsperioden	
	7/97 – 6/98	7/98 – 6/99
Ausgewiesener Heizölverbrauch in kg (A)	35 000	43 000
Summe der Heigradtagzahlen (S)	3 153	3 688
Vergleichszahl: A dividiert durch S	11,1	11,7

Beträgt die Differenz zwischen den Vergleichszahlen beider Perioden nicht mehr als zehn Prozent, muss man den Energiemehrverbrauch hinnehmen. Hätte aber zum Beispiel der Ölverbrauch in der zweiten Periode 47 000 Liter erreicht, würde die Vergleichszahl 12,7 betragen und die Differenz zum Vorjahr fast 15 Prozent. In einem solchen Fall sollte man den Vermieter um eine Begründung bitten.

In vielen Mehrfamilienhäusern sind keine separaten Zähler für den Stromverbrauch von Brenner und Umwälzpumpe montiert. In diesen Fällen darf die Verwaltung eine Pauschale in der Nebenkostenabrechnung anführen. Deren Höhe hängt von der Grösse der Anlage ab. Die folgenden Beträge sind als Richtlinie zu verstehen.

Hausgrösse	Häuser mit zentraler Warmwasseraufbereitung	Häuser ohne zentrale Warmwasseraufbereitung
bis 6 Wohnungen	Fr. 325.–	Fr. 250.–
bis 12 Wohnungen	Fr. 375.–	Fr. 300.–
bis 20 Wohnungen	Fr. 400.–	Fr. 350.–

einem Wunsch des Mieters, seinen Anschluss zu plombieren, nicht entsprechen. Und tun sie es in Ausnahmefällen doch, sei vor den Kosten gewarnt, die gleich zweimal entstehen: fürs Anbringen und danach fürs Entfernen der Plombe (eine Ausnahme ist im Formularmietvertrag des Kantons Basel-Stadt vorgesehen, wo der Mieter bei Mietantritt die kostenlose Plombierung verlangen darf).

Plausibilität: verhältnismässig schwierig festzustellen
Wie lässt sich schliesslich die sachliche Richtigkeit prüfen? Hier wird schnell einmal der Punkt erreicht, da gesundes Misstrauen und allgemeine Lebenserfahrung nicht mehr ausreichen, um ein sachgerechtes Urteil zu fällen. Dennoch geben wir einige Hinweise.
- Die *Heizölpreise* können beim Bundesamt für Statistik in Bern nachgefragt werden. Dieses Amt erfasst monatlich den durchschnittlichen Konsumentenpreis für Heizöl Extra-Leicht.
- Die *Heizgradtagzahlen* der Eidgenössischen Meteorologischen Zentralanstalt, Zürich (siehe nebenstehenden Kasten und Anhang, Seite 262) können beigezogen werden, wenn man abklären will, ob ein grosser Energiemehrverbrauch in einer Heizperiode durch kaltes Wetter bedingt war oder durch andere Einflüsse (zum Beispiel mangelhafte Wartung der Heizanlage).

Wenn nach dem Studieren das Reklamieren nötig wird
Obwohl der Mieter gegen unberechtigte Nebenkostenforderungen sehr wirkungsvolle Abwehrmöglichkeiten hat, ist es ratsam, nicht gleich mit Kanonen zu schiessen. Falls damit nur ein Spatz erlegt würde, wäre auch hier einmal die Frage nach der Plausibilität zu stellen! Deshalb führt der beste Weg zunächst über einen sachlichen Brief an die Hausverwaltung, in dem die Einwände formuliert und allenfalls Belege angefordert werden. Das Telefon als «flüchtiges» Medium ist weniger zu empfehlen, weil meist auch der Vermieter für eine befriedigende Antwort erst seine Belege nachsehen oder Abklärungen treffen muss. Zudem kann ein Brief bei einer späteren Kündigung durch den Vermieter als Hinweis auf eine Rachekündigung dienen.

Fällt die schriftliche Antwort des Vermieters nicht befriedigend aus (ungenügende Begründungen oder Verweigerung der Einsicht in die Belege) oder bleibt er sie (auch nach einmaligem Nachfassen) schlicht schuldig, kann der Mieter

- eine Nachforderung des Vermieters nur so weit bezahlen, als sie aus unbestrittenen Positionen der Abrechnung resultiert, und abwarten, ob der Vermieter den Restbetrag auf dem Rechtsweg geltend macht.
- die Schlichtungsbehörde anrufen.

Hanna Reck
Alte Landstrasse 19
8754 Netstal

Casa-Top AG
Bahnhofplatz
8750 Glarus

Netstal, 9. November 1999

Sehr geehrte Damen und Herren

Vielen Dank für die Nebenkostenabrechnung, die ich am 1. November erhalten habe.

Ich möchte Sie darauf aufmerksam machen, dass Ihnen dabei ein Fehler unterlaufen ist. Beim Haus an der alten Landstrasse 19 handelt es sich um einen Neubau; ich konnte am 1. Oktober 1998 einziehen. Nun haben Sie vergessen, an den Heizkosten den Betrag für die Austrocknung, die bei Neubauten nötig ist, abzuziehen. Ich denke, dass dieser Abzug 20 Prozent der Heizkosten betragen sollte.

Ich bitte Sie deshalb um eine neue Heizkostenabrechnung bis Ende Monat. Vielen Dank für Ihre Bemühungen.

Freundliche Grüsse

Hanna Reck

Hanna Reck

Reklamation bei Fehler in der Nebenkostenabrechnung

Der langen Rechnung lange Fristen

Innert welcher Frist nach Ende der Heizperiode die (meist einmal jährlich gestellte) Nebenkostenabrechnung vorzulegen ist, wird in etlichen Mietverträgen zum Voraus geregelt. Wo dies nicht der Fall ist, gilt ein Maximum von sechs Monaten als ungeschriebene Regel. Ein Vermieter, der sich nicht daran hält, hat entweder unfähige Verwalter beauftragt oder er hat ein Interesse an der Trödelei, weil voraussehbar ein Saldo zugunsten der Mieter verbleibt (Rück- und auch Nachzahlungen aus der Nebenkostenabrechnung sind innert 30 Tagen fällig). Vielleicht macht ihm der Hinweis Beine, dass Gerichte auch schon entschieden haben, bei Verweigerung einer Abrechnung und der Einsicht in Belege sei für die betreffende Periode überhaupt keine Nebenkostenzahlung geschuldet und der Mieter könne demnach die bereits geleisteten Akontozahlungen zurückfordern!

Anderseits darf der Vermieter Heizkosten während fünf Jahren, vom Ende einer Heizperiode an gerechnet, in Rechnung stellen. Legt er innert dieser Frist doch noch eine den gesetzlichen Ansprüchen genügende Abrechnung vor, ist seine Forderung geschützt. Rückforderungsansprüche des Mieters wiederum verjähren erst zehn Jahre nach Bezahlung, spätestens aber ein Jahr, nachdem er seinen Irrtum erkannt hat.

Wohnungswechsel zwischen zwei Abrechnungsperioden
Selten geschieht ein Wohnungswechsel gerade bei Abschluss einer Abrechnungsperiode. Beim Auszug innerhalb einer Periode hat die Nebenkostenabrechnung dem Umstand Rechnung zu tragen, dass sich die Heizkosten ungleichmässig aufs Jahr verteilen (Verteilschlüssel siehe Anhang, Seite 262) – es sei denn, die Nebenkosten wären pauschal erhoben worden. Der Vermieter muss aber die Zwischenabrechnung nicht zeitgleich mit dem Auszugstermin vorlegen, sondern darf den Mieter bis zur ordentlichen Nebenkostenabrechnung vertrösten.

➤ *Der Mieter muss für Nebenkosten nur aufkommen, soweit dies im Mietvertrag vereinbart ist. Jede Änderung dieser Vereinbarung – höhere Pauschal- oder Akontozahlungen, Überwälzung neuer, im Vertrag nicht namentlich genannter Nebenkostenarten – gilt als Vertragsänderung und hat nach dem gleichen Schema abzulaufen wie eine Mietzinserhöhung.*

➤ *Der Vermieter darf aus der Nebenkostenabrechnung keinen Gewinn erzielen und ist zu grösstmöglicher Gerechtigkeit in der Verteilung der Nebenkosten unter mehrere Mietparteien verpflichtet. Damit Sie prüfen können, ob sich der Vermieter an diese Regeln hält, haben Sie das Recht, den Verteilschlüssel zu kennen, und dürfen auch Einsicht in die Rechnungsbelege nehmen.*

➤ *Die wichtigsten Prüffragen lauten: Enthält die Abrechnung keine Positionen, welche bereits im Nettomietzins enthalten sind? Werden unzulässigerweise Auslagen für Reparaturen und Neuanschaffungen, für Steuern und Versicherungen (ausser für die Heizanlage) aufgeführt? Wurde ein plausibler Verteilschlüssel gewählt?*

➤ *Werden die Nebenkosten von einem Jahr zum andern plötzlich sehr viel höher, ohne dass der Vermieter einsichtige Gründe dafür nennen kann, sollten Sie ihn darauf ansprechen. Hinweise zur Plausibilität steigender Heizkosten geben die Statistik der Heizölpreise und die Tabelle der Heizgradtagzahlen.*

➤ *Einwände gegen die Abrechnung werden dem Vermieter mit Vorteil schriftlich mitgeteilt; betrifft die bestrittene Position mehrere Mietparteien eines Hauses, empfiehlt es sich, das Vorgehen zu koordinieren. Eindeutig zu Unrecht verrechnete Positionen können Sie von der Rechnung abziehen und brauchen nur den unbestrittenen Teilbetrag zu bezahlen.*

➤ *Auseinandersetzungen über die Nebenkostenabrechnung berechtigen den Mieter nicht dazu, mit den Mietzins- oder den Akontozahlungen auszusetzen.*

➤ *Eine Nebenkostenabrechnung kann wie eine Mietzinserhöhung bei der Schlichtungsbehörde angefochten werden. Die Anfechtung sollte sich jedoch nur auf den vom Mieter bestrittenen Teil der Abrechnung beziehen. Wenn die Missbräuchlichkeit der Abrechnung alle Mietparteien eines Hauses betrifft, können diese einen gemeinsamen Vertreter bestimmen und ihn mit einer schriftlichen Vollmacht ausstatten.*

9. Mietzinskalkulation

Der Preis ist heiss

Wie werden Mietzinsen gemacht? In einer Wirtschaft, die dem idealen Bild des freien Marktes entsprechen würde, wäre die Antwort klar: Der Preis bildet sich ohne dirigistische Eingriffe im Spiel von Angebot und Nachfrage. Weil aber Wohnraum ein chronisch knappes Gut ist, müssen sich die Vermieter gefallen lassen, dass die Festsetzung von Mietzinsen bestimmten Regeln unterworfen ist. Um Mietzinserhöhungen (siehe nächstes Kapitel) beurteilen zu können, sollte der Mieter die im Folgenden aufgezeigten drei Wege zur Festsetzung eines Mietzinses kennen.

Gesetz: Artikel 253b, 269, 269a–d, 270a–d
Verordnung: Artikel 10–20, 26

Die Gretchenfrage: Wann ist ein Mietzins ein gerechter Preis?

Ein schöner Altstadtbau aus dem Jahr 1938, drei Zimmer, Küche, Bad, Balkon; die letzte umfassende Überholung ist 20 Jahre her, aber alles funktioniert noch zur Zufriedenheit: Mieter Troxler fühlt sich in seiner Wohnung ausgesprochen wohl. Den Mietzins findet er angemessen. Hin und wieder prahlt er am Stammtisch damit, wie günstig er doch wohne, und freut sich am Neid seiner Freunde. Eines Freitagabends aber setzt er sich übel gelaunt zur vertrauten Runde, und nach den ersten kräftigen Schlucken platzt ihm der Kragen: «Anpassung an die ortsüblichen Mietzinsen, heisst es auf dem Wisch», ereifert er sich. «20 Prozent mehr ab dem 1. Oktober! Das kommt sicher nur daher, dass der alte Dornbichler die Verwaltung seiner Liegenschaft jetzt den Söhnen übergeben hat, diesen Schnuderbuben!» Die Freunde raten ihm bei der Schlichtungsbehörde vorzusprechen. Die kennt sich in der Gemeinde aus und entlässt Troxler mit der Empfehlung, die Sache auf sich beruhen zu lassen: Nachdem er jetzt über zehn Jahre ohne Mietzinsaufschlag gewohnt habe, sei seine Wohnung im Vergleich zu anderen Mietliegenschaften im Quartier tatsächlich ausserordentlich billig, die Dornbichler-Junioren seien mit ihrer Forderung durchaus im Rahmen. Bei einem Bau dieses Alters werde sich kaum mehr feststellen lassen, wie viel Eigenkapital insgesamt investiert worden sei. Eine Nettorenditerechnung, mit der man den Dornbichlers allenfalls einen übersetzten Ertrag nachweisen könnte, sei also nicht durchführbar. Troxler versteht dieses Fachchinesisch nur ansatzweise; dass er wohl zahlen muss, hat er aber begriffen. «Ist das Gerechtigkeit?», schimpft er, bleibt aber schliesslich trotz des höheren Mietzinses in der Wohnung. «Denn», meint er resigniert, «bei der Wohnungsnot hier in der Stadt habe ich sowieso keine Chance, etwas anderes zu finden.»

Szenenwechsel: Ein Neubau mit Anklängen an die postmoderne Architektur, kleine Zimmer, Strassenlärm rund um die Uhr. Das junge Ehepaar Keller-Troxler hat den Mietvertrag für die Dreizimmerwohnung in spontaner Begeisterung unterschrieben: Beide finden die offene Küche mit Frühstücksbar und das Warmluftcheminée einen Hit. Ausserdem führt eine Tür vom Schlafzimmer direkt ins Bad! 2400 Franken exklusive pro Monat kostet dieses Cheminée mit Umschwung, aber für Doppelverdiener liegt das gerade noch drin. Als Vater Troxler hört, dass seine Tochter und der Schwiegersohn so unanständig viel Geld für eine Wohnung ausgeben, die kleiner und lauter ist als seine eigene, hintersinnt er sich zum zweiten Mal in diesem Jahr. «Da zahlt ihr dreimal mehr für dreimal mehr Lärm», sagt er. «Dieser Mietzins ist doch einfach ein Skandal!» Und weil er nun die Damen und Herren bei der Schlichtungsbehörde schon kennt, bemüht er sich mitsamt Mietvertrag und Tochter gleich noch einmal dorthin. Das sei doch ein völlig überrissener Preis für diese Wohnung, belehrt er die Schlichter, was sie da unternehmen würden? Und wieder wird ihm eine Lektion erteilt: Auf einem Blatt Papier bekommt er eine Zahlenreihe vorgesetzt, die zeigt, dass bei den heutigen Landpreisen und Baukosten eine Stadtwohnung an dieser Lage zwischen 600 000 und 700 000 Franken koste, was bei einem Hypothekarzinssatz von 4 Prozent und einer zulässigen Bruttorendite von 6 Prozent dem Hauseigentümer einen Mietzins zwischen 3000 und 3500 Franken gestatten würde. Der Vermieter decke mit dem Zins, den er den Keller-Troxlers verlange, wahrscheinlich nur gerade die eigenen Kosten; je nachdem, wie viel Fremdkapital er zu verzinsen habe, zahle er sogar drauf. Zwei Jahre später erhält das Ehepaar denn auch schon eine Mietzinserhöhung um stolze 600 Franken angezeigt. Begründung: «Erzielung einer kostendeckenden Bruttorendite.» Aber diesmal macht ihnen die Schlichtungsbehörde Mut. Diese Erhöhung sei nicht durchsetzbar, weil der Vermieter bei Mietbeginn keinen Vorbehalt gemacht habe und sie als Mieter deshalb hätten davon ausgehen dürfen, dass der vertraglich vereinbarte Mietzins dazu ausreiche, eine kostendeckende Bruttorendite zu erwirtschaften (siehe Kapitel «Mietzinserhöhung», Seite 128). Und diesmal stimmt der Vermieter das Klagelied an: «Ist das gerecht?»

Die Frage, wann ein Mietzins «gerecht» sei, findet im Mietrecht keine direkte Antwort. Es spricht von «nicht missbräuchlichen» Mietzinsen und definiert mit einer Reihe von Aussagen die Rahmenbedingungen dafür. In der Hauptsache wird dabei auf die Kosten einer Mietsache abgestellt: Ein Mietzins ist dann nicht missbräuchlich, wenn der Vermieter daraus sämtliche Kosten decken kann und auch sein Eigenkapital zu einem dem aktuellen Niveau entsprechenden Satz verzinst ist. Man spricht deshalb von der Kostenmiete. Das Mietrecht erklärt einen Mietzins aber auch dann für rechtens, wenn er «im Rahmen der orts- oder quartierüblichen Mietzinse» liegt – so lange, wie ein Mietzins im Vergleich mit Zinsen für ähnliche Objekte nicht auffällig hoch ist, wird angenommen, dass er gerechtfertigt sei. In diesem Fall wird also nicht mehr auf die Kosten der Mietsache abgestellt, sondern auf die Marktgängigkeit ihres Mietzinses. Damit stützt sich die Rechtsprechung auf eine Vergleichsmiete ab. Die verschiedenen Elemente der Festsetzung eines Mietzinses werden im Folgenden erläutert.

Mietzinskalkulation auf Basis der kostendeckenden Bruttorendite

Franz Fischer, Alleinbesitzer der Generalunternehmung Fischer AG (GUFAG), besichtigt zufrieden die beinahe fertig gestellten Mehrfamilienhäuser «Am Schärme». 64 Drei- und Vierzimmerwohnungen mit bescheidenem Ausbaustandard, knappen Grundrissen, aber guter Raumaufteilung. Und als er im Büro die Gesamtabrechnung durchsieht (siehe nebenstehenden Kasten), steigt seine Zufriedenheit noch. Zu diesen Mietzinsen werden sich die Wohnungen sicher absetzen lassen, und Ärger mit der Schlichtungsbehörde wird er auch nicht bekommen. Die Bruttorenditerechnung ist nämlich hieb- und stichfest. Sie ergibt eine kostendeckende Bruttorendite von 5,9 Prozent. Diese liegt knapp 2 Prozent über dem aktuellen Zinssatz für Ersthypotheken. Als zulässig gilt bei Neubauten eine Differenz bis zu 2,25 Prozent, die dem Vermieter zur Bezahlung der Betriebs- und Unterhaltskosten sowie für die Abschreibung des Gebäudes zugestanden wird. Mit der Risikoprämie soll sein Risiko abgedeckt werden, dass die eine oder andere Wohnung auch einmal leer stehen könnte. Für die Verzinsung des Eigenkapitals (oder in diesem Fall der Sacheinlage Bauland) darf der Vermieter nach der Rechtsprechung einen Zins ansetzen, der bis 0,5 Prozent über demjenigen des geltenden Satzes für erste Hypotheken liegt. Dass seine Firma das Bauland, das nun mit sechs Millionen Franken in der Abrechnung steht, vor 20 Jahren zu einem Preis von zwei Millionen gekauft hat, ist unerheblich. Der Gewinn aus der Wertsteigerung des Landes steht der GUFAG genauso selbstverständlich zu, wie wenn sie ihre zwei Millionen während der 20 Jahre in Wertpapieren angelegt und damit Zinsen und Kapitalgewinne eingefahren hätte, statt das Geld zinslos an Bauland zu binden. Ebenso unerheblich ist der Umstand, dass die meisten Bauarbeiten durch Tochterfirmen ausgeführt worden sind, was dem Cash-Flow der Gesamtunternehmung auch nicht geschadet hat.

Mietzinskalkulation auf Basis der Nettorendite

GUFAG-Chef Franz Fischer beschliesst, da er nun schon mal am Rechnen ist, auch wieder einmal zu überprüfen, ob sein Erstlingswerk, das vor 30 Jahren erstellte Haus «Rägeboge», noch immer genügend Ertrag

Überbauung «Am Schärme»
Berechnung der kostendeckenden Bruttorendite

Anlagekosten (AK)	in Franken	in % der AK
Bauland im Besitz der GUFAG, Bodenwert	6 000 000	24 %
1. Hypothek	15 000 000	60 %
2. Hypothek	4 000 000	16 %
Total Anlagekosten	**25 000 000**	**100 %**
Laufende Kosten		
Kapitalkosten:		
1. Hypothek zu 4 %	600 000	2,40 %
2. Hypothek zu 4,5 %	180 000	0,72 %
Eigenkapital zu 4,5 %	270 000	1,08 %
Bewirtschaftungskosten:		
Betriebskosten 0,25 % vom Gebäudewert (19 Mio.)	47 500	0,19 %
Unterhaltskosten 1 % vom Gebäudewert	190 000	0,76 %
Abschreibungen 0,5 % vom Gebäudewert	95 000	0,38 %
Risikoprämie 0,1 % der Anlagekosten	25 000	0,10 %
Subtotal	1 407 500	
Verwaltungskosten 5 % des Subtotals	70 375	0,28 %
Total Kosten = kostendeckende Jahresmietzinsen	**1 477 875**	**5,91 %**

Mietzinskalkulation zur Erzielung einer kostendeckenden Bruttorendite		Pro Jahr	Pro Monat
Total Mietzinserträge zur Kostendeckung	Fr.	1 477 875	123 156
Wohnfläche total (32 x 3 Zi., 32 x 4 Zi.)	m²	5760	
Preis pro m² pro Jahr	Fr.	257	
3-Zimmer-Wohnungen 80 m²	**Fr.**	**20 560**	**1715**
4-Zimmer-Wohnungen 100 m²	**Fr.**	**25 700**	**2145**

Die kostendeckende Bruttorendite liegt mit 5,91 Prozent um 1,91 Prozent über dem Zinssatz für Ersthypotheken und damit im von Schlichtungsbehörden und Gerichten anerkannten Rahmen. Die gebräuchlichen (nicht missbräuchlichen) Sätze liegen je nach Typ und Alter der Mietsache unterschiedlich hoch:

Aufschlag zum Zinssatz für	Neubauten	Bauten über 10 Jahre
Einfamilienhäuser	1,0 – 1,50 %	1,5 – 2,00 %
Eigentumswohnungen	1,5 – 2,00 %	2,0 – 2,25 %
Mehrfamilienhäuser	2,0 – 2,25 %	2,5 – 3,00 %

abwerfe. Bescheiden hat er damals angefangen, mit einem Achtfamilienhaus, für das er das ganze Familienvermögen von 400 000 Franken eingesetzt hat. Zusammen mit den 600 000 von der Bank kam er auf eine Million, und dafür konnte man damals ein kleines Mehrfamilienhaus bauen – die gleiche Summe reicht heute nicht einmal für ein frei stehendes Einfamilienhaus in stadtnaher Lage...

Nachdem Franz Fischer den «Rägeboge» durchgerechnet hat (siehe Kasten), legt er auch diese Akte zufrieden beiseite. Die Nettorendite

Haus «Rägeboge»
Mietzinsberechnung auf Basis der Nettorendite

Mietzinseinnahmen aus 8 Wohnungen pro Jahr	100 000
Liegenschaftsaufwand:	
Hypothekarzins 4% von 600 000 Franken	− 24 000
Betrieb, Unterhalt, Verwaltung	− 30 000
Nettoertrag	**46 000**
Bei Erbauung investiertes Eigenkapital	400 000
Zuzüglich Teuerung* der letzten 30 Jahre: 180% von 400 000	720 000
Eigenkapital nach Berücksichtigung der Teuerung	1 120 000

$$\text{Nettorendite} = \frac{\text{Nettoertrag}}{\text{Eigenkapital inkl. Teuerung}} = \frac{46\,000}{1\,120\,000} = 4{,}11\%$$

Die maximal zulässige Nettorendite würde 4,5 Prozent (Zinssatz der ersten Hypothek plus 0,5 Prozent) betragen. Die Zinsen dürften also um 4400 Franken oder 4,4 Prozent angehoben werden.

$$\frac{\text{Zulässige}}{\text{Rendite}} = \frac{4{,}5\% \text{ vom Eigen-}}{\text{kapital inkl. Teuerung}} = \frac{4{,}5 \times 1\,120\,000}{100} = 50\,400$$

Eine Nettorendite in Höhe des aktuellen Zinssatzes für die erste Hypothek (Althypothek) zuzüglich maximal 0,5 Prozent gilt in der Regel als zulässig.

* Mit dem Ausgleich der Teuerung (entsprechend der Entwicklung des Landesindexes der Konsumentenpreise) soll der Vermieter die Kaufkraft des in der Liegenschaft angelegten Kapitals erhalten können.

darf nach ständiger Praxis der Gerichte bis zu einem halben Prozent über dem aktuellen Zinssatz für Ersthypotheken liegen, und beim «Rägeboge» liegt sie stattdessen praktisch gleichauf. Nun ja, denkt Franz Fischer, auf die paar tausend Franken, die er hier an seine Mieter verschenkt, soll es ihm nicht ankommen; schliesslich sind sie alle schon mehr als zehn Jahre im Haus.

Mietzinsen im Rahmen der Orts- oder Quartierüblichkeit

Mit dem schönen Gefühl, ein guter Mensch zu sein, macht sich Franz Fischer darauf zu einem Gespräch mit einem bekannten Immobilientreuhänder aus der Kantonshauptstadt auf. Dieser vertritt eine Erbengemeinschaft, die sich vom gut erhaltenen Altbau «Mariental» in einem Wohnquartier am Stadtrand trennen will. 20 Dreizimmerwohnungen ohne Balkon, aber mit Zentralheizung, Dach und Fassade vor zehn Jahren neu isoliert. Mietzinseinnahmen zurzeit: 140 000 Franken; Franz Fischer findet, das sei wenig. Verkaufspreis: 3 200 000 Franken; Franz Fischer findet, das sei viel.

Er hat das Angebot nämlich bereits vor der Sitzung durchgerechnet: Wenn er mit 20 Prozent Eigenkapital einsteigt, kosten ihn nur schon die Hypothekarzinsen gut 105 000 Franken, die Betriebskosten werden eher über als unter 35 000 Franken liegen – ein Gewinn schaut da nicht heraus. Doch was ihm der Immobilientreuhänder jetzt auf den Tisch legt, stimmt ihn freundlicher. Dieser hat in der Umgebung der Liegenschaft recherchiert und feststellen können, dass das aktuelle Mietzinsniveau gut 20 Prozent unter demjenigen vergleichbarer Objekte liegt. Denn der Vorbesitzer, dessen Erben nun Kasse machen wollen, war kein sonderlich geschäftstüchtiger Mensch. Er hatte die Mietzinsen letztmals anlässlich der umfassenden Überholung vor zwölf Jahren angepasst und keine weiteren Erhöhungen vorgenommen. «Warum auch?», habe er jeweilen gesagt. «Das Haus ist ja praktisch schuldenfrei!»

Nach Durchsicht der Vergleichsstudie (siehe Kasten, Seite 116) erklärt sich Franz Fischer an weiteren Verhandlungen lebhaft interessiert. Er würde sich die Liegenschaft und ihre Mieter gerne noch einmal genau ansehen, sagt er. Dass er sich als neuer Eigentümer mit einer Mietzinserhöhung nicht beliebt machen wird, weiss er wohl. Er wird, so hofft er, die Erbengemeinschaft noch ein bisschen herunterhandeln können und die Erhöhung in zwei Etappen vornehmen...

Mehrfamilienhaus «Mariental», Altbau
Mietzinsvergleich mit anderen Objekten etwa gleichen Alters
und Baustandards im Quartier

Mariental: 3-Zimmer-Wohnung 66 m^2, Bad/WC, Zentralheizung, kein Balkon	Fr. 595.–
Steigstrasse 18: 3-Zimmer-Wohnung 64 m^2, Bad/WC, Küche neu, Zentralheizung, Balkon	Fr. 780.–
Verena Friesweg 6: 3-Zimmer-Wohnung 70 m^2, Dusche/WC, Zentralheizung, kein Balkon	Fr. 690.–
Kramerstrasse 391: 3-Zimmer-Wohnung 62 m^2, Bad/WC, Zentralheizung, Balkon, Lift	Fr. 720.–
In den Gärten 12: 3-Zimmer-Wohnung 68 m^2, Dusche/WC, Zentralheizung, Veranda	Fr. 740.–
Moosacher 1: 3-Zimmer-Wohnung 60 m^2, Bad/WC, Küche neu, Zentralheizung, Gartensitzplatz	Fr. 820.–
Durchschnitt der Vergleichsobjekte	Fr. 750.–

Zur Abstützung einer Mietzinsfestsetzung auf Vergleichsmieten müssen die verglichenen Objekte in Bezug auf Standort, Grösse, Ausstattung, Zustand und Bauperiode grosse Gemeinsamkeiten aufweisen.

10. Mietzinserhöhung

Ungemach auf amtlichem Formular

Kaum ein Thema sorgt für so viel Verdruss bei Mietern – und, der gesetzlichen «Schikanen» wegen, auch bei Vermietern – wie die Erhöhung des Mietzinses. Deshalb wartet auch kein anderer Bereich des Mietrechts mit ähnlich differenzierten Vorschriften auf.

Gesetz: Artikel 253b, 269, 269a–d, 270a–d
Verordnung: Artikel 10–20, 26

Mietzinserhöhung = Ertragssicherung + Ertragsoptimierung

Bei der Festsetzung der Mietzinsen wird den Vermietern genau auf die Finger und, im Streitfall, auch in die Bücher geschaut. Sie sollen mit der Vermietung ihrer Liegenschaft einen anständigen, aber keinen überhöhten Ertrag erzielen (dessen Berechnung ist im Kapitel «Mietzinskalkulation» erläutert worden). Nur logisch ist die Reaktion der Vermieter auf diese Beengung ihrer Handlungsfreiheit: Sie pochen darauf, dass ihnen dieser limitierte Ertrag unter allen Umständen erhalten bleibt. Mehrkosten für den Unterhalt, höhere Hypothekarzinsen oder wertvermehrende Investitionen würden den Ertrag schmälern, könnten sie nicht in Form von Mietzinserhöhungen an die Mieter weitergegeben werden. Das Mietrecht billigt den Vermietern diese Erhöhungsgründe zu, hat aber gleichzeitig ein Regelwerk geschaffen, das der Erhöhungslust etliche administrative und inhaltliche Hürden in den Weg stellt.

Die weitgehende Schematisierung der Möglichkeiten zur Mietzinserhöhung führt anderseits dazu, dass Vermieter auch dann mehr Zins vom Mieter verlangen können, wenn ihre individuelle Kostensituation dies (noch) gar nicht erfordern würde. Insofern ist das Mietrecht für gewiefte Vermieter auch ein Instrument der Ertragssteigerung.

Die administrativen Hürden: Stolpersteine, nicht nur für Amateure

Mit einer Anzahl formaler Bestimmungen sorgt das Mietrecht dafür, dass Mietzinserhöhungen nachprüfbar nach den gesetzlichen Regeln abgewickelt werden, und schützt damit vor allem gesetzesunkundige Mieter vor der Übervorteilung. Gesetzesunkundige Vermieter anderseits verheddern sich selbst, wenn sie den formalen Bestimmungen nicht genügen – vorausgesetzt, sie treffen auf Mieter, die den Fauxpas erkennen.

- Erstens muss eine Mietzinsveränderungerhöhung auf dem *amtlichen Formular* mitgeteilt werden. Dieses Formular dient Vermieter und Mieter als eine Art Checkliste, ob alle vom Gesetz geforderten Angaben zu einer Mietzinserhöhung in der Mitteilung enthalten sind. Ausserdem erteilt es auch eine Rechtsmittelbelehrung: Der Mieter wird durch das Formular darüber orientiert, innert welcher Frist und an welcher Stelle er sich gegen die Veränderung zur Wehr setzen kann.
- Zweitens muss die Mietzinsveränderung *begründet* werden – nur so hat der Mieter die Möglichkeit, sich ein erstes Urteil zu bilden, ob er den neuen Zins akzeptieren will. Die Begründung muss klar for-

muliert sein. Meist besteht sie in einem Verweis auf den oder die im Einzelfall anwendbaren, in Artikel 269a OR aufgeführten Erhöhungsgründe und nennt die entsprechenden Referenzwerte (Indexstand, Hypothekarzinsfuss, Kostensteigerungen, Daten). Es genügt aber nicht, einfach generell auf alle gesetzlichen Erhöhungsgründe zu verweisen (Bundesgerichtsurteil vom 24. Januar 1995). Ist ein Staffelmietzins oder eine Indexierung vereinbart, genügt der Hinweis auf die Vertragsklausel. Das Bundesgericht hat formstreng entschieden, dass die Begründung der Mietzinserhöhung auf dem amtlichen Formular selbst anzubringen ist. Begründet der Vermieter die Mietzinserhöhung in einem Begleitbrief, muss er – so die Verordnung seit dem 1. August 1996 – im Formular selbst ausdrücklich auf den Begleitbrief hinweisen. Fehlt dieser Hinweis, ist die Erhöhung ungültig.

Mit seiner Begründung legt sich der Vermieter fest. In einer Schlichtungsverhandlung oder vor Gericht kann er, falls die genannte Begründung nicht verfängt, keine neuen Gründe mehr nachreichen. Die Begründungspflicht hat nicht nur für die aktuell geltend gemachte Mietzinsveränderung, sondern auch für künftige Erhöhungen grosse Bedeutung. Das Mietrecht geht nämlich davon aus, dass der Vermieter mit einer Mietzinsveränderung jeweils «reinen Tisch» macht, also seine sämtlichen Ansprüche geltend macht. Es sei denn, der Vermieter habe den Mieter mit einem Vorbehalt (Mietzinsreserve, siehe Seite 37) darauf aufmerksam gemacht.

Der Vermieter kann auch nicht willkürlich verschiedene im Gesetz genannte Erhöhungsfaktoren miteinander kombinieren. Es ist zum Beispiel nicht zulässig, eine Erhöhung mit ungenügendem Ertrag und gleichzeitig als Anpassung an die Orts- und Quartierüblichkeit zu begründen. Das Bundesgericht hat in seinem Entscheid vom 3. Januar 2000 eine doppelt begründete Erhöhung als ungültig erklärt.

- Drittens sind die vertraglich vereinbarten *Kündigungsfristen und -termine* einzuhalten, zuzüglich einer Bedenkfrist von zehn Tagen. Diese Bedenkzeit muss dem Mieter eingeräumt werden, damit er noch fristgerecht kündigen kann, falls er die Erhöhung zwar nicht anfechten, aber auch nicht akzeptieren will. Bei dreimonatiger Kündigungsfrist und den Kündigungsterminen 31. März, 30. Juni und 30. September müsste eine Mietzinsveränderung also spätestens am 21. Dezember, am 21. März beziehungsweise am 20. Juni im Besitz des Mieters sein, damit sie auf den 1. April, 1. Juli oder 1. Oktober wirksam wird. Weil die Zehn-Tage-Frist erst am Tag zu laufen beginnt, da der Mieter den eingeschriebenen Brief in Empfang nimmt (spätestens aber nach Ablauf der siebentägigen Abholfrist von der Post), senden versierte Vermieter ihre Briefe jeweils 20 Tage vor Termin ab. Ist das Schreiben nicht rechtzeitig beim Mieter, gilt sein Inhalt erst ab dem nächsten zulässigen Kündigungstermin.

- Viertens darf mit der Mietzinsveränderung *weder eine Kündigung noch eine Kündigungsandrohung* verbunden sein. Diese Verbindung kann auch als gegeben gelten, wenn die Kündigung oder Androhung nicht genau zeitgleich mit der Mitteilung des höheren Mietzinses ausgesprochen wurde – ein genügender Beweis für den Zusammenhang ist auch ein entsprechender Brief des Vermieters, der wenige Wochen vor oder nach der Anzeige der Mietzinsveränderung zugestellt worden ist. Obwohl sich der Vermieter mit einem solchen Verhalten strafbar macht, ist eine Kündigung, die er zusammen mit der Mietzinsveränderung ausspricht, nicht einfach nichtig: Der Mieter muss sie vor der Schlichtungsbehörde anfechten, falls er in der Wohnung bleiben will.

Checkliste Mietzinserhöhung: Ist die Anzeige formal korrekt?

		Ja	Nein	Wenn nein:
1	Amtliches Formular			Anzeige nichtig
2	Klare Begründung für die Veränderung			Anzeige nichtig
3	Fehlen einer Kündigungsdrohung			Anzeige nichtig
4	Veränderung erfolgt auf einen ordentlichen oder vertraglich vereinbarten Kündigungstermin			Veränderung wird erst auf den ordentlichen oder vertraglichen Kündigungstermin gültig
5	10 Tage vor Beginn der Kündigungsfrist im Besitz des Mieters			wie 4
6	Wirkung erst nach Ablauf der Kündigungsfrist			wie 4

- Fünftens und vor allem muss die Erhöhung stichhaltig sein. «Stichhaltig» heisst hier: vereinbar mit dem Mietrecht und den *gesetzlich erlaubten Anpassungsgründen.*

Verhalten bei Formfehlern: ausnützen oder darüber hinwegsehen?

Verstösse gegen diese Vorschriften sind nicht selten: Meist stolpern unprofessionelle Vermieter, die «Kleinen» im Gewerbe, über die Hürden, die das Gesetz ihnen in den Weg gestellt hat. Der Mieter, der seinen Vermieter bei einem solchen Verstoss ertappt, wird sich entscheiden müssen, ob er diese Situation so gut wie nur möglich ausnützen will oder ob er seinem Vermieter Nachhilfeunterricht in Sachen Mietrecht geben möchte. Überall dort, wo das Mietverhältnis angenehm ist und die angezeigte Veränderung sachlich angemessen erscheint, sei hier Toleranz empfohlen. Ein nettes Schreiben an den Vermieter, in dem er auf die formalen Mängel seiner Anzeige aufmerksam gemacht und um Nachlieferung einer korrekt abgefassten Anzeige gebeten wird, sollte aber trotzdem sein. Denn, wer bei künftigen Mietzinserhöhungen seine Rechte wahrnehmen will, braucht dafür allenfalls die früheren Erhöhungsschreiben als Beweismittel. Zum Beispiel wenn der jetzige Vermieter die Liegenschaft verkauft und sein Nachfolger gleich kräftig an der Zinsschraube zu drehen beginnt!

Ist hingegen das Mietverhältnis bereits angespannt, hat der Mieter keinen Grund, dem Vermieter entgegenzukommen. Das heisst auch: Falls eine Erhöhung zwar korrekt begründet und fristgerecht zugestellt, aber nicht auf dem amtlichen Formular abgefasst ist, lässt sich der Mieter mit der (eingeschriebenen) Mitteilung an den Vermieter so lange Zeit, bis dieser mit der nun amtlich formulierten Anzeige die Zehn-Tage-Frist vor dem Kündigungstermin nicht mehr einhalten kann. Die Erhöhung wird dann erst auf den übernächsten Kündigungstermin wirksam. Will sich der Vermieter darauf durch Kündigung von seinem widerborstigen Mieter befreien, kann dieser die Massnahme als Rachekündigung anfechten. Das Bundesgericht hat allerdings in einem Fall von Geschäftsmiete (Restaurant) der Mieterin, die trotz fehlendem Formular den vereinbarten Mietzins vorbehaltlos bezahlt hatte, die nachträgliche Geltendmachung des Formmangels versagt. Nichts wies darauf hin, dass sie unter Kündigungsdruck einem missbräuchlichen Mietzins zugestimmt hätte (Urteil vom 10. Dezember 1996).

Es sei also noch einmal betont: Ein Vorgehen dieser Art ist gewiss nicht geeignet, ein angespanntes Mietverhältnis zu normalisieren – es führt im Gegenteil zu einer definitiv zerrütteten Beziehung! Ratsamer ist es, die Nichtigkeit einer Kündigung nicht nur dem Vermieter anzuzeigen, sondern auch die Schlichtungsbehörde anzurufen und darauf zu hoffen, dass die Parteien am grünen Tisch wieder zu einem freundlicheren (und nun auch beidseits korrekten) Umgang miteinander finden.

Erhöhungsgrund 1: Kostensteigerungen

Die Kostenrechnung des Vermieters lässt sich in zwei grosse Blöcke unterteilen: Finanzierungskosten (Zinsen) sowie Betriebs- und Unterhaltskosten (Objektsteuern, Gebäudeversicherungen, Handwerkerrechnungen u. a.). Bei Neubauten machen die Finanzierungskosten rund zwei Drittel der Gesamtkosten aus; bei älteren Häusern steigen die Unterhaltskosten und damit ihr Anteil an den Gesamtkosten, während durch teilweise Rückzahlung der Schulden (zweite Hypothek) sowie durch Entwertung der Schulden dank Inflation die Finanzierungskosten sinken.

Das Mietrecht berücksichtigt die individuelle Kostensituation des Hauseigentümers nur am Rand. Zunächst bildet nur die Veränderung des «Leitzinssatzes» für erste Althypotheken der marktführenden Bank, in der Regel der Kantonalbank am Standort der Liegenschaft, einen zulässigen Grund zur Mietzinserhöhung (Tabelle im Anhang, Seite 258). Eine Erhöhung dieses Hypothekarzinssatzes berechtigt jeden Vermieter zur Erhöhung des Mietzinses, unabhängig von den effektiven Finanzierungskosten seiner Liegenschaft. Hat ein Hauseigentümer bei tiefem Zinsniveau eine Festhypothek zu fünf Prozent auf fünf Jahre aufgenommen und steigt ein Jahr später der Zinssatz auf sechs Prozent, macht er einen gesetzlich sanktionierten Gewinnsprung, falls er die Mieter zur Kasse bittet. Das Mietrecht geht weiter davon aus, dass 60 Prozent der Anlagekosten Fremdkapital sind. Aber auch der Eigentümer, der seine Liegenschaft durch fleissige Rückzahlung der Bankschuld nur noch zu 20 Prozent der Anlagekosten belehnt hat, darf eine Erhöhung vornehmen, als ob die Schuld noch dreimal so hoch wäre. Anderseits straft das Gesetz den hoch verschuldeten Eigentümer: Ist sein Haus bis unters Dach verschuldet, gelten auch für ihn dieselben Überwälzungssätze, wie wenn er bei der Bank bloss mit 60 Prozent der Anlagekosten in der Kreide stünde. Und der Neueinsteiger, der in einer Phase ins Geschäft einsteigt, da Neuhypotheken teurer sind als alte, schaut ebenso in den Mond: Er kann seine höheren Finanzierungskosten nicht den Mietern aufhalsen. Das Mietrecht findet offenbar, die Mieter seien nicht dazu da, Neulingen der Branche den Einstieg zu erleichtern, und schützt sie vor solchen Erhöhungen des Mietzinses.

Die Koppelung der Mietzinsen an den Hypothekarzinssatz hat in den neun Jahren, seit das revidierte Mietrecht in Kraft ist, immer wieder zu Diskussionen Anlass gegeben: Sie führe zu instabilen Mietzinsen, besonders in Zeiten der Hypothekarzinserhöhungen. Es habe sich auch gezeigt, dass Erhöhungen des Hypothekarzinssatzes regelmässig zu höheren Mietzinsen geführt hätten, während Zinssenkungen eher zögerlich an die Mieter weitergegeben würden. Deshalb hat der Mieterinnen- und Mieterverband 1997 die Initiative «Ja zu fairen Mieten» eingereicht, welche die Festlegung eines über eine Periode von fünf Jahren berechneten Hypothekarzinssatzes als Grundlage für die Mietzinsberechnung verlangte. Dem stellte 1999 der Bundesrat einen indirekten Gegenvorschlag gegenüber: Er schlug vor, die Mietzinsen ganz vom Hypothekarzins ab- und stattdessen an die Entwicklung des Landesindexes der Konsumentenpreise anzukoppeln. Der Schweizerische Hauseigentümerverband vermag weder der Initiative «Ja zu fairen Mieten» noch dem Vorschlag des Bundesrats viel abzugewinnen. Die Diskussionen sind wieder einmal im Gang; bis sie zu einem definitiven Resultat führen, dürften aber noch einige Jahre ins Land gehen.

Neben den gestiegenen Kosten für das Fremdkapital darf der Vermieter auch gestiegene Betriebs- und Unterhaltskosten als Erhöhungsgründe anführen. Abgesehen von Liegenschaften- oder Grundsteuern (die in etwas mehr als der Hälfte der Kantone erhoben werden) sowie Gebäudeversicherungsprämien und Gebühren sind dies vor allem Kosten für den Unterhalt der Liegenschaft. Diese Kosten für Reparaturen und Erneuerung zum Werterhalt der Mietsache steigen mit dem Alter des Hauses erfahrungsgemäss an, ausserdem sind auch sie der Teuerung unterworfen. Ob sich im Lauf der Jahre Kostensteigerungen ergeben, hängt stark davon ab, wie gut der Hauseigentümer die Liegenschaft tatsächlich unterhält. Grundsätzlich kann der Mieter verlangen, dass eine Erhöhung der Unterhaltskosten begründet wird. Bleibt ihm der Vermieter eine plausible Antwort schuldig, kann er innert 30 Tagen nach Erhalt der Mietzinserhöhungsanzeige an die Schlichtungsbehörde gelangen. Deren Praxis ist allerdings nicht in der ganzen Schweiz gleich.

So tolerieren verschiedene Schlichtungsbehörden bei ordnungsgemäss unterhaltenen Liegenschaften einen jährlichen pauschalen Aufschlag unter dem Titel «Allgemeine Kostensteigerungen» von 0,5 bis 1,5 Prozent des Nettomietzinses (siehe Kasten, Seite 146). Diese Haltung ist auf den grossen Aufwand zurückzuführen, den die individuelle Überprüfung der Unterhaltskosten bedingt: Zur Abklärung der Rechtmässigkeit einer Erhöhung des Mietzinses muss nämlich die Kostenentwicklung über mehrere Jahre (bis zu sechs) zurück verfolgt werden, damit nicht ausserordentliche Kosten eines einzelnen Jahres das Bild verfälschen.

Der Mieter, dem eine Erhöhung aufgrund gestiegener Unterhaltskosten präsentiert wird, sollte zwei Fragen stellen: Wird das Haus regelmässig und gut unterhalten? Beträgt der Aufschlag nicht mehr als 0,5 bis 1,5 Prozent pro Jahr? Bei einem doppelten Ja wird er die Erhöhung wohl tolerieren müssen. Je weniger gut aber der Vermieter seine Unterhaltspflichten erfüllt, je neuer die Liegenschaft ist – in den ersten Jahren sind die Unterhaltskosten gering – und je konsequenter sein Vermie-

---

Überwälzungssätze zur Mietzinsanpassung bei Hypothekarzinserhöhungen

Das Mietzinsmodell, auf dessen Basis die Überwälzungssätze berechnet worden sind, geht davon aus, dass dem Nettomietzins Zinskosten und Unterhaltskosten im Verhältnis von 70 zu 30 Prozent gegenüberstehen.
Es wird angenommen, der Eigentümer verwende 60 Prozent der Zinskosten (also 42 Prozent der Gesamtkosten) zur Bezahlung von Schuldzinsen; 40 Prozent dienten der Verzinsung des Eigenkapitals.
Beispiel: Eine Erhöhung des Hypothekarzinssatzes von 4 auf 4,25 Prozent bedeutet eine Erhöhung der Schuldzinsen um 6,25 Prozent. 42 Prozent davon (60 Prozent von 70 Prozent) sind 2,62 Prozent; der gemäss Mietrecht zulässige Überwälzungssatz beträgt 3 Prozent des Mietzinses.

Hypothekarzinserhöhung	Zulässige Überwälzung pro Viertelprozent
Unter 5 %	3 %
Zwischen 5 und 6 %	2,5 %
Über 6 %	2 %

ter gleichzeitig auf den anderen Tasten der Erhöhungsklaviatur spielt, umso eher greift der Mieter zum Füller und verlangt eine exakte zahlenmässige Begründung. Fällt diese nicht zufrieden stellend aus, kann eine Aussprache vor der Schlichtungsbehörde nicht schaden.

Erhöhungsgrund 2: wertvermehrende Investitionen

Die neue Küche, das neue Bad, mehr Raum, mehr Komfort – sobald der Vermieter über den reinen Unterhalt hinaus Geld in die Wohnung investiert, hat er das Recht, den Mietzins entsprechend zu erhöhen. Vorausgesetzt, er hat sich zuvor mit dem Mieter über die Zumutbarkeit dieser Wohnungserneuerung oder -veränderung geeinigt. Ausserdem darf die Erhöhung erst auf einen Kündigungstermin hin in Kraft treten, an dem die Erneuerung oder Änderung abgeschlossen ist. Der Aufschlag darf den Betrag nicht übersteigen, der zur Verzinsung des investierten Kapitals, zur Amortisation der erneuerten Sache sowie zu ihrem Unterhalt notwendig ist (Details zu diesem Punkt und Berechnungsbeispiele im Kapitel «Umbau und Renovation», Seite 177).

Erhöhungsgrund 3: Teuerungsausgleich auf dem investierten Eigenkapital

Eine Liegenschaft wird – zu unterschiedlichen Anteilen – durch Eigen- und Fremdkapital finanziert. Das Fremdkapital (die Hypotheken) ist eine Nominalschuld, das heisst eine Schuld, die sich parallel zur Geldentwertung (Inflation) mindert. Das Eigenkapital (vom Gesetz als risikotragendes Kapital bezeichnet) hingegen darf nach dem Mietrecht mit der Teuerung Schritt halten. Daraus ergibt sich das Recht des Vermieters, den Mietzins jeweils so zu erhöhen, dass das um den Teuerungsausgleich vermehrte Eigenkapital zum gleichen Satz wie bisher verzinst wird.

In der Verordnung zum Mietrecht wird die Teuerungsüberwälzung auf den Mietzins auf 40 Prozent des Anstiegs des Konsumentenpreisindexes (siehe Tabelle im Anhang, Seite 259) limitiert. In der Praxis wenden die meisten Vermieter diesen Maximalsatz an, obwohl er in vielen Fällen durch die Finanzierungsstruktur der Liegenschaft nicht gerechtfertigt ist. Geht man davon aus, dass die Finanzierungskosten bei neuesten und neueren Bauten etwa 70 Prozent des Mietzinses ausmachen (30 Prozent Unterhalt) und das Verhältnis von Eigenkapital und Fremdkapital 40:60 beträgt, werden zur Verzinsung des Eigenkapitals

Berechnung des Teuerungsausgleichs

Als Basis dient der Landesindex der Konsumentenpreise. Von dessen Anstieg im Zeitraum zwischen letztmaliger Anpassung des Mietzinses und erneuter Anpassung darf der Vermieter bei Wohnungen maximal 40 Prozent als Erhöhung geltend machen.

Mietzins ab 1.1.1990	Fr. 1000.–	
Indexstand 31.8.1989	115,3	(Dezember 1982 = 100)
Indexstand 31.8.1998	144,2	
Indexveränderung	28,9	
Indexveränderung in %	25,1%	
Maximal zulässige Mietzinserhöhung 40% der Indexveränderung	10%	
Mietzinserhöhung ab 1.1.1999	Fr. 100.–	

nur 28 Prozent des Mietzinses benötigt (70 Prozent von 40 Prozent). Nutzt ein Vermieter den vollen Spielraum von 40 Prozent aus, obwohl er aufgrund seiner Finanzierungskosten zum Teuerungsausgleich auf dem Eigenkapital nur einen geringeren Aufschlag bräuchte, nutzt er die Unvollkommenheit des Gesetzes. Strafbar macht er sich damit nicht, und der Nachweis, er verschaffe sich einen überhöhten Ertrag, dürfte schwer zu erbringen sein.

Eindeutig unzulässig ist es hingegen, eine Teuerungsanpassung auf der Basis eines vermuteten künftigen Indexstands vorwegzunehmen. Deshalb hinkt die Teuerungsanpassung des Mietzinses der effektiven Teuerung um die Dauer der vertraglichen oder gesetzlichen Kündigungsfrist hintennach.

Erhöhungsgrund 4: Erreichen der kostendeckenden Bruttorendite

Mit diesem Erhöhungsgrund können nur diejenigen Vermieter argumentieren, für deren Liegenschaft die Anlagekosten noch relativ leicht und exakt eruierbar sind. Damit ist seine Anwendbarkeit praktisch auf neue und neueste Bauten bis zu einem Alter von rund einem Jahrzehnt beschränkt.

Besonders in Hochzinsphasen ist es dem Eigentümer oft nicht möglich, seine Liegenschaft zu kostendeckenden Preisen zu vermieten: Leer stehen lassen oder billig vermieten und den Rest draufzahlen heissen dann die unerfreulichen Alternativen. Damit ein solcher Vermieter nicht ein ganzes Häuserleben lang in dieser Zwickmühle gefangen bleibt, gestattet ihm das Mietrecht, das Zinsniveau im Lauf der Zeit so weit anzuheben, dass er doch noch auf seine Kosten kommt.

Gleichzeitig schützt es aber den Mieter davor, einem Vermieter auf den Leim zu kriechen, der ihn mit einem günstigen Mietzins in den Neubau lockt, um bei nächstbester Gelegenheit eine saftige Erhöhung vorzunehmen. Der Vermieter kann mit der kostendeckenden Bruttorendite nämlich nur dann argumentieren, wenn er seinen Mieter bei der Vertragsunterzeichnung auf seine Lage aufmerksam gemacht und die notwendige Erhöhung in einem Vorbehalt auf Franken oder Prozente des Mietzinses genau schriftlich festhält (Beispiele für solche Vorbehalte siehe Seite 39). Ebenfalls dem Schutz des Mieters dient die Bestimmung,

Mietzinserhöhung zur Erreichung der kostendeckenden Bruttorendite

Der Erbauer eines Einfamilienhauses (Anlagekosten 800 000 Franken) kann dieses nicht verkaufen und vermietet es deshalb. Bei einem Hypothekarzinssatz von 4 % dürfte der Nettomietzins zur Erreichung einer kostendeckenden Bruttorendite 6 % von 800 000 Franken oder 48 000 Franken pro Jahr betragen. Der Eigentümer vermietet das Haus jedoch für 36 000 Franken pro Jahr und bringt im Vertrag einen Vorbehalt an.

Für die ersten 3 Jahre vertraglich vereinbarter Mietzins (Hypothekarzinssatz 4 %)	Fr. 3000.–
Vorbehalt zur Erreichung der kostendeckenden Bruttorendite	Fr. 1000.–
Nach 3 Jahren (Hypothekarzinssatz 4 %) neuer Mietzins = alter Mietzins plus Vorbehalt	Fr. 4000.–

Seit Mietbeginn eingetretene Kostensteigerungen (Hypothekarzinsen, Teuerung, wertvermehrende Investitionen) kann der Vermieter zusätzlich zur Anpassung im Rahmen des Vorbehalts verrechnen.

dass dieser Erhöhungsgrund nur geltend gemacht werden darf, bis die kostendeckende Bruttorendite erstmals erreicht wird. Der Käufer, der die Liegenschaft zu einem späteren Zeitpunkt erwirbt, kann sich also nicht neu auf eine ungenügende Bruttorendite berufen! Die Berechnung einer kostendeckenden Bruttorendite ist im Kapitel «Mietzinskalkulation» (siehe Seite 112) erläutert worden.

Erhöhungsgrund 5: Anpassung an die Orts- oder Quartierüblichkeit
Dieser Erhöhungsgrund ist der einzige, bei dem sich der Vermieter in der Argumentation nicht auf Kosten und Kostenentwicklung abstützen muss. Vielmehr kann er anführen, die Wohnung sei zurzeit im Vergleich mit ähnlichen Wohnungen zu billig. Führt er diesen Beweis schlüssig, hat er das Recht, eine Anpassung auf das Niveau der Vergleichsobjekte vorzunehmen. Diese Anpassung unterliegt keiner prozentualen Beschränkung.

Teilt der Vermieter dem Mieter eine solche Anpassung mit, muss er den ausreichenden Beweis für die Rechtmässigkeit seiner Forderung nicht gleich mitliefern. Dazu kommt es erst vor der Schlichtungsbehörde, wenn ein Mieter die Erhöhung anficht. Dann allerdings sind die Anforderungen an die Beweisführung recht hoch. Der Vermieter muss etwa fünf Wohnungen benennen können, die bei vergleichbarem Gebrauchswert hinsichtlich Standort, Grösse, Ausstattung, Zustand und Bauperiode höhere Mietzinsen einspielen. Diese Vergleichsmieten werden auch auf ihre Entwicklung hin überprüft. Haben beispielsweise Hypothekarzinssenkungen stattgefunden, so muss diese Senkung auch bei den Vergleichsobjekten berücksichtigt sein. Beherrscht der Vermieter den örtlichen Markt durch eine Monopolstellung, was für eine Pensionskasse oder eine grosse Immobiliengesellschaft durchaus zutreffen kann, sind Vergleiche mit Mieten, die er direkt oder durch kartellartige Absprachen kontrolliert, unzulässig. Möglich ist dagegen der Verweis auf amtliche Statistiken. Diese sind aber nicht in allen Kantonen gleich aussagekräftig und je nachdem schlicht untauglich. In einigen Kantonen behelfen sich die Schlichtungsbehörden auch mit einer Skala von Quadratmeterpreisen, die entsprechend den wichtigsten Qualitätsmerkmalen der Wohnungen abgestuft sind.

Die Anpassung an die Orts- oder Quartierüblichkeit kann der Vermieter nicht nach dem Motto «alle Jahre wieder» vornehmen. Gemäss Bundesgericht ist sie höchstens alle fünf bis sieben Jahre zulässig, und auch dies nur, falls in der Zwischenzeit nicht zusätzlich Erhöhungen aus Kostengründen oder zum Teuerungsausgleich geltend gemacht worden sind.

Erhöhungsgrund 6: Mietzinserhöhungen gemäss vertraglicher Vereinbarung

Unter bestimmten Voraussetzungen, die im Mietrecht definiert sind, können Mieter und Vermieter spätere Erhöhungen des Mietzinses bereits bei Vertragsunterzeichnung festlegen. Vor allem bei Geschäftsmieten häufig ist die regelmässige Anpassung an die Teuerung. Diese ist zulässig, sofern der Mietvertrag auf mindestens fünf Jahre abgeschlossen wird und die Teuerungsanpassung dem Landesindex der Konsumentenpreise folgt. Die Vertragspartner können die ein- oder mehrmalige Anpassung pro Jahr vereinbaren. Der Vermieter muss dem Mieter die Änderung des Mietzinses jeweils schriftlich anzeigen; statt des amtlichen Formulars kann er zur Mitteilung eine Kopie der Mietzinsvereinbarung verwenden.

Ist in einem Mietvertrag Staffelmiete vereinbart worden, ist diese nur gültig, falls nicht mehr als eine Erhöhung pro Jahr vorgesehen und der Vertrag auf mindestens drei Jahre abgeschlossen wurde. Auch in diesem Fall muss der Vermieter die Erhöhung jeweils noch einmal schrift-

Moderner Mehrkampf: Kombination von Erhöhungsgründen

Nicht alle Erhöhungsgründe können gleichzeitig geltend gemacht werden. Die Kombinationsmöglichkeiten zeigt die folgende Tabelle.

Erhöhungsgründe	Kombinierbar mit				
	1	2	3	4	5
1 Kostensteigerungen	–	●	●		
2 Wertvermehrende Investitionen	●	–	●	●	●
3 Teuerungsausgleich	●	●	–		
4 Kostendeckende Bruttorendite		●		–	
5 Anpassung an Orts- oder Quartierüblichkeit		●			–

lich anzeigen, dies aber frühestens vier Monate, bevor sie wirksam wird. Das amtliche Formular ist dazu nicht notwendig; es genügt, wenn der Vermieter die Kopie der Mietzinsvereinbarung beilegt. Mietzinserhöhungen gemäss gesetzlich zulässigen vertraglichen Vereinbarungen sind nicht anfechtbar.

Das Mietrecht und die Relativitätstheorie: ein Exkurs für Fortgeschrittene

Zu genialen Schöpfungen sind nicht nur Naturwissenschafter fähig, sondern auch Gerichte. Im Mietrecht zeigt sich das am besten bei der Unterscheidung zwischen «absoluten» und «relativen» Erhöhungsgründen. Zu den relativen Erhöhungsgründen zählen all diejenigen, welche sich aus Veränderungen ergeben, die nach Beginn des Mietverhältnisses eingetreten sind. Im Wesentlichen sind das alle Arten von Kostensteigerungen sowie die wertvermehrenden Investitionen. Absolute Erhöhungsgründe sind dagegen jene, die sich am Verdienst des Eigentümers (Erzielung einer kostendeckenden Bruttorendite oder eines genügenden Nettoertrags) sowie an den Preisverhältnissen auf dem Wohnungsmarkt (Orts- oder Quartierüblichkeit) orientieren.

Erzielt ein Vermieter bereits bei der Erstvermietung einer Wohnung eine kostendeckende Bruttorendite, wird er künftig nur noch relative Erhöhungsgründe geltend machen müssen, um diese Rendite auf Dauer sichern zu können. Führt dieser Vermieter demnach zu einem späteren Zeitpunkt absolute Erhöhungsgründe ins Feld, macht er sich verdächtig: Entweder war die damalige kostendeckende Bruttorendite doch nicht so kostendeckend, dass sie ihrem Namen Ehre angetan hätte, oder der Vermieter hat die relativen Erhöhungsgründe nicht rechtzeitig oder nicht in genügender Höhe geltend gemacht. Wie viele Rechenfehler soll ihm der Mieter verzeihen müssen? Und wie viele absolute Klimmzüge sollen ihm erlaubt sein, nachdem er den Mieter mit einem vielleicht relativ hohen, aber absolut zu tiefen Preis vertraglich angebunden hat? Diese schwierige Frage ist noch nicht abschliessend, aber immerhin weitgehend beantwortet worden.

Die Rechtspraxis hat nämlich den Grundsatz geprägt, dass absolute Erhöhungsgründe in einem bereits laufenden Mietverhältnis zu relativen Gründen werden. Der Mieter, so die weise Überlegung, könne bei Abschluss eines Mietvertrags in gutem Glauben davon ausgehen, der Vermieter komme mit dem vereinbarten Mietzins genügend auf seine (absolute) Rechnung. Und vom gleichen Grundsatz kann der Mieter bei jeder Mietzinserhöhung neu ausgehen: Er darf auch in diesem Fall jedesmal des guten Glaubens sein, mit dem neuen Mietzins stelle der Vermieter wieder das alte schöne Gleichgewicht zwischen Aufwand und Ertrag her, das ihm eine kostendeckende Rendite oder einen zulässigen Nettoertrag verschaffe.

Die Konsequenzen aus diesem Gutgläubigkeitsattest sind nicht zu unterschätzen: Mietzinserhöhungen, die der Vermieter vornehmen will, um seine Ertragsrechnung zu sanieren, sind nämlich nur durchsetzbar,
- wenn der Vermieter bei Vertragsunterzeichnung (und später bei der Anzeige von Mietzinserhöhungen) einen entsprechenden Vorbehalt in Franken oder Prozent des Nettomietzinses angemeldet hat.
- wenn der Vermieter Möglichkeiten, Kostensteigerungen auf den Mieter zu überwälzen, über längere Zeit gar nicht oder nur teilweise (mit entsprechenden Vorbehalten) genutzt hat und im Streitfall durch Offenlegung seiner Rechnung belegen kann, dass er deshalb eine ungenügende Rendite erwirtschaftet.
- wenn der Vermieter den Nachweis führt, dass seit der letzten Festsetzung des Mietzinses in einem Zeitraum von mindestens fünf bis sieben Jahren die orts- oder quartierüblichen Zinsen deutlich stärker gestiegen sind.
- wenn der Vermieter die Liegenschaft neu erworben und nicht überbezahlt hat.

Aufseiten der Vermieter fördert diese strenge Auslegung der Gutgläubigkeit natürlich die Strategie, jedwelche legale Möglichkeit zur Mietzinsanpassung umgehend zu nutzen, um damit zu vermeiden, dass der Mieter eine später nachgeholte Erhöhung anficht. Auch der Mieter muss einen Nachteil der «relativen Methode» zur Kenntnis nehmen: Hat er einmal eine übersetzte Mietzinserhöhung nicht angefochten, wird das dadurch erreichte Niveau zur Beurteilung künftiger Erhöhungen beigezogen. Damit verschlechtert sich seine Ausgangsposition in späteren Auseinandersetzungen um den Mietzins.

Für den Mieter ist es tröstlich zu wissen, dass er nach bundesgerichtlicher Rechtsprechung bei Mietzinssenkungen nicht mit gleicher Härte angefasst wird: Wenn der Vermieter den Mietzins freiwillig senkt, aber in ungenügendem Ausmass, so kann der Mieter ohne weiteres zuwarten. Er kann auch später jederzeit eine weitere Senkung – allerdings nie rückwirkend! – verlangen oder seinen Anspruch einer späteren Erhöhungsforderung des Vermieters entgegenhalten (Bundesgerichtsentscheid vom 18. Dezember 1997).

Scharfe Waffe: Anfechtung des Mietzinses
Das Mietrecht offeriert dem Mieter einen weitreichenden Schutz gegen missbräuchliche Mietzinsen. Sein wichtigstes Rechtsmittel ist die Anfechtung des Mietzinses. In gewissen Fällen kann er – wie bereits erwähnt (siehe Seite 53) – den Anfangsmietzins anfechten. Das Recht, während laufendem Mietvertrag den bestehenden Mietzins infolge veränderter Berechnungsgrundlagen anzufechten, steht grundsätzlich jedem Mieter zu. Je nach Mietobjekt und Mietvertrag gelten aber einige Ausnahmen. In folgenden Fällen besteht keine Anfechtungsmöglichkeit:

- Luxuswohnungen, luxuriöse Einfamilienhäuser mit sechs oder mehr Wohnräumen (wobei Küche und Bad nicht mitgerechnet werden)
- Ferienhäuser und -wohnungen, die für weniger als drei Monate gemietet werden
- Garagen und Autoeinstellplätze, die mit separatem Vertrag gemietet werden
- Wohnungen, die vom Staat subventioniert sind und deren Mietzinsen behördlich kontrolliert werden
- Mietzinserhöhungen – unabhängig von der Art des Mietobjekts –, die sich auf gesetzlich zulässige vertragliche Abmachungen stützen (Staffelmiete, indexierte Miete)

Klar zum Anfechten?
Jeder Mieter einer Wohnung, die dem Gesetz untersteht, kann Mietzinserhöhungen anfechten (Ausnahmen siehe oben). Er muss aber nicht. Oft wird er sie als lästig, aber berechtigt oder jedenfalls als gesetzeskonform einstufen. Gelegentlich wird er sich unsicher fühlen und das Bedürfnis haben, die Erhöhung erklärt zu bekommen. Kann der Vermieter selbst keine befriedigende Auskunft erteilen, steht die Schlichtungsbehörde dem Mieter beratend bei. Denn sie ist nicht nur da, um Schlichtungsverhandlungen zu führen, sondern auch, um Mieter und Vermieter zu beraten.

Will der Mieter eine Mietzinserhöhung anfechten, hat er dazu eine Frist von 30 Tagen ab Datum des Empfangs des Erhöhungsformulars. Der Vermieter muss also rasch auf eine direkte Anfrage des Mieters reagieren, will er den Beizug der Schlichtungsbehörde verhindern – und der Mieter, der zunächst eine gütliche Einigung mit dem Vermieter anstrebt, reicht mit Vorteil die Anfechtung vorsorglich auch dann innert der 30-Tage-Frist ein, wenn eine spätere direkte Einigung im Bereich des Möglichen liegt. Er teilt also der Schlichtungsbehörde per Einschreiben mit, dass er die Erhöhung anfechten will. Scheint ihm nur ein Teil der geforderten Erhöhung missbräuchlich zu sein, beschränkt er die Anfechtung auf diesen Teil. Die Schlichtungsbehörde lädt die Parteien darauf zur Verhandlung ein und versucht eine Einigung zu erzielen. Kommt diese nicht zustande, kann der Mieter abwarten – es ist jetzt Sache des Vermieters zu entscheiden, ob er den Fall auf sich beruhen lassen will (dann ist die Erhöhung ungültig) oder ob er (innert 30 Tagen) das Gericht anruft.

Das Anfechtungsverfahren vor der Schlichtungsbehörde ist grundsätzlich kostenlos. Bei einem Gerichtsverfahren dagegen besteht für beide Parteien ein Kostenrisiko. Der Mieter sollte es sich daher überlegen, ob er nicht lieber einem Vergleich vor der Schlichtungsbehörde zustimmen will.

Endet das Schlichtungsverfahren mit einem Vergleich, geniesst der Mieter einen Kündigungsschutz von drei Jahren – unabhängig davon, ob der Vergleich zu seinen oder des Vermieters Gunsten ausgefallen ist. Nach einem Gerichtsverfahren gilt der gleiche Kündigungsschutz jedoch nur, falls der Vermieter gemäss richterlichem Urteil seine Erhöhung um ungefähr einen Drittel oder mehr kürzen muss. Wenn dem Mieter der Verbleib in der Wohnung wichtig ist, wird er bei unsicherer Rechtslage auch mit Rücksicht auf den Kündigungsschutz eher einem Vergleich zustimmen, als ein negatives Urteil ohne Kündigungsschutz in Kauf zu nehmen.

➤ *Mietzinserhöhungen müssen auf amtlichem Formular mitgeteilt und klar begründet werden. Andernfalls sind sie nichtig.*

➤ *Es können immer nur bereits eingetretene Veränderungen Grund für eine Mietzinsanpassung sein, und der neue Mietzins darf erst auf einen künftigen Kündigungstermin in Kraft treten. Veränderungen, die künftige Kostenentwicklungen vorausnehmen oder rückwirkend wirksam sein sollen, sind anfechtbar.*

➤ *Bei Hypothekarzinserhöhungen und für den Teuerungsausgleich auf dem investierten Eigenkapital sind Anpassungen des Mietzinses nach festgelegten Überwälzungssätzen statthaft. Bei wertvermehrenden Investitionen sind die effektiven Kosten massgeblich.*

➤ *Zur Erzielung einer kostendeckenden Bruttorendite oder eines noch zulässigen Nettoertrags darf der Vermieter den Mietzins nur dann anheben, wenn er den Mieter bei Vertragsunterzeichnung in Form eines Vorbehalts auf diese Erhöhungsmöglichkeit vorbereitet hat.*

➤ *Eine vorbehaltlose Anpassung an die Orts- oder Quartierüblichkeit darf der Vermieter höchstens alle fünf bis sieben Jahre vornehmen.*

➤ *Bringt ein Vermieter bei einer Mietzinsanpassung keinen Vorbehalt (in Franken oder Prozent des Mietzinses) an für weitere Erhöhungen, auf die er im Moment verzichtet, obwohl er dazu berechtigt wäre, kann er diese später nicht mehr geltend machen. Denn der Mieter darf bei einer Neufestsetzung des Mietzinses davon ausgehen, dass dieser nun wieder völlig ausreicht, um dem Vermieter einen genügenden Ertrag zu verschaffen.*

➤ *Eine Erhöhung, die Ihnen fragwürdig erscheint, können Sie von der Schlichtungsbehörde informell beurteilen lassen. Gestützt auf diese Beratung können Sie sich entscheiden, ob Sie die Erhöhung anfechten wollen.*

11. Mietzinssenkung

Oft ist Eigeninitiative nötig

Während die meisten Vermieter, sobald der Hypothekarzins ansteigt, mit Mietzinserhöhungen rasch zur Hand sind, haben sie's im umgekehrten Fall weniger eilig. Deshalb sollte der Mieter selber höflich nachfragen. Allerdings muss er damit rechnen, dass ihm der Vermieter mit dem Argument der Kostensteigerungen und des Teuerungsausgleichs auf seinem Kapital nur einen Teil des geforderten Betrags zugesteht.

Gesetz: Artikel 253b, 269, 269a–d, 270a–d
Verordnung: Artikel 10–20, 26

Dem Vermieter auf die Sprünge helfen

Im Kapitel «Wohnungsbezug» (siehe Seite 53) wurde bereits darauf hingewiesen, dass der Mieter unter bestimmten Voraussetzungen die Möglichkeit hat, unmittelbar nach Einzug den von ihm unterschriebenen Mietzins anzufechten und einen tieferen zu verlangen. Aber auch während laufendem Mietvertrag kann der Mieter eine Herabsetzung des Mietzinses verlangen (Ausnahmen siehe Seite 134). Er hat dieses Recht, wenn die Kosten, vor allem die Hypothekarzinsen der Kantonalbank am Ort, sinken. Zeigt der Vermieter eine Mietzinssenkung nicht selbst dem Mieter an, sollte dieser mit seinem Herabsetzungsbegehren nicht allzu lange zuwarten: Der Mieter kann nämlich nur verlangen, dass sein Zins auf den nächsten Kündigungstermin gesenkt wird; eine rückwirkende Senkung des Mietzinses gibt es nicht. Und bis das ganze Prozedere überstanden ist, sind bald einmal drei Monate oder mehr verstrichen. Der Vermieter ist rechtlich nicht verpflichtet, von sich aus die Mietzinssenkung herbeizuführen. Dem Mieter wird daher empfohlen die Eigeninitiative zu ergreifen, wenn er feststellt, dass der Hypothekarzinsfuss der Kantonalbank sinkt, und der Vermieter nicht von selbst eine Senkung des Mietzinses anzeigt.

Hat sich der Mieter davon überzeugt, dass eine Mietzinssenkung angebracht ist, muss er zuerst bei seinem Vermieter ein schriftliches Herabsetzungsbegehren in Briefform stellen. Dieser hat anschliessend eine Frist von 30 Tagen zur Stellungnahme. Entspricht der Vermieter dem Begehren des Mieters nicht oder nur teilweise oder reagiert er überhaupt nicht innert der Frist, so kann der Mieter wiederum innert 30 Tagen die Schlichtungsbehörde anrufen. Diese wird dann im Rahmen einer kostenlosen Verhandlung meist einen Vorschlag unterbreiten, ob und in welchem Ausmass eine Mietzinssenkung gerechtfertigt erscheint.

Senkungsgrund 1: Senkung des Hypothekarzinses

Der häufigste Herabsetzungsgrund ist die Senkung des Hypothekarzinses durch die Kantonalbank. Für die Mietzinsberechnung massgebend ist nach bundesgerichtlicher Praxis der Zinssatz für bestehende Hypotheken (so genannte Althypotheken) auf Wohnliegenschaften der Kantonalbank am Ort, wo sich die Wohnung befindet. Im Mietrecht sind Mietzinsen und Hypothekarzinssatz zu einer Schicksalsgemeinschaft verbunden worden. (siehe auch Seite 124). Deshalb führen höhere Hypo-

Gaston Müller
Inselstrasse 23
4057 Basel

EINSCHREIBEN

Haas Immobilien
Aeschenplatz 2
4052 Basel

Basel, 12. August 1999

Herabsetzung des Mietzinses

Sehr geehrte Damen und Herren

Seit dem 1. Oktober 1996 bezahle ich für meine Vierzimmerwohnung einen Mietzins von netto Fr. 2320.– pro Monat. Dieser basiert laut Ihrer damaligen Begründung auf einem Hypothekarzinssatz von 5 Prozent.

Inzwischen steht der Zins für Ersthypotheken bei der Kantonalbank bei 4 Prozent. Dies ist sicher ein Grund, auch den Mietzins herabzusetzen, umso mehr als wir Mieter von den zwischenzeitlichen Senkungen des Hypothekarzinses nichts gespürt haben. Eine Reduktion um Fr. 150.– monatlich scheint mir – auch unter Berücksichtigung der Teuerung – angebracht.

Ich bitte Sie höflich, innert 30 Tagen zu meinem Begehren Stellung zu nehmen.

Freundliche Grüsse

Gaston Müller

PS. Aus Beweisgründen sende ich Ihnen diesen Brief eingeschrieben. Ich bitte Sie um Verständnis.

Herabsetzung des Mietzinses: Brief an den Vermieter

thekarzinsen fast zwangsläufig zu höheren Mietzinsen, und deshalb müssten tiefere Hypothekarzinsen doch auch fast zwangsläufig zu tieferen Mietzinsen führen. Müssten. Denn der Vermieter hat drei Möglichkeiten, eine Senkung teilweise oder ganz zu verweigern:
- Er kann in der Zwischenzeit eingetretene Kostensteigerungen und den Teuerungsausgleich auf dem investierten Kapital gegen die geforderte Senkung aufrechnen.
- Oder er weist nach, dass er keinen übersetzten Ertrag aus dem Mietobjekt erzielt, auch wenn er den Mietzins nicht senkt.

140 Mietzinssenkung

- Er kann zudem nachweisen, dass sich der Mietzins auch ohne Senkung im Rahmen der Quartier- oder Ortsüblichkeit bewegt.

Als Basiszinssatz für den einzelnen Mietvertrag gilt immer derjenige Zinssatz, der im ursprünglichen Vertrag (mit korrektem Bezug auf den Leitzinssatz der Kantonalbank) oder in der letzten, mit einer Zinssatzveränderung begründeten Mietzinsanpassung genannt worden ist. Fehlt im Mietvertrag der Hinweis auf den bei Vertragsabschluss gültigen Zins-

Auswirkung einer Hypothekarzinssatzsenkung auf den Mietzins

Für die Berechnung der Reduktion des Mietzinses geht man von den zulässigen Überwälzungssätzen bei Hypothekarzinserhöhungen aus (siehe Seite 123). Die Formel lautet:

$$\frac{\text{Überwälzungssatz} \times 100}{\text{Überwälzungssatz} + 100}$$

Ursprünglicher Hypothekarzins	Senkung des Hypothekarzinses um					
	$\frac{1}{4}\%$	$\frac{1}{2}\%$	$\frac{3}{4}\%$	1%	$1\frac{1}{4}\%$	$1\frac{1}{2}\%$
7%	–1,96%	–3,85%	–5,66%	–7,41%	–9,50%	–11,50%
6,75%	–1,96%	–3,85%	–5,66%	–7,83%	–9,91%	–11,89%
6,5%	–1,96%	–3,85%	–6,10%	–8,26%	–10,31%	–12,28%
6,25%	–1,96%	–4,31%	–6,54%	–8,68%	–10,71%	–13,04%
6%	–2,44%	–4,76%	–6,98%	–9,09%	–11,50%	–13,79%
5,75%	–2,44%	–4,76%	–6,98%	–9,50%	–11,89%	–14,16%
5,5%	–2,44%	–4,76%	–7,41%	–9,91%	–12,28%	–14,53%
5,25%	–2,44%	–5,21%	–7,83%	–10,31%	–12,66%	–14,89%
5% und weniger	–2,91%	–5,66%	–8,26%	–10,71%	–13,04%	–15,25%

Beispiel:
Bisheriger Mietzins, Hypothekarzinssatz 4%   Fr. 1100.–
Neuer Mietzins bei Hypothekarzinssatz 3,75%

= Bisheriger Mietzins – $\frac{2,91 \times 1100}{100}$ = 1100 – 32   Fr. 1068.–

satz, wird angenommen, der Mietzins basiere auf dem damaligen Leitzinssatz. Der Mieter kann eine Herabsetzung des Mietzinses auch dann verlangen, wenn seit dem Vertragsschluss keine Erhöhung gefordert wurde, sofern nur der Referenzzinssatz seither gesunken ist. Ja, der Herabsetzungsanspruch ist selbst dann gegeben, wenn der Vermieter gar keine Hypothekarschuld mehr ausweist.

Grundsätzlich können ausser Hypothekarzinssenkungen auch Einsparungen bei den Betriebs- und Unterhaltskosten Ursache einer Mietzinssenkung sein; doch zeigt die Praxis, dass kaum je ein Vermieter das Bedürfnis hat, solche Einsparungen (wenn er sie denn überhaupt erzielen kann) dem Mieter mitzuteilen. Eher verwendet er das Geld für Rückstellungen, um für einen späteren Anstieg der Unterhaltskosten gewappnet zu sein.

Senkungsgrund 2: Minderung des Gebrauchswerts

Nimmt der Vermieter Erneuerungen oder Änderungen an der Mietsache vor, die ihren Wert steigern, ist das ein Grund zur Mietzinserhöhung. Umgekehrt gilt natürlich auch, dass eine Minderung des Gebrauchswerts einer Wohnung den Mieter dazu berechtigt, eine Herabsetzung des Mietzinses zu verlangen. Diese Herabsetzung kann befristet sein (zum Beispiel bei vorübergehender Störung durch Baulärm) oder dauerhaft.

Gründe, Ausmass einer Minderung und Vorgehen zur Durchsetzung einer Mietzinssenkung bei Mängeln sind im Kapitel «Mängel» (siehe Seite 149) geschildert; handelt es sich um eine Folge von Erneuerungen und Änderungen, finden sich entsprechende Hinweise im Kapitel «Umbau und Renovation» (siehe Seite 169).

Senkungsgrund 3: wesentliche Erhöhung des Mietzinses bei Mieterwechsel

Bezieht ein Mieter eine Wohnung neu und stellt fest, dass der Vermieter die Gelegenheit genutzt hat, den bisherigen Mietzins massiv (um zehn Prozent oder mehr) anzuheben, kann er diesen Anfangsmietzins innert 30 Tagen nach Antritt des Mietverhältnisses anfechten (siehe Seite 55). Der Vermieter muss dann beweisen, dass die Vermutung, er erziele einen übersetzten Ertrag, nicht zutrifft. Bei älteren Bauten könnte er versuchen nachzuweisen, dass sich der neue Zins trotz markanter Erhöhung gegenüber dem bisherigen im Rahmen der Orts- oder Quartier-

```
Gaston Müller
Inselstrasse 23
4057 Basel
                    EINSCHREIBEN

                    Staatliche Schlichtungsbehörde
                    für Mietstreitigkeiten
                    Marktplatz 9
                    4001 Basel


                            Basel, 16. Mai 1999

Begehren um Herabsetzung des Mietzinses

Sehr geehrte Damen und Herren

Am 12. April habe ich meine Vermieterin (Haas Immobilien,
Aeschenplatz 2, 4052 Basel) gebeten, meinen Mietzins herabzu-
setzen. Bis jetzt habe ich keine Antwort erhalten.

Aus der beiliegenden Kopie meines Briefes an die Vermieterin
können Sie meine Begründung entnehmen. Ich bitte Sie um eine
Vermittlung.
                            Freundliche Grüsse

                            Gaston Müller

Beilagen
Kopie des Briefes an die Vermieterin
Kopie des Mietvertrags

Orientierungskopie an die Vermieterin
```

Herabsetzung des Mietzinses: Brief an die Schlichtungsbehörde

üblichkeit bewegt. Stets kann er auch den Nachweis antreten, dass er keinen übersetzten Ertrag aus dem Mietobjekt erzielt.

Wie wird der Senkungsanspruch im Einzelfall berechnet?
Sinkt der massgebliche Hypothekarzinsfuss – der häufigste Grund für ein Herabsetzungsbegehren –, ergibt sich daraus rein rechnerisch eine Mietzinssenkung in Prozent. Dieser Wert entspricht jedoch nicht dem effektiven Senkungsanspruch gegenüber dem Vermieter. Denn der Vermieter darf von diesem Bruttosenkungsanspruch Kostenfaktoren abziehen, die seit der Mitteilung der letzten Mietzinsanpassung (gleichgültig ob Erhöhung oder Senkung) oder seit Vertragsschluss (falls keine Mietzinsveränderungen stattgefunden haben) wirksam geworden sind.

Er kann also eine Verrechnung mit diesen Kostenfaktoren vornehmen. Theoretisch könnten sich aus dieser Verrechnung auch zusätzliche Senkungsansprüche ergeben – dies jedoch nur in Zeiten der Deflation. Verrechenbar sind folgende Kostenfaktoren:
- Teuerung auf dem risikotragenden Kapital
- Steigerung der Unterhalts- und Betriebskosten

Der Vermieter kann selbst Kostenfaktoren, die sich vor der letzten Mietzinsanpassung ereignet haben, verrechnen, wenn er im Mietvertrag oder bei früheren Mietzinsanpassungen einen gültigen Erhöhungsvorbehalt angebracht hat (siehe Seite 37). Im Folgenden wird die Rechnung Schritt für Schritt erklärt und anhand eines Beispiels konkretisiert. Sowohl der Mieter- als auch der Hauseigentümerverband (siehe Anhang, Seite 270 und 273) bieten auf ihren Internetseiten Berechnungsschemen, in die man die eigenen Eckdaten eingeben kann, um so auf einfache Art den Senkungsanspruch zu berechnen.

1. *Bruttosenkungsanspruch:* Als Erstes prüft der Mieter, in welchem Umfang die zuständige Kantonalbank den Zinssatz für variable Hypotheken im ersten Rang für Wohnbauten gesenkt hat oder senken wird. Ist die Zinssituation im Fluss, empfiehlt es sich, zusätzlich die Tagespresse zu verfolgen und bei Unsicherheiten die zuständige Kantonalbank anzufragen. Danach muss der Mieter abklären, auf welchem Hypothekarzins der aktuelle Mietzins seiner Wohnung beruht. Massgebend ist der Hypothekarzinssatz, der zum Zeitpunkt der letzten Festlegung des Mietzinses (Vertragsschluss oder letzte Mietzinsanpassung) bekannt war. Achtung: Einzelne Vermieter haben im Mietvertrag einen tieferen Hypothekarzins als die tatsächliche Mietzinsbasis angegeben. Sie versuchen auf diese Weise künftigen Senkungsbegehren vorzubeugen. Dieses Vorgehen ist jedoch nicht zulässig. Welche Auswirkungen die Zinsdifferenz zwischen dem neuen Hypothekarzins und dem Hypothekarzins, auf dem der Mietzins beruht, auf den Mietzins hat, zeigt die Zusammenstellung im Kasten «Auswirkungen einer Hypothekarzinssenkung auf den Mietzins» (siehe Seite 140). Sie gibt den Bruttosenkungsanspruch in Prozent des bisherigen Mietzinses an.

2. *Teuerung auf dem risikotragenden Kapital:* Der Vermieter kann das in der Liegenschaft investierte Eigenkapital – vom Gesetz risikotragendes Kapital genannt – der Teuerung anpassen. Der Mietzins darf dabei im Umfang von höchstens 40 Prozent der Steigerung des Lan-

desindexes der Konsumentenpreise erhöht werden. Im Anhang findet sich eine Zusammenstellung des Landesindexes (siehe Seite 259). Diesen Teuerungsausgleich kann der Vermieter vom Bruttosenkungsanspruch abziehen.
3. *Steigerung der Unterhalts- und Betriebskosten:* Der Vermieter ist berechtigt, gegenüber einem Senkungsbegehren eine Steigerung der Unterhalts- und Betriebskosten geltend zu machen. Auf Verlangen des Mieters muss er diese Kostensteigerungen im Schlichtungsverfahren durch Rechnungen belegen. Verschiedene Schlichtungsbehörden und Gerichte tolerieren jedoch im Sinn einer Vereinfachung des Beweisverfahrens jährliche Erhöhungspauschalen zwischen 0,5 und 1,5 Prozent des Mietzinses (siehe Kasten, Seite 146).
4. *Resultat:* Vom Bruttosenkungsanspruch wird der Teuerungsausgleich abgezogen. Vom Zwischenwert kommen je nach Region und Mietobjekt nochmals 0,5 bis 1,5 Prozent pro Jahr weg. Der verbleibende negative Differenzbetrag entspricht dem Nettosenkungsanspruch. Zu beachten sind aber immer allfällige Erhöhungsvorbehalte (siehe Seite 37) sowie sonstige Einwände des Vermieters (siehe unten).

Einwände des Vermieters: kein Senkungsautomatismus
Der Vermieter kann nicht nur die rechnerische Richtigkeit der einzelnen Senkungs- und Erhöhungsschritte bestreiten. Nach bundesgerichtlicher Rechtsprechung kann er gegenüber einem Senkungsbegehren des Mieters überdies sämtlichen Einwände, die sich aus seiner Ertragssituation oder aus der Marktsituation ergeben, vorbringen. Er kann dies tun ohne Rücksicht darauf, ob er gegenüber dem Mieter einen ausdrücklichen Vorbehalt gemacht hat oder nicht. Im schlimmsten Fall könnte das sogar statt zu einer Reduktion zu einer Erhöhung des Mietzinses führen. Das Bundesgericht hat nämlich entschieden, dass ein Mieter, der eine Herabsetzung des Mietzinses verlangt, sich nicht mehr auf das Vertrauensprinzip berufen kann (siehe Seite 133). Der Mieter ist nur gegenüber vorbehaltlosen Erhöhungen durch den Vermieter geschützt. Verlangt er aber selber die Herabsetzung des Mietzinses, muss er sich den Nachweis des Vermieters gefallen lassen, dass die Wohnung nicht über dem orts- oder quartierüblichen Mietzinsniveau liegt oder dass der Vermieter aus dem Mietobjekt keinen übersetzten Ertrag erzielt. Beruft sich der Vermieter auf eine ungenügende Rendite, muss er im Schlichtungs- oder Gerichtsverfahren die Liegenschaftsrechnung mit

Senkung des Mietzinses in Prozent: Berechnungsbeispiel

Für das Berechnungsbeispiel gelten folgende Voraussetzungen: Mietwohnung im Kanton Zürich Dezember 1998 (Hypothekarzinssatz 4%), letzte Senkung per 1. April 1994 (Hypothekarzinssatz 5,5%) mit Mitteilung am 12. Dezember 1993.

Überwälzungssatz für Hypothekarzinssenkung von 5,5 auf 4%	− 14,53 %
Teuerung auf risikotragendem Kapital: Index November 1993: 138,9; Index Dezember 1998: 143,8 Überwälzung 40 Prozent Formel: $\dfrac{\text{neuer Index} - \text{alter Index}}{\text{alter Index}} \times 40$	+ 1,41 %
Unterhalts- und Betriebskostensteigerung: Dezember 1993 bis Dezember 1998 = 5 Jahre à 1%	+ 5 %
Senkungsanspruch	**− 8,12 %**

allen Belegen vorlegen. Argumentiert der Vermieter mit der Orts- oder Quartierüblichkeit des Mietzinses, hat er in der Regel fünf konkrete Vergleichsobjekte mit den Mietzinsen zu nennen. Durch diese vermieterfreundliche Rechtsprechung hat das Bundesgericht dem von den Mieterorganisationen geforderten «Senkungsautomatismus» eine klare Absage erteilt.

Aus dieser recht verwickelten Ausgangssituation ergibt sich folgender Rat an die Mieter: Zuerst den Nettosenkungsanspruch sorgfältig berechnen und sich dann darüber klar werden, ob der bisherige Mietzins nicht doch bereits recht günstig ist oder immerhin im orts- oder quartierüblichen Rahmen liegt. Im Kanton Basel-Stadt hat das statistische Amt einen genauen, nach Quartieren, Bauperiode und Wohnungstyp unterteilten Mietpreisraster ausgearbeitet. Besteht kein solches Hilfsmittel, können Rückfragen bei der Schlichtungsbehörde oder zumindest bei Freunden und Bekannten Hinweise auf das Mietpreisniveau ergeben. Ob der Vermieter aus dem Mietobjekt einen normalen oder übersetzten Ertrag realisiert, wird der Mieter hingegen von sich aus ohne Mitwirkung des Vermieters kaum beurteilen können.

Jährliche Erhöhungspauschalen für Unterhalts- und Betriebskosten
(in Prozent des Mietzinses)

AG	Bezirke Baden, Rheinfelden, Laufenburg wie Kanton Basel-Stadt; Bremgarten 1%; Kulm 0,5% bei Liegenschaften bis 10 Jahre, 1% bei älteren; Bezirk Aarau keine Pauschale
AI	keine Pauschale
AR	1%
BE	mehrheitlich 1%
BL	0,5 bis 1%
BS	Liegenschaften bis 10 Jahre kein Aufschlag, 11 bis 25 Jahre 0,5%, 26 bis 40 Jahre 1%, ab 40 Jahren 1,5%
FR	1%
GR	keine einheitliche Praxis; teilweise Pauschalen von 0,5 bis 1%
GL	0,5% bei Neubauten, 1% bei Altbauten
LU	keine Pauschale
NW	0,5%
OW	keine Pauschale
SG	10% der Jahresteuerung (Schlichtungsbehörden St. Gallen, Wil, Unterrheintal, See); übrige mehrheitlich 0,5 bis 1%
SH	0,5 bis 1,5% je nach Alter der Liegenschaft
SO	mehrheitlich 0,5 bis 1%
SZ	1%
TG	mehrheitlich 0,75%
UR	0,5% bei Liegenschaften bis 10 Jahre, 1% bei älteren Liegenschaften
VS	keine Pauschale; üblich 0,75%
ZG	0,8%
ZH	mehrheitlich 1% (Bezirke Winterthur 1 bis 1,5%; Bülach 0,5% bei neueren Liegenschaften bis 15 Jahre)

Mietzinssenkung erhalten, aber zu wenig

Kein seltener Fall: Der Vermieter meldet sich mit einem freundlichen Brief samt amtlichem Formular und gibt eine Mietzinssenkung auf den nächsten Kündigungstermin bekannt. Bei genauem Nachrechnen allerdings stellt der Mieter fest, dass der Betrag nur etwa die Hälfte der ihm zustehenden Senkung ausmacht. Was tun? Vielleicht ist der Mieter durchaus einverstanden, das «Geschenk» des Vermieters anzunehmen. Doch fürchtet er, durch seine Annahme in Zukunft auf weitergehende Senkungsrechte zu verzichten (gemäss der «Relativitätstheorie», siehe Seite 132). Das Bundesgericht hat in seinem Urteil vom 18. Dezember 1997 den Mieter geschützt und festgestellt, dass er eine weitere Senkung des Mietzinses auch zu einem späteren Zeitpunkt verlangen kann, selbst wenn der Vermieter die Mietzinssenkung auf amtlichem Formular mitgeteilt hatte. Der Mieter könnte nämlich eine Herabsetzung durch den Vermieter gar nicht anfechten (der Vermieter sollte deshalb für Herabsetzungen kein amtliches Formular verwenden). Die Situation bei der Herabsetzung ist eben anders als bei der unwidersprochen gebliebenen Mietzinserhöhung. Dort verliert der Mieter sein Bestreitungsrecht, wenn er gegen die Erhöhung nicht fristgerecht reagiert. Das Mietrecht ist wahrhaftig kein einfaches Rechtsgebiet; im Zweifelsfall gilt daher immer: Sachkundigen Rat einholen!

➤ *Der Vermieter ist nicht verpflichet, eine Senkung des Hypothekarzinses von sich aus in Form einer Mietzinsreduktion an den Mieter weiterzugeben. Deshalb sollten Sie, wenn der Satz der Kantonalbank für Ersthypotheken sinkt, selber Ihren Senkungsanspruch berechnen und den Vermieter um Herabsetzung des Mietzinses bitten.*

➤ *Der Vermieter hat das Recht, Kostensteigerungen seit der letzten Mietzinsanpassung – oder seit Vertragsbeginn – sowie die Teuerung auf dem risikotragenden Kapital mit dem Bruttosenkungsanspruch zu verrechnen.*

➤ *Gewährt der Vermieter von sich aus eine ungenügende Mietzinssenkung, vergeben Sie sich nichts, wenn Sie darauf eingehen. Sie können eine weitere Senkung auch in einem späteren Zeitpunkt verlangen.*

12. Mängel

Wer ist schuld?
Und wer bezahlt?

Mängel aller Art können die Freude am Wohnen nachhaltig trüben. Manche sind leicht zu beheben – Glück gehabt! Manche lösen hohe Kosten aus – wer bezahlt? Und dann gibt's da noch Mängel wie Lärm oder verbaute Aussicht, die mit Werkzeug nicht zu reparieren sind: Hat der Mieter auch in diesen Fällen Möglichkeiten, sein Recht auf ungestörtes Wohnen durchzusetzen?

Gesetz: Artikel 256, 257f–h, 259, 259a–e, 259g–i

Sorgfaltspflicht des Mieters – Unterhaltspflicht des Vermieters

«Der Mieter muss die Sache sorgfältig gebrauchen», sagt das Mietrecht kurz und bündig (Artikel 257f Absatz 1). Und fährt gleich weiter im Text (Absatz 2): «Der Mieter einer unbeweglichen Sache muss auf Hausbewohner und Nachbarn Rücksicht nehmen.» Anderseits wird dem Vermieter ins Stammbuch geschrieben (Artikel 256): «Der Vermieter ist verpflichtet, die Sache in einem zum vorausgesetzten Gebrauch tauglichen Zustand zu übergeben und in demselben zu unterhalten.» Mit diesen Sätzen sind auch die Ausgangspositionen von Mieter und Vermieter beim Auftreten von Mängeln markiert.

- Solange der Mieter den Mangel, der ihn trifft, nicht selbst verschuldet hat, kann er sich an den Vermieter halten (eine Ausnahme bilden allerdings die kleinen Mängel, siehe nächstes Unterkapitel).
- Ist der Mieter schuld an einem Mangel, der die anderen Hausbewohner beeinträchtigt, können sich diese an den Vermieter halten. Dieser ist verpflichtet, allen Mietern vertragsgemässe Wohnbedingungen zu sichern, und wird bei begründeten Klagen gegen den Störenfried vorgehen müssen.
- Die Pflicht des Vermieters, Mängel zu beseitigen, ist nicht abhängig von der Frage, ob er selbst den Mangel verschuldet hat (zum Beispiel durch ungenügende Wartung), ob es sich um Baumängel oder Altersschäden handelt oder ob ein Dritter den Mangel verursacht hat (zum Beispiel der Besitzer des Nachbargrundstücks). «Da kann ich doch nichts dafür», ist also eine untaugliche Ausrede.

Die kleinen Mängel sind Mietersache, aber...

Die Krankenkasse bezahlt die Operation des Leistenbruchs, aber nicht das Hustenbonbon. Die Mobiliarversicherung springt ein, wenn bei einem Brand die Wohnungseinrichtung in Rauch aufgeht, verfügt aber einen Selbstbehalt, um Bagatellschäden auf den Versicherungsnehmer abzuwälzen. Für die Behebung von Mängeln in der Wohnung gilt ein ähnliches Prinzip. Das Mietrecht legt nämlich fest, dass der Mieter kleine Reparaturen und Reinigungen, wie sie für den gewöhnlichen Unterhalt erforderlich sind, selbst erledigen oder erledigen lassen und bezahlen muss. Und dies unabhängig davon, ob ihn am kleinen Mangel ein direktes Verschulden trifft oder ob der Mangel beim normalen Gebrauch entstanden ist. Weil damit der Interpretationsspielraum, was nun ein kleiner Mangel sei, noch längst nicht ausgeschöpft ist, verwenden viele Mietver-

träge viele Zeilen für die genauere Definition. Üblicherweise gelten die folgenden Schäden und Verschmutzungen als kleine Mängel:
- Defekte Türschlösser, Fensterverschlüsse, Verschlüsse von Einbaukästen
- Defekte Wasserhahnen, Brauseschläuche, einzelne Kochplatten, elektrische Schalter, Steckdosen, Sicherungen
- Verstopfte Abläufe
- Gerissene Rolladengurten, defekte Kurbeln von Rolladen und Storen
- Gesprungene Fensterscheiben
- Russ in den Öfen und Cheminées
- Schlecht gepflegte Böden, Schnee und Eis auf dem Balkon, ungepflegter Garten

Zudem enthalten Formularmietverträge auch eine Regelung, dass alle Reparaturen bis zu einem bestimmten Betrag vom Mieter zu übernehmen sind. Dabei wird die Kostenlimite entweder in einem Frankenbetrag (100 Franken oder mehr, häufig während des Mietverhältnisses parallel zum Index der Landesteuerung ansteigend) oder in Prozent des Jahresmietzinses (1 bis 1,5 Prozent) festgelegt.

Falls die Kosten einer Reparatur, die gemäss der Auflistung im Mietvertrag vom Mieter zu bezahlen wäre, deutlich über dem gleichzeitig festgelegten Frankenbetrag für kleine Mängelreparaturen liegen, hat der Mieter gute Aussicht, die Rechnung an den Vermieter weiterreichen zu können. Es würde der Absicht des Gesetzgebers zuwiderlaufen, wenn der Mieter für Unterhaltsreparaturen von mehreren hundert Franken zur Kasse gebeten würde: Das Mietrecht spricht ausdrücklich von Mängeln, die «durch kleine ... Reinigungen oder Ausbesserungen behoben werden können».

Unzulässig sind Vereinbarungen, die dem Mieter unabhängig von der Höhe der Reparaturkosten einen Selbstbehalt auferlegen.

Eindeutig ist die Rechtslage beim Antritt des Mietverhältnisses: Dann nämlich kann der Mieter verlangen, dass auch kleine Mängel ohne Kostenfolge für ihn behoben werden. Darum ist es so wichtig, sie in das Antrittsprotokoll aufzunehmen. Ein Streit darüber, ob der Mangel beim Bezug der Wohnung bestanden hat, ob er vom Mieter stillschweigend genehmigt oder gar durch ihn erst verursacht worden ist, kann damit vermieden werden (siehe Kapitel «Wohnungsbezug», Seite 50).

Wichtig für den Mieter ist eine weitere Einschränkung seiner Zahlungspflichten, die in den meisten Mietverträgen verschwiegen wird.

Müssen nämlich Apparate, sanitäre Vorrichtungen oder andere Wohnungsbestandteile repariert werden, die gemäss üblicher Lebenserwartung bereits zum Ersatz überfällig wären, kann der Mieter die Handwerkerrechnung ohne weiteres an den Vermieter weiterreichen. Dieser Meinung ist auch der Hauseigentümerverband: «Die ungewöhnliche Reparaturanfälligkeit eines Geräts nach Ablauf der durchschnittlichen Lebensdauer bildet ein Indiz, dass die Reparatur altersbedingt ist und das Gerät vom Vermieter auf eigene Kosten repariert oder besser ersetzt werden muss.» Daraus lässt sich ein weiteres Recht des Mieters ableiten: Bedingt die Behebung des kleinen Mangels einen Ersatz der Sache, muss er für die Kosten nur so weit aufkommen, als die Sache noch nicht entsprechend ihrem Alter und ihrer Amortisationsdauer entwertet ist. In den vorbildlichen Allgemeinen Bestimmungen zum St. Galler Mietvertrag ist die Zahlungspflicht des Mieters in diesem Sinn geregelt. Wo die Mietverträge keine solche Bestimmung enthalten, kann der Mieter dennoch mit der fortgeschrittenen Amortisation eines ersetzten Geräts argumentieren. Im Einzelfall wird er zuvor aber abwägen, ob die zur Diskussion stehende Summe eine lange Debatte lohnt (eine Übersicht über die Lebensdauer von Wohnungseinrichtungen findet sich im Anhang, Seite 263).

Zur Behebung kleiner Mängel ist der Mieter während der Mietzeit nur dann verpflichtet, wenn sonst der Schaden vergrössert würde (Überschwemmung wegen Verstopfung des Badewannenabflusses). Spätestens bei Mietende wird ihm der Vermieter aber die Rechnung präsentieren.

Der nicht mehr kleine Mangel kann «mittel» oder «schwer» sein
In der ersten Aufregung wird der Mieter geneigt sein, jeden Mangel als «schwer» zu beurteilen. Das Mietrecht und die Rechtspraxis setzen andere Massstäbe. Sie verwenden nämlich auch die Kategorie des «mittleren Mangels» und definieren diesen als einen Mangel, der die Tauglichkeit der Mietsache zum Gebrauch vermindert, aber weder ausschliesst noch erheblich beeinträchtigt – einige Beispiele:
- Auf dem Balkon läuft das Regenwasser nicht ab, weil der Boden uneben ist.
- In der Küche tauchen Schaben auf.
- Der Ventilator im Dachstock, der jede Nacht zwischen halb eins und drei Uhr läuft, ist im Schlafzimmer der Dachwohnung deutlich zu hören.

Als schwerwiegend wird ein Mangel erst dann angesehen, wenn er den Gebrauch der Mietsache erheblich beeinträchtigt oder gar ausschliesst. Auch hier Beispiele:
- Die Heizung funktioniert nicht.
- Bauarbeiten in der Nachbarschaft verursachen starken Lärm und Erschütterungen.
- Grosse Teile der Wohnung sind von Feuchtigkeit und Wassereinbruch betroffen.

Im Einzelfall kann dem Laien die Grenzziehung zwischen mittlerem und schwerem Mangel Mühe machen. Sie ist auch für die urteilenden Behörden oft eine Ermessensfrage, zumal wenn die Rechtspraxis noch keine Präzedenzfälle (gleichartige, bereits einmal beurteilte Fälle) kennt. Der Mieter tut deshalb meist gut daran, beizeiten Rat zu suchen, denn nach Einleitung der ersten Schritte hängt das weitere Vorgehen gegen den Vermieter davon ab, ob ein Mangel als mittel oder als schwer einzustufen ist.

Nur wer Mängel meldet, geniesst Mängelrechte

Alle Mängel, die keine kleinen Mängel darstellen und auch nicht vom Mieter zu verantworten sind, geben diesem eine ganze Palette von Rechten. Bei wirklich schwerwiegenden Mängeln hat der Mieter sogar die Möglichkeit, vom Vertrag zurückzutreten (statt die Wohnung zu beziehen) oder fristlos zu kündigen, falls der Vermieter die Mängel nicht fristgerecht behebt. Die Rechte des Mieters sind im Einzelnen:
- Recht auf Behebung des Mangels
- Recht auf Herabsetzung des Mietzinses
- Recht auf Schadenersatz, falls den Vermieter am Mangel ein Verschulden trifft
- Recht auf Hinterlegung des Mietzinses
- Recht auf Vertragsrücktritt oder fristlose Kündigung bei schweren Mängeln

Um diese Rechte einzulösen, muss der Mieter aber zuerst einmal selber aktiv werden und die Mängel dem Vermieter melden. Zu dieser Meldung ist er sogar von Gesetzes wegen verpflichtet.

Wann ist Selbsthilfe erforderlich, wann möglich, wann riskant?

Der Mieter hat zur Wohnung Sorge zu tragen. Das schliesst das Beheben kleiner Mängel ein, in Notfällen aber auch die Schadensbegrenzung

154 Mängel

Martin und Edith Peter
Seestrasse 6 a
8708 Männedorf

EINSCHREIBEN

Meier-Immobilien AG
Herrn W. Meier
Postfach
8022 Zürich

Männedorf, 11. Juli 1999

Sehr geehrter Herr Meier

Seit dem 7. Juli kühlt unser Kühlschrank nicht mehr richtig. Auch wenn wir ihn auf maximale Leistung einstellen, bleibt die Temperatur bei etwa 8 °C. Unsere Vorräte im Tiefkühlfach mussten wir alle fortwerfen. Und auch Fleisch, Milch etc. verderben bei diesen Temperaturen.

Wir bitten Sie deshalb, innert einer Woche einen Vertreter der Lieferfirma vorbeizuschicken, der Abhilfe schafft. Tagsüber ist meist jemand zu Hause; es wäre aber gut, wenn er sich vorher telefonisch anmeldet (01/123 56 89).

Vielen Dank für Ihre Bemühungen.

Freundliche Grüsse

Martin Peter   Edith Peter

Martin und Edith Peter

PS: Aus Beweisgründen senden wir Ihnen diesen Brief eingeschrieben. Wir bitten Sie um Verständnis.

Mängelrüge beim Vermieter

durch sofortiges Handeln – egal, ob kleiner oder schwerer Mangel. Ereignet sich beispielsweise ein Wasserleitungsbruch und ist der Vermieter nicht sofort erreichbar, muss der Mieter selbst alle zweckdienlichen Vorkehrungen treffen.

Zur Selbsthilfe schreiten darf der Mieter, wenn er einen mittleren Mangel schriftlich gemeldet hat, der Vermieter diesen aber nicht innert der gesetzten Frist behebt. Er kann also einen Fachmann beauftragen und dessen Rechnung dem Vermieter zur Zahlung zustellen. Bei ungewisser Kostenhöhe oder absehbar hohen Kosten geht der Mieter mit diesem Vorgehen jedoch Risiken ein. Stellt sich nämlich im Nachhinein heraus, dass die Reparatur kostengünstiger möglich gewesen wäre oder unsachgemäss ausgeführt wurde, gerät er zwischen Stuhl und Bank: Der Vermieter verweigert die Übernahme der Rechnung teilweise oder gar ganz, und der Handwerker traktiert den Mieter als seinen Auftraggeber mit Mahnungen. Mit dem Einholen von mehr als einer Offerte vor Auftragsvergabe lässt sich dieses Risiko zumindest begrenzen. Übersteigen die Offerten eine Summe von 500 Franken, ist es auf jeden Fall klüger, die Beseitigung des Mangels vor der Schlichtungsbehörde durchzusetzen, indem man ihr den Sachverhalt schriftlich darlegt und um eine Verhandlung bittet.

Wohl hat der Mieter das Recht, von ihm bezahlte Kosten einer Mängelbeseitigung mit der nächsten Mietzinszahlung zu verrechnen. Spricht darauf aber der Vermieter wegen Zahlungsverzug die ausserordentliche Kündigung aus, muss der Mieter der Schlichtungsbehörde oder dem Ausweisungsrichter belegen, dass die Reparatur zweckmässig und nicht zu teuer war. Kann er das nicht, sieht er sich innert Kürze statt mit einem Mangel in der Wohnung mit einem Mangel an Wohnung konfrontiert...

Immer Sache des Vermieters ist die Beseitigung von schweren Mängeln, da sie zumeist mit Eingriffen oder Veränderungen an der Wohnung verbunden ist, zu denen nur der Eigentümer selbst berechtigt ist. Behebt er den schweren Mangel nicht innert gebotener Frist, setzt der Mieter ein Schlichtungsverfahren in Gang. Ist der Mangel so gravierend, dass er den Gebrauch der Wohnung schwer und dauerhaft beeinträchtigt oder unmöglich macht (Heizungsausfall im Winter, schwere Feuchtigkeitsschäden), steht dem Mieter sogar die fristlose Kündigung offen. Ein Schritt, der allerdings gut überlegt sein will (siehe Seite 214).

Das Recht auf Mietzinsreduktion
Ist ein Mangel aufgetreten, auf den der Mieter mit einer fristlosen Kündigung oder sofortigem Vertragsrücktritt weder reagieren kann noch will, so benützt er doch eine Wohnung, deren Gebrauchswert nicht der vertraglichen Abmachung entspricht. Er hat deshalb zusätzlich zu seinem Recht auf Behebung des Mangels Anspruch auf eine Reduktion des Mietzinses. Dieser Anspruch beginnt zeitlich mit dem Moment, da der Vermieter Kenntnis vom Mangel hat, und endet mit der Behebung.

Für kurze Zeit sind allerdings auch schwerwiegende Mängel ohne Mietzinsreduktion zu tolerieren. Je nach Schwere des Mangels ist aber schon eine Woche nicht mehr als «kurze Zeit» zu verstehen, so zum Beispiel bei einem Totalausfall der Heizung im Winter.

Die Höhe der Reduktion kann zwischen Mieter und Vermieter direkt ausgehandelt werden. Für diesen Fall können die in der Tabelle im Anhang (siehe Seite 264) aufgeführten Beispiele einen Verhandlungsrahmen abstecken. Auch die Schlichtungsbehörde richtet sich jeweils nach bereits vorliegenden Urteilen, wird aber gleichzeitig den individuellen Fall abwägen und schliesslich einen Ermessensentscheid treffen.

Gerade weil die gerichtliche Festsetzung der Reduktion nicht exakt voraussehbar ist, sollte sich der Mieter auf keinen Fall selbst zum Richter aufschwingen und an seiner Mietzinszahlung eigenmächtig Abzüge vornehmen. Das Mietrecht erlaubt ihm stattdessen, den gesamten Mietzins amtlich zu hinterlegen und damit den Vermieter in Zugzwang zu setzen.

Das Recht auf Mietzinshinterlegung

Zu diesem Recht kann sich der Mieter vorbehaltlos gratulieren: Es ist ein Druckmittel, das den Vermieter an einer empfindlichen Stelle (dem Geldbeutel) trifft und gleichzeitig den Mieter rechtlich nicht schlechter stellt, als hätte er den Mietzins ordnungsgemäss direkt dem Vermieter bezahlt. Dennoch hat auch dieses Spiel seine Regeln, zum Beispiel, dass es nicht ohne Vorspiel in Gang gesetzt werden darf: Den Mietzins darf man erst hinterlegen, nachdem man diese Massnahme dem Vermieter angedroht und ihm eine Frist für die Behebung des Mangels gesetzt hat und nachdem der Vermieter diese Frist tatenlos hat verstreichen lassen. Ausserdem müssen die Nebenkosten auf jeden Fall weiterhin bezahlt werden. Und schliesslich ist zu beachten, dass man Mietzinsen, die im Moment des Fristablaufs bereits fällig sind, nicht hinterlegen darf.

Ein Beispiel: Der Mieter hat den Mietzins, der am 1. Dezember fällig gewesen ist, noch nicht bezahlt. Am 2. Dezember fällt die Heizung im Schlafzimmer aus. Der Mieter hält den Zins zurück, ruft den Vermieter an und setzt ihm, als vier Tage lang nichts passiert, schriftlich eine Frist von fünf Tagen zur Beseitigung des Mangels. Zusätzlich droht er Hinterlegung des Mietzinses an. Als er am 12. Dezember immer noch schlottert, statt schläft, hinterlegt er den Dezemberzins ohne Mitteilung an den Vermieter. Damit handelt er doppelt unrecht. Denn die Dezembermiete war im Moment des Fristablaufs bereits zur Zahlung fällig und hätte nicht mehr hinterlegt werden dürfen. Der Mieter darf erst den

> Anita Steinhauser
> Seestrasse 12
> 8820 Wädenswil
>
> EINSCHREIBEN
>
> Schlichtungsbehörde
> in Miet- und Pachtsachen
> Bezirksgebäude
> Burghaldenstrasse 3
> 8810 Horgen
>
> Wädenswil, 5. März 1999
>
> Mietzinshinterlegung
>
> Sehr geehrte Damen und Herren
>
> Seit bald drei Monaten ist der Motor des Lifts in unsererm Haus defekt und scheppert unangenehm. Das Geräusch ist in meinem Schlafzimmer besonders laut zu hören. Das Haus gehört der Wohn AG, Helmstrasse 22, 8820 Wädenswil. Obwohl ich zweimal schriftlich darum gebeten habe (das zweite Mal mit einer Fristansetzung), wurde der Mangel immer noch nicht behoben.
>
> Ich möchte deshalb den Mietzins hinterlegen und bitte Sie, mir die entsprechende Stelle bekannt zu geben. Die Vermieterin habe ich ordnungsgemäss über die Hinterlegung informiert.
>
> Ich bitte Sie höflich, über meine Ansprüche gegenüber der Vermieterin zu entscheiden.
>
> Freundliche Grüsse
> *Anita Steinhauser*
> Anita Steinhauser
>
> Beilagen
> Kopien meiner Briefe an die Vermieterin
>
> Orientierungskopie an die Vermieterin

Hinterlegung des Mietzinses, nachdem der Vermieter den Mangel nicht behoben hat

Januarzins hinterlegen, und auch dies nur, wenn der Mangel bei Fälligkeit dieses Zinses noch immer nicht behoben ist. Zudem hätte er die Hinterlegung des Zinses schriftlich bekannt geben müssen.

Damit die Hinterlegung ihren Zweck erreicht, achtet der Mieter auf einige weitere Formalitäten. So nimmt er die Zahlung auf ein von der Schlichtungsbehörde bezeichnetes Konto vor. Danach meldet er bei der Schlichtungsbehörde innert 30 Tagen nach Fälligkeit des ersten hinterlegten Mietzinses seine Ansprüche auf Behebung des Mangels und

Herabsetzung des Mietzinses an. Diese wird darauf die Parteien zur Schlichtungsverhandlung vorladen. Verpasst der Mieter diese Frist, bekommt der Vermieter den hinterlegten Zins ausbezahlt.

Können sich die beiden Parteien vor der Schlichtungsbehörde nicht einigen, kann diese in eigener Kompetenz einen verbindlichen Entscheid fällen. Mieter oder Vermieter können diesen Entscheid aber innert 30 Tagen zur Neubeurteilung vor Gericht bringen.

Wann lässt sich Schadenersatz fordern?
Wo Mängel Schäden zur Folge haben, die sich durch die Behebung des Mangels und eine Reduktion des Mietzinses allein nicht aus der Welt schaffen lassen, ist unter Umständen eine Schadenersatzforderung denkbar. So bei einem Wasserschaden, wenn das Mobiliar beschädigt, aber von keiner Versicherung bezahlt wird. Oder wenn der Mieter wegen Unbewohnbarkeit der Mietsache im Hotel logieren muss. Auch an Anwaltskosten ist zu denken, die dem Mieter zur Durchsetzung seiner Rechte entstanden sind. Der Vermieter wird Schadenersatz allerdings nur leisten müssen, wenn er nicht beweisen kann, dass ihn kein Verschulden trifft. Ein Verschulden läge beispielsweise darin, dass der Schaden durch ungenügenden Unterhalt entstanden ist oder weil der Vermieter einen Mangel nicht beheben liess (keine Wartungsarbeiten an der Heizung aus Kostengründen beziehungsweise Wassereinbruch nach schwerem Regen, nachdem das Hausdach schon seit geraumer Zeit rinnt).

Wenn Einbrecher oder Vandalen am Werk waren
Der Einbrecher hat die Kellertür aufgebrochen, danach die Wohnungstür. Aus der Wohnung hat er Vaters Laptop entwendet und die Küchentür eingetreten. Beim Verlassen des Hauses schrieb er mit Spraydose rüde Flüche an die Fassade. Wer zahlt nun was?

Zunächst zu Fassade und Türen: Für deren Reparatur und Reinigung kommt der Vermieter oder seine Versicherung auf. Bestimmungen in Mietverträgen, wonach der Mieter in kollektiver Verantwortung mit den Mitmietern für Schäden am Haus und in den gemeinsamen Räumlichkeiten anteilig aufkommen müsse, wenn nicht der Verursacher belangt werden könne, sind problematisch und jedenfalls auf Einbruchdiebstähle nicht anwendbar. Auch für Einbruchschäden an der Mietsache ist der Mieter nicht haftbar. Und für den Ersatz des gestohlenen Computers kommt je nach Deckungsumfang die Hausratversicherung auf.

Am Mangel ist der Mieter selber schuld

Dinge, die jedem passieren können: Die Badewanne überläuft. Eine Besucherin klopft mit den Bleistiftabsätzen Dellen ins Parkett. Beim Spiel zerkratzen die Kinder einen hölzernen Türrahmen. Für solche Vorfälle sollte der Mieter sich versichern: Hat er eine Mieterhaftpflichtversicherung, meldet er dieser den Schaden (möglichst ohne Verzug und nicht erst beim Auszug aus der Wohnung) und überlässt es ihr, die Kostenfrage mit dem Eigentümer direkt zu regeln. Die Mieterhaftpflichtversicherung erstreckt sich auch auf Schäden, die von Besuchern ver-

Die Mieterhaftpflichtversicherung: Abnützungsschäden nicht gedeckt

Der Deckungsumfang von Haftpflichtversicherungen ist von Gesellschaft zu Gesellschaft unterschiedlich. In den einen Policen ist die Mieterhaftpflicht ausdrücklich eingeschlossen, bei anderen muss sie durch eine Zusatzversicherung gedeckt werden. Die einen Versicherungen verlangen vom Mieter die Bezahlung eines Selbstbehalts pro Schadenfall oder pro Zimmer, die anderen nicht. Jeder Mieter sollte deshalb im klein Gedruckten seiner Haftpflicht- oder Mieterhaftpflichtpolice einmal den individuellen Deckungsumfang überprüfen.

Eine gewichtige Einschränkung gilt in jedem Fall: Die Versicherung kommt nur für Schäden auf, die Folge eines «unfallmässigen» Ereignisses sind. Beispiel: Das Salzfässchen entgleitet der Hand, weshalb die Glaskeramikplatte des Herds in Brüche geht. Dagegen sind Schäden aus ausserordentlicher Abnützung nicht gedeckt. Beim Auszug aus der Wohnung führt dies häufig zu Enttäuschungen bei Mietern, die sich für schlechthin alle Schadenfälle versichert glaubten. Der Kettenraucher beispielsweise muss die neuen Tapeten beim Auszug selbst bezahlen.

Die Mieterinnen- und Mieterverbände bieten ihren Mitgliedern eine Mieterhaftpflichtversicherung zum günstigsten Kollektivversicherungsansatz (zwischen ca. 7 und 17 Franken) an, macht aber ausdrücklich darauf aufmerksam, dass der Mieter diese Versicherung erst abschliessen sollte, wenn er sich davon überzeugt hat, dass er im Rahmen seiner privaten Versicherung nicht bereits eine ähnliche Deckung geniesst.

ursacht werden. Hat der Mieter keine solche Versicherung, muss er die Kosten selbst tragen. Mit kleineren Mängeln, die eher als Schönheitsfehler anzusehen sind, lässt sich meist leben, und es lohnt sich, sie erst bei Mietende beheben zu lassen. Denn je älter Wohnungseinrichtungen sind, umso geringer ist der Kostenbeitrag des Mieters bei Ersatz oder Reparatur.

Brrrrr – wir frieren fürchterlich!
Wenn unter Mitmenschen schlechte Stimmung herrscht, redet man von einer frostigen Atmosphäre. Frost in der Wohnung anderseits oder auch nur eine ungenügende Heizleistung sind Garanten für das Entstehen schlechter Stimmung. Die ungenügend beheizte oder auch die überheizte Wohnung gibt deshalb dem Mieter das Recht zur Mängelrüge, denn zu den Pflichten des Vermieters zählt auch, in den Wohnungen ein angenehmes Raumklima sicherzustellen. Nach deutscher Gerichtspraxis erfüllt er diese Pflicht ausreichend, wenn die Räume von 6 bis 23 Uhr eine Mindesttemperatur von 20 bis 22 Grad haben; in Schweizer Kommentaren wird eine Temperatur von 20 bis 21 Grad zwischen 8 und 23 Uhr genannt. Zu tiefe oder zu hohe Raumtemperatur kann zur Reduktion des Mietzinses berechtigen.

Je nach Konstruktion von Haus und Heizung kann es für den Vermieter schwierig oder unmöglich sein, in allen Wohnungen für das ideale Raumklima zu sorgen: Hat die Wohnung im ersten Stock die richtige Temperatur, frieren die Mieter in der Parterre- oder Dachwohnung, haben diese ausreichend warm, sieht sich der Mieter der Innenwohnung gezwungen, rund um die Uhr die Fenster offen zu halten und damit Energie zu verschwenden – die er (und die Mitmieter) über die Heizkostenabrechnung selbst bezahlen müssen. In Altbauwohnungen mit entsprechend tiefem Mietzins kann es im Interesse der Mieter sein, zugunsten eines weiterhin tiefen Zinses auf aufwändige Abhilfemassnahmen zu verzichten und, je nach Schwere des Falls, mit dem Mangel zu leben oder mit dem Vermieter über eine «Hilfskonstruktion» zu verhandeln, beispielsweise die Finanzierung eines Elektroofens für die kälteren Wohnungen. Bei neuen und neuesten Wohnungen ist die Latte höher zu legen: Hier hat der Vermieter – auch wenn's dazu Fachleute und Investitionen braucht – dafür zu sorgen, dass alle Mieter gleichermassen wohlig wohnen können. Solange diese Investitionen nicht als wertvermehrend anzusehen sind (beispielsweise indem dank besserer

Isolation nicht nur das Raumklima angenehmer wird, sondern eindeutig Energiekosten eingespart werden können), darf er sie auch nicht in Form von Mietzinserhöhungen auf die Mieter abwälzen.

Zeigt der Vermieter kein Verständnis für die Mieteranliegen, tut man gut daran, den Mangel zu dokumentieren. Dazu ist nicht gleich ein Heizungsfachmann erforderlich. Zunächst genügt es, wenn die Raumtemperatur ein- bis zweimal täglich gemessen, mit Zeitangabe notiert und die Notiz von einem Zeugen (zum Beispiel dem Wohnungsnachbarn) bestätigt wird. Mit solchen Belegen ist man für eine allfällige Verhandlung vor der Schlichtungsbehörde besser gerüstet.

Feuchtigkeit schafft öfter Streit

«Der Mieter hat unzureichend gelüftet», sagt der Vermieter. «Und wer Wäsche im Wohnzimmer trocknet, braucht sich über Schimmelpilz nicht zu wundern!» – «Wir lüften täglich mehrmals, und wenn Sie wollen, dass wir die Wäsche im Waschraum trocknen, dann sorgen Sie bitte für eine gerechte Waschordnung», entgegnet der Mieter. Schon ist der schönste Streit im Gang. Tatsächlich geben Feuchtigkeitsschäden gerade darum so häufig zu unliebsamen Diskussionen Anlass, weil ihre Ursache nicht auf den ersten Blick zu erkennen ist. Eindeutig ist die Lage, wenn Feuchtigkeit nach starken Regenfällen und Wassereinbrüchen auftritt: Es liegt ein Baumangel vor, für dessen Behebung der Vermieter zuständig ist.

Viel schwieriger sind Schäden durch Kondenswasser im Innern der Wohnung zu beurteilen. Wie entsteht Kondenswasser? Beim Waschen, Kochen, Duschen, selbst durchs Atmen wird Feuchtigkeit produziert, die bis zu einem gewissen Grad von der Luft aufgenommen wird. Dabei nimmt warme Luft mehr auf als kalte. Wird die Sättigungsgrenze überschritten, schlägt sich die Feuchtigkeit an der kältesten Stelle im Raum nieder: am Fenster ohne Isolierverglasung, an der Aussenwand, in Nischen. Durch Lüften wird die Raumluft trockener und kann wieder Feuchtigkeit aufnehmen. Deshalb greift der Vermieter so gern zum Argument, der Mieter lüfte zu wenig. Empfohlen wird, die Wohnung durch vollständiges Öffnen der Fenster täglich mehrmals während drei bis fünf Minuten zu lüften. Je perfekter die Isolation, desto grösser der Lüftungsbedarf. Wer in der Wohnung Wäsche trocknen lässt – was in etlichen Hausordnungen untersagt wird –, kann tatsächlich Feuchtigkeitsschäden mit verursachen oder verschlimmern.

Gerade in älteren Bauten und besonders in Häusern aus den Baujahren 1965 bis 1972 treten Feuchtigkeitsschäden aber gerne wegen ungenügender Isolation auf. In diesen Fällen machen Schimmelpilze häufig eine so genannte Wärmebrücke sichtbar, bei der die Wärme schneller nach aussen dringt.

Ein Experte der EMPA (Eidgenössische Materialprüfungsanstalt) in Dübendorf hat einige Erfahrungsregeln aufgestellt: Schimmelpilze im Bereich des Fensterrahmens, im Badezimmer und in Gebäudeecken deuten eher auf ein Verschulden des Mieters hin. Ein Schimmelpilzbefall in Hochparterrewohnungen (Hausecke oberhalb Fussboden) sowie punkt- und linienförmige Pilzkulturen sind dagegen Anzeichen eines Baumangels. Sind in einem Haus mehrere Parteien von Feuchtigkeitsschäden betroffen, ist das ein deutliches Indiz für Baumängel: Falsches Lüften kommt selten epidemisch vor!

Zu hohe Feuchtigkeit ist ungesund und die Sporen des Schimmelpilzes können vor allem bei Kindern schwere Asthmaleiden verursachen. Deshalb sollte der betroffene Mieter rasch reagieren, die Schäden dem Vermieter schriftlich anzeigen, Messungen der Temperatur und der Luftfeuchtigkeit durchführen, Zeugen beibringen, Fotos machen. Feuchtigkeitsschäden berechtigen je nach Schwere auch zur Reduktion des Mietzinses oder sogar zur sofortigen Kündigung der Wohnung.

Ungeziefer: Untermieter ohne Vertrag
Bei dieser Sorte Haustiere hört der Spass auf: Küchenschaben und anderes Ungeziefer sind nicht willkommen. Ist eine Wohnung doch davon betroffen, ist die erste Reaktion des Mieters oft eine peinliche Unsicherheit. Hat er vielleicht zu wenig sauber geputzt? Oder Lebensmittel unsachgemäss gelagert? Aus dieser Unsicherheit heraus mag er dazu neigen, den Mangel zu verschweigen – und läuft damit Gefahr, dass sich die Plage weiter ausbreitet. Die rasche Bekämpfung der Schädlinge ist deshalb unabhängig von der Verschuldensfrage wichtig. Durch eine kleine Umfrage im Haus kann der Mieter feststellen, ob nur er betroffen ist. Wenn mehrere klagen, ist die Wahrscheinlichkeit gross, dass das Ungeziefer eine Folge von Baumängeln (vor allem übermässiger Feuchtigkeit) ist oder andere vom Mieter nicht verantwortbare Ursachen hat. Der Vermieter, über den Mangel orientiert, wird die Schädlingsbekämpfung selbst bezahlen müssen. Steht der Mieter mit seinem Problem allein da, ist das noch lange kein Beweis dafür, dass er den Mangel

selbst zu verantworten hat. Ebenso gut kann es sein, dass er wegen der Lage seiner Wohnung (Parterrewohnung, Dachwohnung, Lage des Balkons) möglichem Schädlingsbefall besonders ausgesetzt ist. Das Beratungsgespräch mit einem fachkundigen Drogisten oder einem Biologen hilft bei der Vorabklärung – vielleicht ist der Plage ja mit einem Hausmittelchen problemlos beizukommen. In schwierigen Fällen ist die Expertise eines Spezialisten unumgänglich.

Auch übermässiger Lärm gilt als Mangel
Die dicht besiedelte Schweiz ist ein lärmgeplagtes Land. Tag für Tag sind wir einem Konzert von Geräuschen ausgesetzt, gegen die man sich kaum abschotten kann. Umso grösser ist das Ruhebedürfnis innerhalb der eigenen vier Wände – und der Ärger, falls sich Ruhe auch hier nicht einstellen will.

Sind Mitmieter am ungebührlich hohen Geräuschpegel schuld und wird diese Belästigung zur Regel, darf sich der gestörte Mieter zur Wehr setzen: zunächst mit einem Versuch zur gütlichen Regelung im direkten Gespräch, danach mit einem Schreiben an den Vermieter.

Ekelhaft können mechanische Geräusche sein, die in schlecht schallgedämpften Häusern zuerst durch Wand und Stein und darauf durch Mark und Bein dringen: das Surren und Glucksen der Waschmaschine, die Klopfgeräusche in der Heizung, das asthmatische Keuchen eines altersschwachen Gebläses. Wer diesen Geräuschen auf längere Zeit ausgesetzt ist, entwickelt oft eine eigentliche Geräuschallergie, die das Wohlbefinden schwer beeinträchtigen kann. Dieser Meinung sind übrigens auch die Gerichte, die in verschiedenen Urteilen bezeugt haben, dass sie solchen Lärm als Grund für eine Mietzinsreduktion betrachten. Daneben hat der Mieter das Recht auf Beseitigung des Mangels, soweit der Aufwand dafür in überschaubaren Grenzen liegt. Auch in Häusern, in denen die Ringhörigkeit ein «Geburtsfehler» ist, kann mit kleinen Massnahmen oft eine deutliche Verbesserung erzielt werden. Waschmaschinen lärmen zum Beispiel weniger, wenn sie nicht direkt auf den Boden, sondern auf einen Sockel gestellt werden.

Die Auseinandersetzung um einen – zunächst stets nur vermuteten – ungenügenden Schallschutz ist eine aufwändige Sache. Schliesslich muss dieser Mangel, falls der Vermieter nicht ohne weiteres kooperativ ist, erst einmal bewiesen werden. Und das ist er erst, wenn eine Expertise belegt, dass der Lärmschutz den einschlägigen Normen (Lärmschutzverordnung, SIA-Norm 181) nicht genügt. Beauftragt der Mieter ein Akustikbüro mit der Messung (Kosten um 1000 Franken oder mehr), weiss er, ob eine gerichtliche Auseinandersetzung Aussicht auf Erfolg hat. Meist bedarf es danach aber eines weiteren, vom Gericht angeordneten Gutachtens. Wichtig für Mieter von Eigentumswohnungen oder Reihenhäusern: In diesen Bauten genügt der Schallschutz zwar oft den so genannten «erhöhten Anforderungen» (um fünf Dezibel bessere Schalldämpfung), eine Verpflichtung dazu besteht aber nicht. Wer solche Objekte mietet und Wert auf guten Schallschutz legt, sollte diesen Punkt deshalb schon vor Vertragsunterzeichnung abklären und sich die Einhaltung der erhöhten Anforderungen im Mietvertrag schriftlich bestätigen lassen.

Wird auf dem Nachbargrundstück gebaut oder auch nur umgebaut, ist es für die Bewohner der umliegenden Liegenschaften manchmal während mehreren Monaten aus mit der Ruhe. Solange sich der Bauherr an die gesetzlichen Ruhezeiten hält, ist der Baulärm als Begleiterscheinung von unternehmerischer Initiative und wirtschaftlichem Wachstum hinzunehmen. Je nach Intensität der Störung haben die vom Baulärm behelligten Mieter aber ein Recht auf Herabsetzung des Mietzinses. Gelegentlich muss der Vermieter also sogar für Lärm geradestehen, für den er gar nichts kann. Auch wenn der Nachbar sein Cafe mit Öffnungszeiten von 8 bis 20 Uhr zu einem Restaurant mit Alkoholausschank umbaut, das bis 24 Uhr geöffnet hat, können die Mieter eine Herabsetzung des Mietzinses durchsetzen, falls die Lärmbelästigung gross ist (parkierende und wegfahrende Fahrzeuge, Geräusche aus dem Gartenrestaurant etc.).

Mängelbeseitigung und Mietzinserhöhung

«Unser Eisschrank hat altershalber seinen Geist aufgegeben. Der Vermieter hat ihn ersetzt und will jetzt den Mietzins erhöhen. Darf er das wirklich?» – «Nachdem sich die Fälle gehäuft haben, dass in unserem Haus Feuchtigkeitsschäden auftraten, hat jetzt der Vermieter neue Fenster einbauen und die Fassade isolieren lassen. Nun sollen wir plötzlich mehr Mietzins bezahlen!» Zwei Fälle, klare Rechtslage: Der blosse Ersatz einer Einrichtung berechtigt nicht zur Erhöhung des Mietzinses. Tätigt der Vermieter jedoch gleichzeitig mit der direkten Behebung des Mangels Investitionen, die den Wert der Liegenschaft erhöhen, ist ihm eine Anpassung des Mietzinses erlaubt. Würde er den alten, kleinen

Mängelrechte einfordern: aller Anfang sei höflich

1. Den Mangel schriftlich mit eingeschriebenem Brief melden. Eine angemessene Frist zur Beseitigung ansetzen. Nur wenn aufgrund bisheriger Erfahrungen damit gerechnet werden muss, dass der Vermieter seiner Pflicht nicht oder mit Verspätung nachkommen wird: Hinterlegung des Mietzinses oder Beseitigung des Mangels auf Kosten des Vermieters androhen.
2. Wenn der erste Brief ohne befriedigende Reaktion bleibt, eine (kurze) Nachfrist ansetzen, erstmalige oder wiederholte Androhung von Mietzinshinterlegung oder Mangelbeseitigung auf Kosten des Vermieters. Je nach Dringlichkeit der Mängelbehebung direkt von Schritt 1 zu Schritt 3 übergehen.
3. Einen nicht schwerwiegenden Mangel dokumentieren (Handwerkerrapport, Zeugenaussage, Fotos, Expertenbericht oder andere geeignete Beweismittel) und anschliessend beheben lassen, Mietzins nach vorgängiger schriftlicher Information des Vermieters an einer von der Schlichtungsbehörde bezeichneten Stelle hinterlegen. Innert 30 Tagen der Schlichtungsbehörde die effektiven Ansprüche anmelden. Variante für schwere Mängel oder für mittlere Mängel, die der Mieter nicht selbst beheben will: Mangel dokumentieren, Mietzins hinterlegen.
4. Schlichtungsverhandlung. Je nach Schwere des Mangels (weiteres Wohnen in den gemieteten Räumen unzumutbar oder erheblich beeinträchtigt) fristlos kündigen.

Eisschrank zum Beispiel durch einen grösseren mit integriertem grossem Tiefkühlfach ersetzen, dürfte er einen kleinen Mietzinsaufschlag vornehmen. Und die nachhaltige Verbesserung der Gebäudeisolation ist eine eindeutig wertvermehrende Investition, von der die Mieter mit einem angenehmeren Raumklima und tieferen Heizkosten direkt profitieren – den Preis dafür werden sie über eine Mietzinserhöhung bezahlen müssen (siehe Kapitel «Umbau und Renovation», Seite 177).

Der Mieter hat es auch hinzunehmen, dass die Wohnung mit der Zeit durch Abnützung und Alterung nicht mehr so schön ist wie beim Einzug. Was der Mieter aber nicht dulden muss, ist ein vernachlässigter Unterhalt der Wohnung: Einrichtungen, deren Lebensdauer abgelaufen ist und die tatsächlich nicht mehr funktionstüchtig sind, muss der Vermieter ersetzen. Der Mieter kann, jedenfalls bei einer Luxuswohnung, auch eine Schönheitsinstandsetzung (neue Tapeten, Bodenbeläge etc.) verlangen, soweit die Ausstattung abgenützt ist. In diesem Fall darf der Vermieter auch keine Mietzinserhöhung fordern, denn durch den blossen Ersatz von Einrichtungen, deren Lebensdauer erreicht oder überschritten ist, schafft er keinen Mehrwert.

> *Kleine Mängel muss der Mieter selbst beheben (lassen). Je nach Ortsgebrauch, Mietvertrag und Mietzinshöhe liegt die Kostengrenze bei 100 bis 200 Franken. Sobald der Mangel an Einrichtungen und Apparaten entsteht, die ihres Alters wegen reif zum Ersatz wären, entfällt die Zahlungspflicht des Mieters. Der Vermieter kann aber selbst entscheiden, ob er den Mangel durch Reparatur oder Ersatz beheben will.*

> *Als Mieter sind Sie verpflichtet, andere als kleine Mängel dem Vermieter zu melden. Sobald der Vermieter vom Mangel Kenntnis hat, liegt es an ihm, die geeigneten Massnahmen zur Behebung zu treffen. In Notfällen, wenn zur Begrenzung des Schadens Sofortmassnahmen zu treffen sind, müssen und dürfen Sie das Nötige selbst veranlassen.*

> *Nicht nur Schäden am Bau sind Mängel, die beim Vermieter gerügt werden können, sondern auch Immissionen und andere Einschränkungen der Wohnqualität: Lärm, lästige Gerüche, Entzug von Sonne durch Neubau auf dem Nachbargrundstück, Eröffnung eines «Massagesalons» im Haus.*

> *Behebt der Vermieter Mängel nicht zufrieden stellend oder überhaupt nicht, können Sie (nachdem Sie ihm dies vorher schriftlich angedroht haben) den Mietzins hinterlegen.*

> *Neben dem Recht auf Beseitigung des Mangels hat der Mieter auch das Recht auf Herabsetzung des Mietzinses für die Zeit, da der Mangel besteht, sofern dieser ihn beim «vorausgesetzten Gebrauch» der Wohnung beeinträchtigt. Die Höhe der Mietzins-*

reduktion kann von Mieter und Vermieter einvernehmlich oder durch die Schlichtungsbehörde festgesetzt werden.

➤ *Bei schweren Mängeln, die das Bewohnen der gemieteten Räume unzumutbar machen, können Sie (bei Mietantritt) vom Vertrag zurücktreten oder den Vertrag vorzeitig kündigen. Falls der Vermieter nicht beweisen kann, dass ihn kein Verschulden trifft, wird er für Mehrkosten, die Ihnen durch die Kündigung oder den Vertragsrücktritt entstehen, schadenersatzpflichtig.*

13. Umbau und Renovation

Schöner wohnen – aber nicht zu jedem Preis

Ein neues Bad, endlich der Anschluss an Kabel-TV, eine Zentralheizung, wo bis anhin mit Holz gefeuert wurde, Spannteppiche statt PVC-Böden – Steigerungen des Wohnkomforts, über die man sich doch nur freuen sollte. Wenn, ja wenn solche Umbauten und Verschönerungen bloss nicht mit Störungen durch Bauarbeiten und, schlimmer noch, mit Mietzinserhöhungen verbunden wären. In der Frage, welche Umbauten vom Vermieter verfügt und welche vom Mieter verhindert werden können, bewegt sich das Mietrecht auf dem schmalen Grat zwischen Mieterschutz und Wahrung der Eigentümerrechte.

Gesetz: Artikel 260, 269a, 271a, 1b
Verordnung: Artikel 14

Alptraum Renovation?

Nach der Phase exzessiver Immobilienspekulation, welche die Schweiz in der zweiten Hälfte der Achtzigerjahre erlebt hat, sind die Mieter gebrannte Kinder. Jene Glücksritter, die mit geringen Eigenmitteln und günstigen Krediten Mietliegenschaften kauften zu einem Preis, der auf der Basis der bestehenden Verträge keine kostendeckende, geschweige denn eine ertragbringende Rendite zuliess, kündigten nur zu gern die neu erworbenen Häuser leer, um sie nach dem Weisseln der Küche, dem Einbau einer Geschirrspülmaschine und ein paar weiteren kosmetischen Arbeiten als frisch renoviert zu wesentlich höheren Mietzinsen anzubieten.

Das neue Mietrecht hat Spekulanten der beschriebenen Art einige Hürden in den Weg gelegt: Vor allem die Möglichkeit eines neuen Mieters, den Anfangsmietzins anzufechten, zeigt hier eine abschreckende Wirkung. Zudem gestattet das neue Mietrecht dem Vermieter, Renovationen vorzunehmen, soweit sie dem Mieter zumutbar sind; ein Recht, das bisher nicht gesetzlich verankert war. Dieses Recht schützt auch den Mieter. Denn es ist ja ein Recht mit Einschränkung. Da die Renovation für die Mieter zumutbar sein soll, entsteht für den Vermieter ein gewisser Zwang zur Kooperation.

Wo endet der Unterhalt, wo beginnt die Renovation?

Weil der Vermieter dazu verpflichtet ist, die Wohnung «in Schuss zu halten», also den vertragsgemässen Gebrauch jederzeit sicherzustellen, und weil es schliesslich auch in seinem Interesse liegt, dass seine Liegenschaft nicht vor der Zeit verlottert, nimmt er von sich aus periodisch Unterhalts- und Erneuerungsarbeiten vor. Diese «Mängelprophylaxe» dient dem Werterhalt der Liegenschaft – genauso wie die Mängelbehebung, also die blosse Reparatur oder die Beschaffung von Ersatz bei irreparablen Schäden. So gut, wie der Vermieter zu diesen Leistungen verpflichtet ist, ist der Mieter anderseits verpflichtet, Mängel zu melden, die Behebung der Mängel zuzulassen und die Unbequemlichkeiten, die damit vorübergehend für ihn verbunden sein können, zu erdulden.

Renovation und Umbau kommen als Begriffe im Mietrecht gar nicht vor. Dort ist stattdessen die Rede von Erneuerung und Änderung. Kommentare zum Mietrecht beschreiben die Erneuerung als die Vornahme von Arbeiten, die dem Mieter eine Verbesserung und Komfortsteigerung bescheren, während die Änderung in einer Nutzungsänderung, einer Vergrösserung oder Verkleinerung der Fläche oder ähnlichen wesentlichen Eingriffen in die Bausubstanz besteht. Die Erneuerung und Änderung der Mietsache ist – im Gegensatz zu Unterhalt und Mängelbehebung – keine Pflicht, sondern ein Recht des Eigentümers. Das Gesetz verpflichtet ihn jedoch zur Rücksichtnahme auf die Mieterinteressen.

In der Theorie lassen sich Unterhalt und Renovation (oder Umbau) also schön säuberlich trennen. Aber nur in der Theorie.

Wer die Rechnung zahlt:
Wertvermehrung führt zu Mietzinsaufschlag
Wie alles im Leben ist auch die folgende Regel nur so lange einfach, als man sich nicht näher mit ihr befasst. Sie ergibt sich aus der Unterscheidung zwischen Unterhalt und Erneuerung und lautet, dass werterhaltende Investitionen gänzlich vom Vermieter zu tragen, wertvermehrende Investitionen jedoch über eine Mietzinserhöhung teilweise vom Mieter zu bezahlen sind. Für den Unterhalt bezahlt ja der Mieter bereits über den Mietzins (teils im eigentlichen Mietzins eingerechnet, teils in Nebenkosten ausgewiesen), ebenso für Ersatzbeschaffungen, die über einen Aufwandposten «Rückstellungen» ebenfalls in der Mietzinskalkulation berücksichtigt werden. Nur, bitte schön: Wo endet der Werterhalt und wo beginnt die Wertvermehrung? Der Hauseigentümerverband nennt in seinem «Handbuch der Liegenschaftsverwaltung» als Beispiel für blossen Werterhalt das Auswechseln eines Kühlschranks durch das gleiche Modell. Nur: Ein Kühlschrank hat eine Lebensdauer von 10 bis 15 Jahren. Wird bei seinem Tod durch Altersschwäche das gleiche Modell überhaupt noch erhältlich sein, oder wird der neue Kühlschrank – die Kühltechnik macht schliesslich so rasante Fortschritte wie unsere Zivilisation im Allgemeinen – nicht doch eher viel kühler, viel bedienungsfreundlicher (garantiert selbst abtauend), viel umweltschonender (FCKW-frei) und energiesparender sein und damit eine Wertvermehrung darstellen?

Im Streitfall ist hier auf den objektiv fassbaren, höheren Gebrauchswert einer Ersatzanschaffung abzustellen. Geringerer Energiebedarf, höherer Bedienungskomfort, leisere Mechanik, besserer Schallschutz sind Mehrwerte, die als objektiv fassbar gelten dürfen. Ersetzt der Vermieter einen 70-Liter-Absorber-Kühlschrank durch einen 140-Liter-

Kompressor-Kühlschrank, kommt der Mieter in den Genuss von grösserem Kühlvolumen und besserer Kühlleistung: Die Ersatzbeschaffung bedeutet also zugleich einen Mehrwert, weshalb der Vermieter rund die Hälfte der Kosten in eine Mietzinserhöhung ummünzen kann.

Einfach ist die Berechnung des Mehrwerts, wenn die Kosten der reinen Ersatzbeschaffung noch zuverlässig ermittelt werden können. Beim obigen Beispiel also dann, wenn das bisherige Kühlschrankmodell noch unverändert auf dem Markt angeboten wird. Der Mehrwert besteht dann in der Differenz zwischen dem Neupreis des bisherigen und demjenigen des neu installierten Modells.

Warum der Vermieter lieber klotzt als kleckert
Alle Investitionen, die blossen Ersatz bedeuten und auch mit kleinen (aber erlaubten) Kniffen nicht als Wertvermehrung darzustellen sind, bringen dem Vermieter nur Kosten. Sie hinauszuschieben kostet ihn so lange nichts, als daraus nicht Schäden entstehen. Alle Investitionen, über deren «Wertvermehrungswert» sich streiten lässt, bergen Zinserhöhungs-, aber auch Konfliktpotential. Der Vermieter, der seine Liegenschaft renditebewusst bewirtschaftet, hat deshalb eine Vorliebe für Investitionen, die einen eindeutigen Mehrwert begründen. Unter dem Stichwort der «umfassenden Überholung» steht ihm dafür ein attraktives Instrument zur Verfügung.

Weil auch die mietrechtliche Praxis ihre Schwierigkeiten mit der unscharf verlaufenden Grenze zwischen Werterhalt und Wertvermehrung hat, ist in der Verordnung zum Gesetz eine Sonderregelung für den (häufigen) Fall geschaffen worden, dass ein Vermieter gleichzeitig mehrere bauliche Massnahmen trifft. Eine Fassadenrenovation, verbunden mit dem Ersatz der doppelverglasten durch dreifach verglaste Fenster, vielleicht noch ein neuer Boden in Bad und Küche – gleichzeitig in Angriff genommen, erfüllen diese Arbeiten die Anforderungen, um als umfassende Überholung und damit im Umfang von 50 bis 70 Prozent der Kosten als wertvermehrend zu gelten. Zu diesem Prozentsatz dürfen sie denn auch als Mietzinserhöhung auf den Mieter überwälzt werden – ohne dass ein langwieriger Zahlenkrieg vor der Schlichtungsbehörde auszutragen ist. Für die Zusammenfassung mehrerer Arbeiten zu einer umfassenden Überholung, wie sie in der Regel alle 20 bis 30 Jahre vorgenommen wird, sprechen natürlich auch andere Gründe: Eingriffe an der Bausubstanz bedingen ja einen nicht zu unterschätzenden planerischen und administrativen Aufwand, den der Eigentümer lieber nicht alle paar Jahre wieder auf sich nimmt.

Wann darf der Vermieter erneuern?
Das Mietrecht macht sich die Sache einfach: Die Erneuerung (oder Änderung) muss dem Mieter zumutbar sein. Nicht zumutbar ist sie immer dann, wenn das Mietverhältnis gekündigt ist. Dabei spielt es keine Rolle, wer die Kündigung ausgesprochen hat. Auf die Ankündigung einer Renovation kann der Mieter mit Kündigung reagieren, worauf dem Vermieter bis zum Ende des Mietverhältnisses die Hände gebunden sind. Auch während der Laufzeit eines Mietvertrags mit fester Dauer kann der Vermieter nur mit Zustimmung des Mieters renovieren. Ebenso lassen sich Hausmodernisierungen mit enormen Belastungen durch Bauarbeiten und anschliessend steigenden Mietzinsen gegen den Willen des Mieters nicht durchsetzen (um dieses Widerstandsrisiko von vornherein auszuschliessen, kann der Vermieter anderseits die Liegenschaft leer kündigen!).

Was für die Mieter zumutbar sei, lässt sich mit gesundem Menschenverstand ungefähr, aber nicht exakt beschreiben: wenn die Erneuerung bei verkraftbaren Kosten einen fühlbar höheren Wohnkomfort bringt; wenn die Mieterschaft seit 20 Jahren (günstig) wohnt und noch nie grössere Arbeiten am Haus durchgeführt worden sind; wenn der Anteil der Unterhaltsarbeiten gross und der Anteil der effektiven Erneuerung klein ist; wenn die Arbeiten zu keinen massiven Einschränkungen im Gebrauch der Mietsache über mehrere Wochen oder gar Monate führen.

Damit sind die Indizien für Zumutbarkeit nicht abschliessend aufgeführt, aber eins wird bereits klar: die Unsicherheit, die sich aus der Bedingung der Zumutbarkeit für den Vermieter ergibt. Entschliesst er sich nicht von vornherein zur Kündigung aller Mietverhältnisse, wird er sich von Anfang an darum bemühen, die Mieter über seine Pläne zu informieren und sich ihrer Zustimmung zu vergewissern, bevor er die oft hohen Kosten der Detailplanung auf sich nimmt. Stimmt eine deutliche Mehrheit der Mietparteien seinem Vorhaben zu, hat es die Minderheit nachher schwer, weiter zu widerstehen. Auch wenn einzelne Mieter die Schlichtungsbehörde anrufen, würdigt diese die Zustimmung der Mietermehrheit als Indiz für die Zumutbarkeit der geplanten Erneuerung. Stösst der Vermieter hingegen mehrheitlich auf Widerstand, zwingt ihn dies in der Praxis zur Revision seiner Pläne – mit dem Kopf durch die Wand zu gehen lohnt sich für ihn in den seltensten Fällen.

Mitsprache bei Umbau und Renovation
«An die Mieter der Liegenschaft Berta Borer-Strasse 4a! Da sich der Eigentümer entschlossen hat, die bisherige Holzofenheizung durch eine moderne Zentralheizung zu ersetzen und aus Rücksicht auf die Bewohner des dritten und vierten Stockwerks einen Personenlift einzubauen, werden in den Monaten Juli und August die Handwerker im Haus sein. Diese sind von uns angewiesen, grösstmögliche Rücksicht auf die Mieter zu nehmen. Für die trotz allem unvermeidlichen Störungen und Immissionen bitten wir Sie höflich um Verständnis. Nach Abschluss der Bauarbeiten werden wir Sie über die künftig zu zahlenden Mietzinsen informieren können. Ihre Hausverwaltung.» Vielleicht hat dieser Vermieter Glück und die Mieter dulden sein Vorgehen. Vielleicht erlebt er aber auch ein böses Erwachen: Ein Teil der Mieterschaft entschliesst sich, bei der Schlichtungsbehörde vorstellig zu werden, und erklärt dort, der Lifteinbau sei eine unzumutbare Änderung, da er für diese Liegenschaft angesichts ihres bescheidenen Ausbaustandards eine Luxusrenovation darstelle. Ob die Schlichtungsbehörde oder danach das Gericht diesen Mietern nun Recht gibt oder nicht – das Projekt ist blockiert, die Handwerker, denen die Aufträge schon erteilt wurden, fordern Schadenersatz. Mit unzureichender und verspäteter Mieterinformation hat sich dieser Eigentümer ins eigene Fleisch geschnitten!

Korrekt ist das Vorgehen, wie es auch der Hauseigentümerverband seinen Mitgliedern empfiehlt: Der Vermieter informiert die Mieter erstmals über sein Vorhaben, wenn der Umfang der Massnahmen in etwa feststeht, klärt sie über die Termine auf sowie über die ungefähre Auswirkung auf die Mietzinsen. Dies ist auch der Moment für die Mieter, Vorschläge zu machen. Vielleicht wäre eine Mehrzahl von ihnen ja interessiert daran, dass gleichzeitig in allen Küchen ein Geschirrspüler eingebaut wird?

Die Bereitschaft des Vermieters, auf solche Vorschläge einzugehen, ist umso grösser, je länger die Mietverhältnisse bereits dauern und je länger die jetzigen Mieter noch in ihren Wohnungen bleiben werden. Seine Perspektive muss ja eine langfristige sein, denn er will die Vermietbarkeit (und Rentabilität) seiner Liegenschaft auf Jahrzehnte hinaus sicherstellen. Auf der anderen Seite neigen Mieter erfahrungsgemäss gerne zu einer kurzfristigen Perspektive: Sind sie zum Beispiel eher jung, legen sie häufig (noch) wenig Wert auf Komfort und schätzen an ihrer Wohnung ganz einfach den günstigen Zins. Sobald jedoch der Lohn höher wird, beginnen sie sich am Etagenbad zu stören und hätten doch lieber ein eigenes, finden es nicht mehr romantisch, sondern nur noch lästig, im Winter täglich selbst zu feuern – und suchen sich ein neues Zuhause, während der Vermieter wachsende Mühe hat, die mittlerweile weiter gealterte Wohnung noch zu vermieten. Ein ähnlicher Interessenkonflikt kann in Siedlungen mit mehrheitlich älteren Mietern auftreten: Während diese sich an ihre Wohnung gewöhnt haben, so wie sie ist, und mit dem gebotenen Komfort gut leben können, erachtet der Vermieter eine Sanierung der Liegenschaft für dringlich, weil sonst ihre Substanz gefährdet würde.

Ein mieterfreundlicher Vermieter geht bei Umbauten möglicherweise auch auf Einzelwünsche seiner Mieter ein, lässt sie die Farbe der neuen Spannteppiche selbst bestimmen oder lässt ihre Vorstellungen bei der neuen Raumaufteilung einfliessen. Aus Rücksicht auf die künftige Vermietbarkeit der Wohnung an andere wird er aber ausgefallene Wünsche (wild geblumte Tapeten, schwarze Teppiche) kaum erfüllen.

Vorsichtige Vermieter lassen sich die Zustimmung ihrer Mieter zur geplanten Renovation schriftlich bestätigen. Damit erklärt der Mieter die Massnahmen im beschriebenen Rahmen für zumutbar und wird sich mit nachträglichem Widerstand bei der Schlichtungsbehörde kaum mehr durchsetzen können. Seine Zustimmung in dieser Phase schliesst aber nicht eine spätere Anfechtung der Mietzinserhöhung oder Ansprüche auf Herabsetzung des Mietzinses und Schadenersatz aus. Verweigert ein Mieter die Zustimmung zu einer zumutbaren Erneuerung oder Änderung und scheitern auch persönliche Verhandlungen mit dem Vermieter, muss dieser Mieter zwar mit der Kündigung rechnen. Stellt er in der Folge ein Erstreckungsbegehren und kann er einige Monate über den Kündigungstermin hinaus in der Wohnung bleiben, muss der Vermieter trotzdem alle diesen Mieter betreffenden Arbeiten bis zu dessen Auszug aufschieben. Oft bedeutet das den Aufschub des gesamten Projekts. Daraus ergibt sich das grosse Interesse des Vermieters an einem partnerschaftlich mit allen Mietern abgestimmten Vorgehen bei Renovationen.

Kündigung wegen Umbau – oder Zügeln in eine Ersatzwohnung

Wird ein Altbau umfassend saniert oder umgebaut, ist es manchmal notwendig, die Wohnungen vorübergehend zu räumen. Der Vermieter hat die Wahl, ob er das Haus leer kündigen oder seinen Mietern eine Ersatzwohnung zur Verfügung stellen will. Eigentümer mit grösserem Immobilienbesitz können Ersatzwohnungen eher bereitstellen als der Besitzer nur gerade eines Mehrfamilienhauses; grosse Immobiliengesellschaften und Genossenschaften verfügen sogar oft über ein Haus, das eigens für solche provisorischen Unterkünfte dauernd zur Verfügung steht.

Ist die angebotene Ersatzwohnung kleiner oder aus anderen Gründen weniger wert als die vertraglich gemietete Wohnung, hat der Mieter Anrecht auf eine Mietzinsherabsetzung. Zu entschädigen ist er auch für Umtriebe, die ihm aus der Hin- und Herzüglete entstehen.

Bietet der Vermieter dem Mieter zwar an, dass er nach der Renovation wieder einziehen könne, kann ihm aber keine Ersatzwohnung beschaffen, muss der Mieter vorsichtig taktieren: Sperrt er sich gegen die Renovation, droht ihm die Kündigung. Die kann er zwar mit einem Erstreckungsbegehren beantworten, wird aber früher oder später doch ausziehen müssen. Ist ihm ein längerfristiger Verbleib in der Wohnung auch nach der Renovation sehr wichtig, versucht er selbst eine Ersatzwohnung zu finden und gleichzeitig mit dem Vermieter den künftigen Mietzins verbindlich zu vereinbaren.

Kündigungsschutz des Mieters

Auch Vermieter machen Fehler. Fehler, die sie teuer zu stehen kommen können. Fehler 1: Der Vermieter kündigt Renovationsarbeiten an. Der Mieter verweigert seine Zustimmung und behauptet, die Massnahmen seien unzumutbar. Der Vermieter reagiert mit der Kündigung. Der Mieter ficht die Kündigung als Nötigungskündigung an – und bekommt Recht. Das Renovationsprojekt ruht während mindestens drei Jahren (so lange dauert die Sperrfrist für Vermieterkündigungen nach einem Schlichtungsverfahren, das zugunsten des Mieters oder mit einem Vergleich ausging) auf der langen Bank. Fehler 2: Der Vermieter schreibt an die lieben Mieter: «Sollten Sie der ausserordentlich nützlichen Renovation nicht zustimmen, müsste ich leider die Kündigung aussprechen.» Macht er die Drohung wahr, sind die Kündigungen anfechtbar. Das Renovationsprojekt ruht mindestens... (siehe Fehler 1).

Spricht der Vermieter allerdings die Kündigung aus und begründet sie mit Erneuerungsarbeiten, die den Verbleib in den Wohnungen während der Bauzeit verunmöglichen, wird es für die Mieter eng: Sie können allenfalls an die Schlichtungsbehörde gelangen mit der Vermutung, die Kündigung sei missbräuchlich, weil die Wohnungen während der Bauarbeiten gar nicht zwingend geräumt werden müssten. Der Vermieter muss dann den Beweis dafür antreten, dass dies eben doch zwingend sei. Im Übrigen gesteht ihm das Gesetz die Kündigungsfreiheit zu und die einzige verbleibende Retourkutsche des Mieters ist das Erstreckungsbegehren (siehe Kapitel «Kündigung durch den Vermieter», Seite 194).

Herabsetzung des Mietzinses während der Renovation

Das Gesetz bestimmt, dass der Vermieter bei der Ausführung der Arbeiten auf die Interessen des Mieters Rücksicht zu nehmen hat. Dazu gehört, dass er frühzeitig über Termine orientiert (vielleicht möchte der Mieter der lärmigsten Bauphase mit einer Ferienreise entkommen), dass die Handwerker die Wohnungen nur während der üblichen Arbeitszeiten betreten und dass Baustaub, Maschinenlärm, Abfallberge möglichst vermieden werden. Ist der Mieter im Gebrauch der Wohnung eingeschränkt, hat er ein Recht auf Herabsetzung des Mietzinses für die Zeit dieser Einschränkungen. Weil Dauer und Ausmass zum Voraus nie genau abzuschätzen sind, sollte der Mieter keine vorsorgliche Entschädigungsvereinbarung unterzeichnen, sondern den Betrag aufgrund der effektiven Störungen aushandeln (Hinweise zur Höhe solcher Mietzinsreduktionen siehe Seite 264).

Mietzinserhöhung: das Ende vom Lied – der Anfang vom Streit?

Massnahmen, die den Wert einer Sache vermehren, haben gewöhnlich auch ihren Preis. Wertvermehrende Investitionen berechtigen den Vermieter deshalb zur Mietzinserhöhung. Um diese zu berechnen, werden die effektiven Kosten entsprechend der Lebenserwartung der neuen Installationen so auf den Zins umgelegt, dass der Vermieter zum Zeitpunkt des erwarteten «Lebensendes» der Investition für seine Kosten voll entschädigt ist. Zu diesen Kosten gehören die Kapitalkosten (Verzinsung von Hypothek oder Eigenkapital), die Amortisation und eine Pauschale für Unterhalt, Verwaltung und Risiko. Sind Investitionen teils ersatzbedingt, teils wertvermehrend, darf in der Regel nur ein bestimm-

Mehr Wert, mehr Zins

Die folgenden zwei Beispiele basieren auf dem Merkblatt «Mietzinserhöhung aufgrund wertvermehrender Investitionen» des Hauseigentümerverbands, das von den Schlichtungsbehörden in der Regel als Berechnungsgrundlage anerkannt wird.

Ein Geschirrspüler, wo noch keiner war

Kosten Gerät, Installation	Fr. 3000.—
Anteil Mehrwert	100 %
An Mietzinserhöhung anrechenbare Investitionskosten	Fr. 3000.—
Lebenserwartung	15 Jahre
Pauschale für Unterhalt, Verwaltung, Risiko	2 %
Annuität (durchschnittliche Kosten von Zinszahlung und Amortisation, bei einem Hypothekarzinssatz von 4 %)	8,99 %
Mietzinserhöhung pro Jahr (Annuität plus Pauschale für Unterhalt etc.)	10,99 %
Mietzinserhöhung pro Jahr in Franken	Fr. 330.—
Mietzinserhöhung pro Monat	Fr. 27.50

Umfassende Modernisierung der Küche: neue Kombination, neuer Boden, neue Wandkeramikplatten, mehr Kästchen

Gesamtkosten	Fr. 26 000.—
Anteil Mehrwert	50–70 %
An Mietzinserhöhung anrechenbare Investitionskosten (70 %)	Fr. 18 200.—
Lebenserwartung	25 Jahre
Pauschale für Unterhalt, Verwaltung, Risiko	1,5 %
Annuität (durchschnittliche Kosten von Zinszahlung und Amortisation, bei einem Hypothekarzinssatz von 4 %)	7,36 %
Mietzinserhöhung pro Jahr (Annuität plus Pauschale für Unterhalt etc.)	8,86 %
Mietzinserhöhung pro Jahr in Franken	Fr. 1613.—
Mietzinserhöhung pro Monat	Fr. 134.40

Das Bundesgericht verwendet für die Beurteilung von Mietzinserhöhungen eine einfache und brauchbare Faustregel. Das Beispiel des Geschirrspülers zeigt, dass der Hauseigentümerverband, verglichen damit, eher grosszügig rechnet:

1. Zinssatz für 1. Hypothek + 0,5% dividiert durch 2 (4 + 0,5%:2)	2,25%
2. Amortisationsrate (bei 15 Jahren Lebensdauer)	6,66%
Subtotal	8,91%
3. Zuschlag für Unterhalt 10% davon	0,89%
Mietzinserhöhung pro Jahr	9,8%
Mietzinserhöhung pro Jahr in Franken	Fr. 294.—
Mietzinserhöhung pro Monat	Fr. 24.50

ter Prozentsatz (zwischen 50 und 70 Prozent) der Kosten für die Mietzinserhöhung eingesetzt werden (Beispiele siehe nebenstehenden Kasten). Hat der Vermieter allerdings seit längerer Zeit (20 bis 35 Jahre, je nach Lebensdauer) jegliche Unterhaltsarbeiten an der betreffenden Einrichtung unterlassen, werden die Gerichte diesen Anteil eher bei 50 als bei 70 Prozent ansetzen.

Die Mietzinserhöhung darf erst auf den Zeitpunkt hin in Kraft treten, da der Mieter von der Wertvermehrung tatsächlich profitiert – also nicht bereits in der Bauphase. Die Verordnung verlangt seit dem 1. August 1996, dass die Bauarbeiten ausgeführt sind und die Belege der Bauabrechnung vorliegen. Beispiel: Die Warmwasseraufbereitung und die Heizung sind grundlegend verbessert worden. Die Bauarbeiten sind am 1. Juni abgeschlossen und 14 Tage später liegt bereits eine Bauabrechnung vor. Nun kann der Vermieter die Mietzinserhöhung kalkulieren und sie, falls der 1. Juli ein Kündigungstermin ist, den Mietern spätestens am 20. Juni mit amtlichem Formular mitteilen, um sie auf den nächsten Kündigungstermin (wahrscheinlich 1. Oktober) hin durchzusetzen.

Steht die Höhe der Kosten erst im Lauf des Augusts definitiv fest, ist der Vermieter gut beraten, eine Mietzinserhöhung erst auf den übernächsten Kündigungstermin hin vorzunehmen: zum einen, weil er möglicherweise nicht auf seine Kosten kommt (wenn die Rechnungen höher sind als budgetiert), zum andern, weil der Mieter die Erhöhung mit Erfolg anfechten kann, wenn im Moment der Erhöhungsanzeige die Belege noch nicht vorgelegen haben. Immerhin wird der Vermieter die Erhöhung auch bei einer erfolgreichen Anfechtung wegen zu spät vorliegender Belege auf den nächsten Termin durchsetzen können. In einem solchen Fall sollten die Parteien spätestens vor der Schlichtungsbehörde zu einem Vergleich kommen.

Hat der Vermieter mit den Bauhandwerkern und Lieferanten Festpreise vereinbart und sind die Arbeiten ausgeführt, ist anzunehmen, dass er die Erhöhungsanzeige absenden kann, auch wenn er in diesem Zeitpunkt die Rechung für die Investition noch nicht beglichen hat. Als Bauabrechnungsbeleg dürfte die Vereinbarung über die Festpreise genügen.

Die Verordnung sieht bei «grösseren Arbeiten», jedenfalls bei umfassenden Überholungen, die Möglichkeit vor, dass der Vermieter vor Abschluss der Arbeiten und der Schlussabrechnung gestaffelte Mietzinserhöhungen vornimmt. Diese Staffeln müssen aber mit den Zahlungen des Vermieters an die Bauhandwerker und Lieferanten übereinstimmen; eine Erhöhungsstaffel kann also erst auf den Zeitpunkt in Kraft treten, in welchem der Vermieter Handwerker und Lieferanten bezahlt hat. Im Fall der Anfechtung hat er dies vor der Schlichtungsbehörde oder dem Mietgericht nachzuweisen.

Damit ist auch gleich gesagt, dass der Mieter bei einer Mietzinserhöhung wegen Erneuerung und Änderung die gleichen Rechte geniesst wie bei anderen Erhöhungsgründen: Er kann das Mietverhältnis kündigen oder die Erhöhung als missbräuchlich anfechten (siehe Kapitel «Mietzinserhöhung», Seite 134). Im Schlichtungsverfahren wird der Vermieter seine Bücher öffnen und den Nachweis dafür erbringen müssen, dass die Erhöhung durch effektive Kosten gerechtfertigt ist und dass seine Abgrenzung von werterhaltenden und wertvermehrenden Arbeiten den gängigen anerkannten Regeln entspricht (siehe Seite 171).

> ▶ *Der Unterhalt einer Mietwohnung ist eine Pflicht des Vermieters, ihre Erneuerung oder Änderung ist sein Recht. Dieses Recht wird zwar beschränkt dadurch, dass Erneuerungen oder Änderungen nicht bei gekündigtem Mietverhältnis vorgenommen werden dürfen und für die Mieter zumutbar sein müssen. Anderseits kann der Vermieter dank der Kündigungsfreiheit sein Haus bei umfassenden Renovationen leer kündigen, um aus einfachen Wohnungen Luxuswohnungen zu machen, aus Mietwohnungen Eigentumswohnungen, aus Wohnungen Geschäftsräume.*

➤ *Der Vermieter muss über sein Bauvorhaben frühzeitig informieren und auf die Mieter Rücksicht nehmen. In guten Mietverhältnissen können die Mieter Umfang und Details der Arbeiten teilweise mitbestimmen.*

➤ *Sind Sie während der Bauarbeiten im Gebrauch Ihrer Wohnung eingeschränkt, steht Ihnen für die Dauer der Einschränkung eine Herabsetzung des Mietzinses zu.*

➤ *Mietzinserhöhungen wegen Erneuerung oder Änderung dürfen erst dann wirksam werden, wenn der Mieter von der Wertvermehrung in vollem Umfang profitiert. Der Vermieter muss die Erhöhung exakt begründen und, falls mehrere Wohnungen und diese in unterschiedlichem Mass betroffen sind, den Verteilschlüssel offen legen. Eine missbräuchliche Mietzinserhöhung ist anfechtbar.*

14. Kündigung durch den Vermieter

Die Vertreibung aus dem Paradies

Eine Kündigung trifft manchen Mieter hart, sei es aus wirtschaftlichen oder sozialen Gründen. Das Mietrecht gesteht einerseits dem Vermieter die Kündigungsfreiheit zu, schützt aber anderseits den Mieter vor der missbräuchlichen Kündigung und billigt ihm in Härtefällen eine Erstreckung des Mietverhältnisses zu.

Gesetz: Artikel 257d, f, 261, 261a, 266c, e, g, h, l, n, o, 271, 272, 272a–d, 273, 273a–c

Kündigung – warum?

Im Normalfall hat der Vermieter grosses Interesse an lang dauernden Mietverhältnissen. Schliesslich schafft ein Mieterwechsel auch administrative Umtriebe und die Neuvermietung bringt ein neues Risiko mit sich: Wird der neue Mieter so nett, so zahlungsfähig und so zahlungswillig sein wie der alte? Wird er ebenso gut in die Hausgemeinschaft passen? Je nach Situation auf dem Wohnungsmarkt kann es auch passieren, dass eine leer gekündigte Wohnung eine Zeit lang unvermietet bleibt, also auch kein Geld einbringt. Man darf deshalb davon ausgehen, dass der Vermieter ein Mietverhältnis nur kündigt, wenn er dazu ein Motiv hat:

- *Verhalten des Mieters:* Zahlungsverweigerung, Zahlungsunfähigkeit, mangelnde Rücksichtnahme auf die Hausgemeinschaft, mangelnde Sorgfalt im Gebrauch der Mietsache, Verstösse gegen vertragliche Abmachungen
- *Zustand und Ertragssituation der Liegenschaft:* Abbruch, Renovationsarbeiten in grossem Umfang, Umnutzung, Umbau, Verkauf
- *Persönliche Interessen des Vermieters:* Vermietung der Wohnung an eine nahe stehende Person, Eigenbedarf

Denkbar und in der Realität häufig anzutreffen sind auch Vermischungen dieser Motive. Zum Beispiel ist ein Vermieter mit der Rendite schon seit einiger Zeit nicht mehr zufrieden und bekommt schliesslich endgültig den «Verleider», nachdem ihn rechtsbewusste Mieter wegen einer versuchten Mietzinserhöhung vor die Schlichtungsbehörde geschleppt haben. Er verkauft die Liegenschaft, und der neue Eigentümer kündigt den bisherigen Mietern, um die Wohnungen nach einer umfassenden Überholung neu und zu höheren Preisen zu vermieten.

Das Recht der Mieter auf Kenntnis der Kündigungsgründe

«Der mit Ihnen abgeschlossene Mietvertrag wird hiermit auf den 31. März 2000 gekündigt.» Nach dem ersten Schock stellt sich der Mieter die Frage: «Warum?» Die Frage, findet auch das Mietrecht, ist natürlich und berechtigt. Es verpflichtet deshalb den Vermieter dazu, dem Mieter auf Verlangen den Kündigungsgrund mitzuteilen. Dieses Wissen steht dem Mieter aber nicht nur anstandshalber zu, sondern auch aus praktischen Gründen: Es erleichtert ihm die Planung und Einleitung der rechtlichen Schritte, die ihm dem Gesetz nach zustehen. Aber eine Kündigung, die ohne Angabe eines Grundes ausgesprochen wird, ist deshalb nicht einfach nichtig. Wesentlich ist, ob ein einleuchtender Kündigungsgrund gegeben ist. Der Vermieter darf nicht grundlos oder aus Gründen kündigen, die Treu und Glauben widersprechen. Ein Rest Freiraum, das Mietverhältnis aufzulösen, verbleibt ihm aber. Dieser Grenze des Kündigungsschutzes muss sich jeder Mieter deutlich bewusst sein.

Die ordentliche Kündigung: Termine und Fristen
Unter der ordentlichen Kündigung versteht das Mietrecht eine Kündigung, die mit vertraglich vereinbarter oder gesetzlicher Frist auf einen vertraglich vereinbarten oder ortsüblichen Termin ausgesprochen wird. Für Mietwohnungen schreibt das Gesetz eine Kündigungsfrist von mindestens drei Monaten vor, für möblierte Zimmer beträgt sie zwei Wochen; im Mietvertrag können die Vertragspartner längere Fristen vereinbaren. Die Kündigungstermine werden meist im Mietvertrag festgelegt, fehlt diese Angabe jedoch, gelten für Mietwohnungen die ortsüblichen Termine (siehe Seite 266).

Um auf den nächsten Termin hin wirksam zu werden, muss die Kündigung vor Beginn der Kündigungsfrist im Besitz des Mieters sein. Eine eingeschrieben gesandte Kündigung, deren Empfang der Mieter am 30. Juni mit Unterschrift bestätigt, ist also auf den 1. Oktober hin wirksam (falls der 1. Oktober ein Kündigungstermin ist). Weilt der Mieter jedoch in den Ferien bis am 3. Juli und holt die überraschende Kündigung erst am 4. Juli bei der Post ab, gilt sie erst auf den übernächsten Kündigungstermin.

Das heisst noch nicht, dass der Mieter bis zu diesem späteren Termin in der Wohnung bleiben muss: Er kann die verspätet eingetroffene Kündigung auch anerkennen, sollte dies dem Vermieter aber unverzüglich mitteilen. Ist er – was häufiger der Fall sein dürfte – um den Zeitgewinn froh, macht er den Vermieter auf die Verspätung aufmerksam und teilt ihm mit, dass er die Kündigung auf den späteren Termin hin vorbehältlich der Anfechtung oder Erstreckung anerkenne.

Mit der Frage, wann eine Kündigung denn nun genau als zugestellt gelte, mussten sich die Gerichte schon oft auseinander setzen. Sie pflegen nach dem Grundsatz zu urteilen, dass dieser Moment dann eintrete, wenn es dem Mieter möglich und zumutbar sei, von der Kündigung Kenntnis zu nehmen. Im Allgemeinen gilt als Zugang der Kündigung der Tag, an dem die Sendung laut Abholungseinladung erstmals auf dem Postamt abgeholt werden kann. Aus den Ferien zurückkehrende

Mieter müssen deshalb am nächsten Werktag zur Post eilen und bei längerer Abwesenheit einen Vertreter organisieren. Denn die eingeschrieben gesandte Kündigung gilt nach Ablauf der Abholfrist von sieben Tagen in jedem Fall als zugestellt. Ein längerer Auslandaufenthalt des Mieters oder andere Abwesenheitsgründe verhindern also die Wohnungskündigung keineswegs.

Schnellverfahren: die ausserordentliche Kündigung
Mit einer ausserordentlichen Kündigung kann der Vermieter einen Mieter innert Monatsfrist vor die Türe setzen. In Anbetracht der Zeit, welche dieser Mieter braucht, um eine neue Wohnung zu suchen, vertraglich zu sichern und den Umzug zu organisieren, ist dies eine sehr kurze Frist, die ihn in aller Regel in grosse Verlegenheit bringt. Entsprechend hohe Ansprüche stellt das Mietrecht an die Begründung der ausserordentlichen Kündigung.

Keinen Spass versteht das Gesetz bei Mietern, die mit der Bezahlung der Zinsen im Rückstand sind. Bleibt man Mietzins oder Nebenkosten über die vom Vermieter gesetzte Nachfrist von mindestens 30 Tagen hinaus schuldig, bewahrt einen nur noch dessen Langmut vor der ausserordentlichen Kündigung (siehe Kapitel «Mietzinszahlung», Seite 91). Weniger eindeutig ist die Rechtslage, wenn ein Mietverhältnis wegen Verletzung der Sorgfaltspflicht oder der Pflicht zur Rücksichtnahme gekündigt wird. Mieter und Vermieter beurteilen die Schwere einer solchen Verletzung oft sehr unterschiedlich. Ein Blick in die Praxis der Gerichte zeigt auf, welche Verstösse als ausreichend schwer gelten:
- Der Mieter fügt der Wohnung in grob fahrlässiger Weise Schaden zu. Beispiele: Er lässt trotz Sturmregen die Fenster offen und kümmert sich auch nicht um die Behebung des Wasserschadens, der sich dadurch noch vergrössert. Er versäumt es, dem Vermieter schwere Mängel anzuzeigen.
- Der Mieter hindert den Vermieter an der Ausübung seiner Rechte: Er verweigert dem Vermieter, der Mängel beheben will, den Zutritt zur Wohnung.
- Der Mieter stört die anderen Mieter im Haus erheblich im vertragsgemässen Gebrauch ihrer Wohnungen: Er verstösst wiederholt gegen die festgelegte Ruhezeitenordnung. Er handelt mit Drogen, was dazu führt, dass Fixermaterialien im Treppenhaus und im Vorgarten herumliegen. Er übt in seiner Wohnung die Prostitution aus oder lässt sie

ausüben, was mit allerlei Arten von Verkehr verbunden ist. Er hält entgegen einem Tierhaltungsverbot Tiere in der Wohnung und schafft dadurch unhaltbare Zustände für die Mitbewohner.
- Der Mieter nutzt die Wohnung nicht vertragsgemäss: Er führt ein Untermietverhältnis weiter, obwohl sich der Vermieter mit Recht dagegen ausgesprochen hat. Er wandelt die Wohnung in einen Geschäftsraum um, ohne dazu die Einwilligung des Vermieters und (falls erforderlich) der Behörden zu haben. Er verändert die Wohnung eigenmächtig und beschädigt sie dabei. Er nimmt Gäste auf Dauer auf in einer Zahl, die der Wohnung Schaden zufügt (Übernutzung) oder für die Mitbewohner unhaltbare Zustände schafft.

Einer ausserordentlichen Kündigung muss in jedem Fall eine schriftliche Mahnung vorausgegangen sein, damit sie wirksam wird. Kann der Vermieter nicht nachweisen, dass er zuvor gemahnt hat, ist die Kündigung nichtig. In der Mahnung muss der Vermieter seinen Vorwurf konkret formulieren. Wenn er den Mieter bloss pauschal des «frechen Verhaltens» bezichtigt, reicht dies nicht aus. Korrekt dagegen: «Die lautstarken Feste, die Sie jeden Samstag bis weit in den Sonntagmorgen hinein in Ihrer Wohnung veranstalten, werden von Ihren Mitbewohnern einhellig als schwere Störung der Nachtruhe empfunden und haben sogar schon mehrmals zu Reklamationen von Bewohnern der Nachbarliegenschaft geführt. Ich mache Sie auf die in der Hausordnung festgelegten Ruhezeiten aufmerksam und bitte Sie, sich ab sofort daran zu halten. Andernfalls sähe ich mich gezwungen, den Mietvertrag wegen schweren Verstosses gegen die Pflicht zur Rücksichtnahme vorzeitig zu kündigen.»

In seinem Mahnschreiben muss der Vermieter keine Frist setzen. Die Kündigung aussprechen kann er aber erst, wenn der Mieter sich erneut eines gravierenden Verstosses schuldig macht. Das kann auch ein anderer Verstoss sein als der in der Mahnung damals genannte. Verlegt sich beispielsweise der Mieter, der keine nächtelangen Feste mehr feiern darf, zum Trost auf die Aufzucht von Klapperschlangen oder verweigert er fortan jede Mietzahlung, wird ihn kein Mieterschützer mehr vor der vorzeitigen Kündigung retten können.

Kommen Schlichtungsbehörde oder Gericht in weniger eindeutigen Fällen zum Schluss, dass die Gründe für eine vorzeitige Kündigung nicht ausreichen, fällt diese nicht einfach dahin. Sie gilt immer noch als normale Kündigung mit entsprechend längerer Frist.

Die nichtige Kündigung: Hoffen auf den Zeitgewinn
Wie die Mitteilung einer Mietzinserhöhung muss auch die Kündigung einigen formalen Ansprüchen genügen, um gültig zu sein.
- Der Vermieter muss die Kündigung schriftlich mitteilen und dazu das amtliche Formular (oder einen behördlich genehmigten Eigendruck) verwenden.
- Handelt es sich bei der Mietsache um eine Familienwohnung, muss er die Kündigung an die Ehepartner separat zustellen, auch wenn dies zwei Schreiben an die gleiche Adresse bedingt. Bei unverheirateten Paaren und anderen Lebens- und Wohngemeinschaften genügt die «Sammelkündigung» an einen der Mieter, wobei aber die solidarisch haftenden Mitmieter auf dem Formular namentlich zu erwähnen sind.
- Ist ein Ehegatte oder Mitmieter bereits vor der Kündigung ausgezogen, muss ihm diese separat an die neue Adresse zugestellt werden. Nur so lässt sich sicherstellen, dass er seine Rechte gleichberechtigt mit den in der Wohnung verbliebenen Mietern wahrnehmen kann.

Beachtet der Vermieter eine oder mehrere dieser Vorschriften nicht, ist die Kündigung nichtig. Mehr als einen Zeitgewinn kann sich der Mieter daraus aber nicht erhoffen. Reagiert er ganz einfach gar nicht auf die Kündigung, wird er sich früher oder später doch mit Handlungen des Vermieters konfrontiert sehen, die ihn zu einer Stellungnahme zwingen: wenn dieser sich beispielsweise zur Wohnungsbesichtigung anmeldet, einen Abgabetermin aushandeln will oder schliesslich, weil er feststellt, dass der Mieter keine Anstalten trifft, die Wohnung zu räumen, ein Ausweisungsverfahren in Gang setzt. Selbst dann kann der Mieter zwar noch die Nichtigkeit der Kündigung geltend machen, aber er halst sich mit dieser Verzögerungstaktik auch im günstigsten Fall grosse Umtriebe und viel Ärger auf.

Ein bisschen Taktik darf durchaus sein, indem der Mieter die Nichtigkeit der Kündigung seinem Vermieter zwar freundlich und eingeschrieben mitteilt, damit aber zuwartet, bis es diesem nicht mehr möglich ist, die korrekte Kündigung auf den ursprünglich geplanten Termin fristgerecht zuzustellen. Daraus resultiert ein Zeitgewinn von mindestens drei Monaten (je nach vertraglichen Bestimmungen auch mehr). Unter Berücksichtigung dieser legalen Finesse gilt auf jeden Fall die Regel, dass die Nichtigkeit dem Vermieter rasch und schriftlich mitgeteilt werden sollte. Besteht daraufhin nämlich der Vermieter auf der von ihm gesetzten Kündigungsfrist, ist der Mieter froh um die Zeit, die ihm bleibt, um den Konflikt vor die Schlichtungsbehörde zu tragen. Er wird in diesem Fall vorsichtshalber nicht nur die formale Gültigkeit der Kündigung beurteilen lassen, sondern zugleich ein so genanntes Eventualbegehren stellen: Er ficht die Kündigung als solche an und ersucht um Erstreckung des Mietverhältnisses, falls die Schlichtungsbehörde die Kündigung als gültig erachten würde.

Nichtig ist eine Kündigung schliesslich dann, wenn der Vermieter sie nur gegen einen Teil der solidarisch haftenden Mieter ausspricht oder nur einen Teil der Mietsache kündigt: So wenig, wie er einen Bastelraum, der im Mietvertrag als Teil der Wohnung genannt ist, «wegkündigen» kann, darf er durch Kündigung eine ihm missliebige Person aus der Wohngemeinschaft entfernen. In solchen Fällen zwingt ihn das Gesetz zum «Alles oder nichts» oder zur aussergerichtlichen Verhandlung mit seinen Mietern.

Nichtig ist auch eine fristlose Kündigung des Vermieters, der den Mieter (gestützt auf Artikel 257f OR) der Verletzung von Sorgfalt und Rücksichtnahme bezichtigt, wenn sich herausstellt, dass die Behauptungen des Vermieters unrichtig sind oder – was vor Gericht das Gleiche ist – nicht bewiesen werden können.

Anfechtung und Erstreckung: wirksame Abwehr auf Zeit
Gegen einen Vermieter, der ihn loswerden will, kommt der Mieter auf Dauer nicht an. So weit geht der Mieterschutz denn doch nicht, dass dem Eigentümer einer Wohnung zugemutet würde, quasi lebenslänglich an einen ihm lästigen Mieter gebunden zu sein. Dieser Grundsatz sei hier zur Milderung der Euphorie noch einmal erwähnt, bevor mit Anfechtung und Erstreckung zwei Abwehrmöglichkeiten des Mieters geschildert werden, die er gegen die Kündigung einsetzen kann. Beides sind nämlich Massnahmen mit limitierter Wirkung. Immerhin: Sie können dem Mieter über mehrere Jahre hinaus gegen den Willen des Vermieters zum Verbleib in seiner Wohnung verhelfen.

Die Anfechtung einer Kündigung bei der Schlichtungsbehörde muss innerhalb von 30 Tagen nach Erhalt erfolgen; sie zwingt den Vermieter an den Verhandlungstisch. Die Schlichtungsbehörde ist dabei bestrebt, eine gütliche Einigung herbeizuführen: sei es, indem sie den Mieter belehrt, die Kündigung sei rechtens, sei es, dass sie den Vermieter dazu bringt, die Kündigung zurückzuziehen. Sie hat die Kompetenz, eine Kündigung aufzuheben. Beurteilt sie eine Kündigung für nicht anfechtbar, hat sie von Amtes wegen – also ohne ausdrückliches Begehren des Mieters – zu überprüfen, ob das Mietverhältnis erstreckt werden kann. Misslingt die gütliche Einigung oder akzeptiert eine der Parteien den Spruch der Schlichtungsbehörde nicht, bleibt nur der Gang zum Gericht, das wiederum innert 30 Tagen nach dem Entscheid der Schlichtungsbehörde anzurufen ist. Die Anfechtung hemmt die Kündigung, das heisst, während eines laufenden Verfahrens muss der Mieter die Wohnung nicht verlassen. Die Kündigungsfrist läuft aber weiter; erhält der Vermieter Recht, kann die Zeit bis zum Auszug sehr knapp werden. Wer sich seiner Sache nicht wirklich sicher ist, tut deshalb gut daran, sich trotzdem nach einer neuen Wohnung umzusehen. Bekommt der Mieter aber schliesslich zur Hauptsache Recht oder zieht der Vermieter die Kündigung zurück, kommt der Mieter in den Genuss einer dreijährigen Sperrfrist, während der grundsätzlich keine Kündigung gegen ihn ausgesprochen werden darf.

Anfechtungsgrund 1: Rachekündigung
Ein Mieter, der sich gegen missbräuchliche Ansprüche (oder gegen Ansprüche, die er aufgrund seiner Einschätzung der Situation für missbräuchlich halten kann) mit legitimen Mitteln wehrt, trägt damit kaum zum Wohlbefinden seines Vermieters bei. Dass sich dieser den hartnäckigen Mieter mit einer Kündigung vom Hals schaffen will, ist eine nachvollziehbare Reaktion. Aber würden es die Mieter noch wagen aufzumucken, wenn sie danach der Kündigung aus Rache ungeschützt ausgeliefert wären? Deshalb darf der Vermieter die Wohnung nicht kündigen, weil der Mieter seine Ansprüche aus dem Mietverhältnis geltend macht. Das gilt insbesondere auch während eines Schlichtungs- oder Gerichtsverfahrens. Falls dieses Verfahren mit einem Vergleich endet oder zur Hauptsache zugunsten des Mieters ausgeht, steht der Mieter überdies während drei Jahren danach (bei Rachekündigungen unter Umständen sogar länger) unter Kündigungsschutz.

Diese Sperrfrist von drei Jahren gilt sogar dann, wenn Mieter und Vermieter sich wegen einer Forderung zuerst uneinig sind, dann aber doch ohne Beizug der Gerichte eine Einigung finden. Damit der Mieter sich auf diese Bestimmung erfolgreich berufen kann, ist er gut beraten, beizeiten sachdienliches Beweismaterial zu beschaffen. Beispiel: Der Hypothekarzinssatz ist um 0,25 Prozent gesunken, und der Mieter verlangt mit eingeschriebenem Brief, dass der Mietzins um 20 Franken

Markus Adler
Im Heuried 1
6003 Luzern

EINSCHREIBEN

Kantonale Schlichtungsbehörde
für Mietverhältnisse
Seidenhofstrasse 14
6002 Luzern

Luzern, 6. Mai 1999

Anfechtung der Kündigung

Sehr geehrte Damen und Herren

Meine Vermieterin (Schachtelhuber AG, 6353 Weggis, vertreten durch die AG für Liegenschaftenverwaltung, Seestrasse 1, 6300 Zug) hat mir auf den 31. Juli 1999 gekündigt.

Die Kündigung erfolgte ohne Grundangabe und auch auf meine Nachfrage wurden bloss vage und zudem haltlose Vorwürfe über meinen Lebenswandel geäussert. Ich bin überzeugt, dass man mich einfach loswerden will, weil ich mich letzten Herbst gegen die Nebenkostenabrechnung gewehrt und vor der Schlichtungsbehörde Recht bekommen habe.

Deshalb fechte ich die Kündigung als missbräuchlich an. Sie ist eindeutig eine Rachekündigung, zudem fällt sie auch in die Sperrfrist von drei Jahren seit dem Vergleich über die Nebenkosten. Ich bitte Sie eine Verhandlung anzusetzen.

Freundliche Grüsse

Markus Adler
Markus Adler

Beilagen
Kopie des Kündigungsschreibens
Kopie der Begründung der Kündigung
Kopien der Korrespondenz um die Nebenkosten

Orientierungskopie an die Vermieterin

Anfechtung einer Kündigung bei der Schlichtungsbehörde

herabzusetzen sei. Der Vermieter erklärt sich telefonisch einverstanden. Eine Woche später erhält der Mieter die Kündigung. Begründung: diverse Verstösse gegen die Sorgfaltspflicht und die Pflicht zur Rücksichtnahme. Vor Gericht kann der Vermieter die Vorwürfe nicht belegen, sondern ergeht sich in weiteren pauschalen Kritiken am Verhalten des Mieters. Das Gericht hält aufgrund dieser Ausführungen die Forderung nach einer Mietzinssenkung für das sehr viel wahrscheinlichere Kündigungsmotiv und erklärt die Kündigung für ungültig.

Die Rachekündigung ist seit dem 1. Juli 1990 eine strafbare Handlung und wird auf Antrag des Mieters strafrechtlich verfolgt. Der Mieter muss den Antrag innert drei Monaten nach Kenntnis der Widerhandlung stellen.

Anfechtungsgrund 2: Nötigungskündigung

Ein ähnlicher Fall wie die Rachekündigung, denn auch hier nutzt der Vermieter die Kündigung, um seinen «Herr-im-Haus»-Standpunkt durchzusetzen. Diesmal, um eine einseitige Vertragsänderung, der sich der Mieter widersetzt, doch noch realisieren zu können. Beispiel: Der Mieter erhält eine Teilkündigung. Er habe die Mansarde zu räumen. Der Mieter belehrt den Vermieter, das Mietrecht lasse keine Teilkündigung zu. Prompt erhält er darauf die Kündigung für die ganze Wohnung samt Mansarde. Diese wird er mit Erfolg anfechten. Auch die Nötigungskündigung ist seit dem 1. Juli 1990 eine strafbare Handlung und wird auf Antrag des Mieters strafrechtlich verfolgt. Der Mieter muss den Antrag innert drei Monaten nach Kenntnis der Widerhandlung stellen.

Anfechtungsgrund 3: Kauf oder zieh aus

Auch eine Form der Nötigung: Der Vermieter kündigt dem Mieter und unterbreitet ihm gleichzeitig das Angebot, die Wohnung im Stockwerkeigentum zu erwerben. Dieses Angebot kann er auch zum Voraus unterbreiten und die Kündigung erst aussprechen, nachdem der Mieter abgelehnt hat. So oder so ist die Kündigung anfechtbar.

Inzwischen tappen allerdings nur noch naive Vermieter in diese Falle. Weit risikoloser ist das Vorgehen, zunächst die Kündigung auszusprechen und diese auf Anfrage damit zu begründen, dass man die Absicht habe, die Wohnung zu verkaufen. Damit ist es dem Mieter überlassen, ein Kaufinteresse anzumelden. Die Verfügungsfreiheit über die Mietsache ist nur noch durch allfällig angemeldete Erstreckungsbegehren eingeschränkt.

Anfechtungsgrund 4: Familienschutz

Veränderungen in der Familie mehren nicht immer das Familienglück und auch nicht immer das Glück des Vermieters. Scheidung, Trennung, Tod eines Ehegatten, Nachwuchs, dauernde Aufnahme von Verwand-

ten – all das sind mögliche Marksteine im Familienleben, die für den Vermieter in der Regel keinen tauglichen Kündigungsgrund darstellen.
Beispiel: Das Mieterehepaar Moser ist seit kurzem geschieden. Herr Moser ist aus der gemeinsamen Wohnung ausgezogen, Frau Moser ist mit den beiden Kindern geblieben, Herr Bregenzer ist in die Wohnung eingezogen. Frau Moser teilt dies in einem Schreiben, das ihr Exgatte mit unterzeichnet, dem Vermieter mit. Herr Bregenzer erklärt sich bereit, solidarisch haftend in die mietvertraglichen Pflichten einzutreten. Der Vermieter kündigt, weil er eine Scheidung für amoralisch hält. Die Anfechtung der Kündigung wird erfolgreich sein.

Hingegen wird der Vermieter die Kündigung durchsetzen können, wenn ihm aus einer Veränderung der Familienverhältnisse handfeste Nachteile erwachsen. Dies kann so weit gehen, dass er nach dem Tod des Familienvaters der Witwe kündigen kann, falls er gute Gründe hat anzunehmen, die weitere Finanzierung des Mietzinses sei nicht mehr gesichert. Allerdings wird die Witwe, wenn nicht die Kündigung anfechten, so doch mit guten Erfolgschancen ein Erstreckungsbegehren stellen können.

Anfechtungsgrund 5: Kündigung während der Sperrfrist

Ist es zu einem Konflikt zwischen Vermieter und Mieter gekommen, steht der Mieter anschliessend unter dem besonderen Schutz des Gesetzes, sofern er von Schlichtungsbehörde oder Gericht zur Hauptsache Recht bekommen hat oder der Vermieter nicht alle Rechtsmittel ausgeschöpft hat. Während der Dauer von drei Jahren nach Abschluss des Verfahrens kann der Vermieter diesen Schutzschild nur unter klar begrenzten Bedingungen durchbrechen: dann nämlich, wenn der Mieter sich etwas zuschulden hat kommen lassen, was als hinreichender Grund für eine ausserordentliche Kündigung gilt (siehe Seite 186). Ausserdem kann der Vermieter die Sperrfrist ausser Kraft setzen, wenn er einen dringenden Eigenbedarf für sich, nahe Verwandte oder Verschwägerte als Kündigungsgrund angibt oder wenn er das Haus verkauft. Hingegen kann der Mieter in diesem Fall die Erstreckung des Mietverhältnisses verlangen.

Anfechtungsgrund 6: Verstoss gegen den Grundsatz von Treu und Glauben

Unter diesen weit gefassten Begriff fallen zunächst einmal alle unter den fünf vorgenannten Titeln aufgezählten Kündigungsgründe. Sie sind im Gesetz ausdrücklich erwähnt, weil sie besonders häufig vorkommen. Gegen Treu und Glauben kann der Vermieter aber in weiteren Fällen verstossen. Ein ebenfalls häufiger Fall: Der Vermieter spricht die Kündigung aus wegen Pflichtverletzung oder Zahlungsverzug; in der Überprüfung durch das Mietgericht stellt sich jedoch heraus, dass das Verschulden des Mieters nur geringfügig war.

Umstritten ist das Recht des Vermieters zu kündigen und nachher die Wohnung zu einem höheren Mietzins an einen anderen Mieter zu vermieten. Das Bundesgericht hat es in seinem Urteil vom 22. Februar 1994 grundsätzlich zugelassen, dass der Vermieter deswegen kündigt, vorausgesetzt, der vom neuen Mieter geforderte Mietzins ist nicht missbräuchlich. Zulässig ist eine Neuvermietung zu einem höheren Preis zweifellos nach Ablauf einer festen Vertragsdauer, auch wenn wegen einer so genannten Fortlaufklausel der Vermieter nach Ablauf von vielleicht fünf oder zehn Jahren kündigt. Er muss die Möglichkeit haben, namentlich bei Geschäftsmieten über einen neuen Mietzins sowohl mit dem bisherigen Mieter als auch mit Dritten unabhängig verhandeln zu können, ohne dass dies zur Anfechtbarkeit der Kündigung gegenüber dem bisherigen Mieter führt.

Das Mietverhältnis erstrecken: ein Ausweg in Härtefällen

Auch in anderem Zusammenhang redet man etwa davon, es werde jemandem «der Boden unter den Füssen weggezogen». Für den Mieter, der die Wohnung gegen seinen Willen verlassen muss, trifft dieses Bild besonders genau zu. Mit der Erstreckung des Mietverhältnisses, die auf maximal vier Jahre beschränkt ist, will das Gesetz diesem Mieter genügend Zeit lassen, damit er auf neuem Boden wieder Tritt fassen kann. Allerdings hat das Bundesgericht auch die Grenzen dieses Rechts deutlich gemacht: Die Erstreckung habe den Zweck, dem Mieter mehr Zeit für die Suche eines Ersatzobjekts zu geben, nicht dagegen, ihn möglichst lange von günstigem Mietraum profitieren zu lassen. Auch die Erstreckung befreit deshalb den Mieter nicht von vielen Unannehmlichkeiten, welche eine Kündigung mit sich bringen kann – sei dies eine höhere, aber verkraftbare Miete, ein längerer Arbeitsweg oder die weniger schöne Aussicht. Und schliesslich kommt in einem Erstreckungsverfahren immer auch die Interessenlage des Vermieters zur Sprache: Welche Konsequenzen hat es für ihn, dass ein Mieter länger in der Wohnung bleibt, und wie schwerwiegend sind sie?

Wann eine Erstreckung ausgeschlossen ist
Mieter Luginbühl hat seine Wohnung fristgemäss gekündigt, nachdem er mit seiner Freundin übereingekommen ist, dass er zu ihr ziehen werde. Noch während die Kündigungsfrist läuft, zerbricht die Beziehung. Mieter Luginbühl befürchtet, dass er bis zum Auszug aus der alten keine neue Wohnung finden werde und stellt, nachdem der Vermieter ihm nicht entgegengekommen ist, ein Erstreckungsbegehren. Dieses wird, soziale Härte hin oder her, abgelehnt. Denn eine Erstreckung ist von vornherein ausgeschlossen, wenn der Mieter selber gekündigt hat.

Einige weitere Gründe können dazu führen, dass der Mieter vergeblich für eine Erstreckung plädiert – darunter diejenigen, die den Vermieter zu einer ausserordentlichen Kündigung berechtigen.

- Der Mieter ist in Zahlungsverzug oder der Konkurs über ihn ist eröffnet und die künftigen Mietzinsen können nicht sichergestellt werden.
- Der Mieter hat seine Pflicht zur Sorgfalt und zur Rücksichtnahme schwer verletzt.
- Der Mietvertrag ist von vornherein nur für die Zeit bis zum Baubeginn oder bis eine Bau-, Umbau- oder Abbruchbewilligung vorliegt, abgeschlossen worden. Diese Bestimmung steht in einem gewissen Widerspruch zum mietrechtlichen Grundsatz, dass der Mieter im Voraus, also im Moment des Vertragsabschlusses, auf die Erstreckungsmöglichkeiten gar nicht gültig verzichten kann. In der Praxis werden die Gerichte Streitigkeiten, welche diesen Widerspruch als Ursache haben, wohl nach dem bewährten Grundsatz von Treu und Glauben beurteilen: Wer als Mieter einen Vertrag mit fester Dauer von zwei Jahren zu sehr günstigen Konditionen unterschreibt – im Wissen, dass der Vermieter nach Ablauf dieser Frist die Liegenschaft abbrechen will – und dann 60 Tage vor dem vertraglichen Mietende um Erstreckung nachsucht, wird vor Gericht auf geringes Verständnis stossen.
- Der Vermieter bietet dem Mieter eine gleichwertige Ersatzwohnung an. Diese kann dem Vermieter oder einem anderen Eigentümer gehören. Der Vermieter muss nur beweisen, dass die angebotene Wohnung tatsächlich zur Verfügung steht. Der Mieter ist gut beraten, diese Wohnung zumindest zu prüfen und sie nur abzulehnen, wenn er gute Gründe gegen die behauptete Gleichwertigkeit in Preis und Leistung aufbringen kann. Weist er die Wohnung zurück, nur weil der Balkon etwas schattiger ist und der Einbauschrank weniger tief, wird er danach kaum noch mit einer Erstreckung rechnen dürfen.

Die Voraussetzungen für eine Erstreckung
Der Mieter kann die Erstreckung immer dann verlangen, wenn ihn die Kündigung des Vermieters in ernsthafte Schwierigkeiten bringt. Dazu können verschiedene Umstände beitragen:
- *Situation auf dem örtlichen Wohnungsmarkt:* Je tiefer die Leerwohnungsziffer liegt, desto schwieriger wird es für den Mieter vermutlich sein, eine Ersatzwohnung zu finden. Bei einer Leerwohnungsziffer zwischen 1 und 1,5 Prozent spricht man von Wohnungsmangel, beträgt sie 0,5 Prozent oder weniger, von Wohnungsnot.
- *Familiäre und wirtschaftliche Verhältnisses des Mieters:* Wie auf dem Arbeitsmarkt gelten auch auf dem Wohnungsmarkt manche Personengruppen als schwer vermittelbar: Invalide, Alte, Menschen jeden Alters mit beredten Einträgen im Betreibungsregister oder anderen «Tolggen» in ihrem Lebensbuch, Angehörige von Minderheiten. Diesen Gruppen wird deshalb auch eher eine Erstreckung zugestanden. Geringes Verständnis hat die Rechtsprechung bisher für nichteheliche Lebens- und Wohngemeinschaften gezeigt, auch wenn sich diese mit Fug für benachteiligt bei der Wohnungssuche halten können. So wollte ein Basler Gericht im Umstand, dass eine grössere Wohngemeinschaft kaum fristgerecht eine neue gemeinsame Wohnung finden würde, keine soziale Härte für die Wohngemeinschaft als Einheit sehen. Eine Erstreckung könne nur erwogen werden, wenn die Situation für die einzelnen Mitglieder eine Härte bedeute.

    Leben in der Familie auch schulpflichtige Kinder, achten die Gerichte darauf, dass die Erstreckung einen Schul- oder Klassenwechsel entweder erspart oder diesen zumindest auf den Zeitpunkt des Übergangs von einem Schuljahr zum nächsten verlegt.

    Nach dem Buchstaben des Gesetzes sind neben den wirtschaftlichen Verhältnissen des Mieters auch diejenigen des Vermieters zu berücksichtigen. Zum Beispiel wird das Mietgericht bei einer Kündigung im Hinblick auf ein Umbauvorhaben auch die Frage aufwerfen, welcher finanzielle Schaden dem Vermieter entsteht, wenn der Umbau erheblich verzögert wird.
- *Verhalten des Mieters:* Hat der Mieter wiederholt zu Beanstandungen Anlass gegeben und vertragliche Pflichten verletzt, ist deswegen eine Erstreckung nicht ausgeschlossen. Sie wird aber sicher kürzer bemessen sein. Bei schwerwiegenden Verstössen des Mieters, die auch eine ausserordentliche Kündigung rechtfertigen würden, ist eine Erstreckung

> Stefan Auf der Maur
> Tillierstrasse 30
> 3005 Bern
>
> EINSCHREIBEN
>
> Mietamt der Stadt Bern
> Schlichtungsbehörde
> Waisenhausplatz 25
> 3011 Bern
>
> Bern, 1. Oktober 1999
>
> Sehr geehrte Damen und Herren
>
> Ich reiche hiermit folgende Erstreckungsklage ein.
>
> Rechtsbegehren
>
> Das Mietverhältnis über die Vierzimmerwohnung an der Tillierstrasse 30 in Bern sei für vier Jahre bis zum 31. März 2004 zu erstrecken. Das Verfahren richtet sich gegen den Vermieter, Herrn Fritz Müller, Tillierstrasse 30, Bern.
>
> Begründung
>
> Die Parteien haben am 1. Januar 1945 einen Mietvertrag abgeschlossen. Nachdem das Mietverhältnis nun schon über 50 Jahre anstandslos dauert, hat es der Vermieter auf den 31. März 2000 gekündigt. Diese Kündigung stellt für den unterzeichneten Mieter, der im 80. Lebensjahr steht, eine grosse Härte dar. Er lebt von der AHV und einer bescheidenen Rente zusammen mit seiner Ehefrau und dem geistig leicht behinderten Sohn. Die weitere Begründung erfolgt anlässlich der Verhandlung.
>
> Freundliche Grüsse
>
> Stefan Auf der Maur
>
> Beilagen
> Mietvertrag
> Kündigungsschreiben
>
> Orientierungskopie an den Vermieter

Begehren um Erstreckung des Mietverhältnisses

ausgeschlossen. Der Mieter darf deshalb nicht überrascht sein, wenn der Vermieter bei der Erstreckungsverhandlung zum Sankt Nikolaus wird und aus dem grossen Buch der Mietersünden zitiert: Wie in anderen Gerichtsverfahren kann jede Partei die Chance nutzen, dass auch zweifelhafte Argumente bei den Richtern einen Eindruck hinterlassen und das Gewicht in der einen oder anderen Waagschale

mehren. Bietet der Vermieter allerdings das Bild eines pedantischen Nörglers, wird er die Rute zum Schluss wohl eher selbst zu spüren bekommen.
- *Dauer des Mietverhältnisses:* Ein weiser Fingerzeig des Mietrechts – je länger jemand an derselben Adresse wohnt, umso stärker ist er in seinem Lebensraum verwurzelt und umso eher ist ihm eine grosszügige Frist zur Neuorientierung einzuräumen. Umgekehrt kann auch die Kündigung nach sehr kurzer Mietdauer eine Härte bedeuten: Eben erst hat sich der Mieter finanziell tüchtig verausgabt, um sich wohnlich einzurichten, da wird er schon wieder hinauskomplimentiert. In diesem Fall wird auch dem Motiv der Kündigung besonders sorgfältig nachgegangen. Sollte sich der Mieter einer kleinen Störung des Mietverhältnisses schuldig gemacht haben, hat der Vermieter noch kein schützenswertes Interesse an der Kündigung. Nach Treu und Glauben ist dem Mieter dann das Vertrauen entgegenzubringen, dass er nicht zum «Wiederholungstäter» wird.
- *Eigenbedarf des Vermieters:* Er war im alten Mietrecht der Alptraum jedes Mieters, der sich eine Erstreckung erhoffte. Eigenbedarf schloss nämlich die Erstreckung schlicht aus. Im neuen Mietrecht dagegen macht er, selbst wenn er dringlich ist, die Erstreckung nicht unmöglich, führt jedoch generell zu eher knappen Fristen und zu einem höheren Anspruch an die Beweise, mit denen der Mieter die für ihn entstehende Härte belegt. Die Rechtspraxis sieht den «Eigenbedarf» des Vermieters nicht allzu eng, sondern billigt ihm diesen auch zu, wenn er die Wohnung nahen Verwandten (bis hin zu Nichten und Neffen) zuhalten will. Entscheidend ist nicht allein die Nähe der Verwandtschaft, sondern auch die besondere persönliche Beziehung zwischen dem Eigentümer und dem Verwandten. Hingegen rechtfertigt eine vor allem wirtschaftliche Beziehung die Vorzugsbehandlung unter dem Titel Eigenbedarf nie: Wer die Wohnung auf diesem Weg dem langjährigen Chefbuchhalter zuhalten will, erleidet vor Mietgericht Schiffbruch.

Erstreckungsdauer: maximal vier Jahre – in ein bis zwei Raten
Das Mietrecht sieht eine maximale Erstreckungsdauer von vier Jahren vor. Diese Höchstgrenze gewähren die Gerichte jedoch nur in extremen Härtesituationen. Häufiger eröffnen sie dem Mieter bei Gewährung einer ersten, relativ kurzen Erstreckungsdauer die Möglichkeit, nach

Ablauf um eine zweite (und letzte) Erstreckung nachzusuchen. Der Richter kann allerdings zum vornherein nur eine einmalige Erstreckung gewähren. Ein zweites Erstreckungsgesuch ist damit ausgeschlossen.
- In einem Zweifamilienhaus wohnen der Eigentümer und ein betagter Mieter. Nachdem die beiden lange Zeit befreundet waren, zerstreiten sie sich. Der Eigentümer kündigt den Mietvertrag. In der Verhandlung gewinnen die Mitglieder der Schlichtungsbehörde den Eindruck, dem Vermieter könne eine einmalige Erstreckung um zwei Jahre ohne weiteres zugemutet werden, und fällen demgemäss ihren Entscheid.
- In einem Zweifamilienhaus wohnen der Eigentümer und ein betagter Mieter. Im Unterschied zum obigen Beispiel stehen sie in einem ungestörten Verhältnis zueinander. Jedoch verunfallt der einzige Sohn des Eigentümers schwer und wird dauernd pflegebedürftig. Die Eltern möchten den Sohn in der zweiten Wohnung aufnehmen. Obwohl in diesem Fall die Härte für den betagten Mieter nicht kleiner ist, verfügt die Schlichtungsbehörde eine Erstreckung von nur ein bis zwei Monaten oder kommt sogar zum Schluss, der dringliche Eigenbedarf des Eigentümers gehe hier jedem anderen Parteieninteresse vor, und verweigert dem Mieter die Erstreckung ganz.
- Ein Student, Mieter einer Einzimmerwohnung in nächster Nähe der Universität, erhält die Kündigung. Er verlangt Erstreckung, da die dreimonatige Kündigungsfrist nicht ausreiche, um eine gleichwertige, ähnlich günstige Wohnung zu finden. In der Verhandlung stellt die Schlichtungsbehörde fest, dass der Student in der Zwischenzeit eine Ersatzwohnung nur in gleicher Entfernung zur Universitat wie bisher gesucht hat. Es sei ihm zuzumuten, argumentiert die Behörde, dass er in einer etwas grösseren Distanz zur Uni wohne, und er hätte seine Suche entsprechend ausdehnen müssen. Sie billigt ihm nur eine kurze Erstreckung von einem Monat zu.
- Eine kinderreiche türkische Familie muss wegen des geplanten Umbaus der Liegenschaft ihre billige Altwohnung verlassen. Sie ist von drei Mietparteien die einzige, die um Erstreckung gebeten hat. Da sie erfahrungsgemäss nur mit Mühe eine günstige Ersatzwohnung finden wird, erhält sie eine erste Erstreckung von drei Monaten, wobei ihr nahe gelegt wird, nicht nur in der Stadt selbst, sondern auch in den ans Stadtgebiet unmittelbar angrenzenden Gemeinden zu suchen. Nachdem die Suche zwar intensiv war, aber erfolglos geblieben ist,

spricht die Schlichtungsbehörde der Familie eine zweite Erstreckung von gleicher Länge zu. Wenn die Familie auch in dieser letzten Frist nichts findet, bleibt ihr nur der Gang zum Sozialamt, das eine Notunterkunft zur Verfügung stellen wird, bis die Familie irgendwann doch wieder zu einer normalen Wohnung kommt.

Die Spielregeln für das Mietverhältnis während der Erstreckung
Die Erstreckung belässt sowohl dem Mieter als auch dem Vermieter die meisten vertraglich und gesetzlich festgelegten Rechte und Pflichten. Mit der Ausnahme natürlich, dass der Vermieter keine Kündigung aussprechen kann – es sei denn, der Mieter verletze seine Pflichten in einem Mass, das eine ausserordentliche Kündigung rechtfertigen würde. Während der Erstreckung darf auch der Mietzins nach den üblichen Regeln verändert werden; vor Mietzinserhöhungen ist der Mieter also nicht gefeit, kann anderseits aber auch Mietzinssenkungen verlangen oder eine Herabsetzung des Mietzinses, wenn der Vermieter die Wohnung nicht mehr pflichtgemäss unterhält. Mieter und Vermieter können überdies bereits im Erstreckungsverfahren verlangen, dass der Vertrag veränderten Verhältnissen angepasst wird.

Der Mieter geniesst während der Erstreckung besondere Kündigungsrechte, die entweder im Erstreckungsentscheid festgelegt oder durch das Gesetz selbst geregelt werden. Findet er eine passende Wohnung und bezieht diese bereits vor Ende der gewährten Erstreckung, kann er nach dem Gesetz bei höchstens einjähriger Erstreckungsdauer das alte Mietverhältnis mit einer einmonatigen Kündigungsfrist auf Ende jedes Monats kündigen. Bei längeren Erstreckungsfristen beträgt die Kündigungsfrist drei Monate.

Will sich der Mieter, dem eine erste Erstreckung zugesprochen wurde, die Chance auf eine zweite bewahren, muss er fleissig Belege für seine Bemühungen um eine neue Wohnung sammeln. Denn im Schlichtungsverfahren, das er für die zweite Erstreckung anstrengt, werden die Behörden von ihm Beweise verlangen, dass er sich in der Zwischenzeit ernsthaft und ausdauernd auf Wohnungssuche begeben hat. Das Begehren um eine zweite Erstreckung ist im Übrigen spätestens 60 Tage vor Ablauf der ersten einzureichen.

Fristen und Termine: die Kündigungsagenda

	Einreichungsfrist	Empfänger
Ordentliche Kündigung des Vermieters	Spätestens am letzten Werktag vor Beginn der Kündigungsfrist	Mieter
Vorzeitige (ausserordentliche) Kündigung des Vermieters	Einmonatige Frist auf das Ende jedes Monats	Mieter
Anfechtung	Innert 30 Tagen nach Empfang der Kündigung	Schlichtungsbehörde
Erstreckungsbegehren	Innert 30 Tagen nach Empfang der Kündigung bei unbefristetem Mietverhältnis; spätestens 60 Tage vor Ablauf der Vertragsdauer bei befristetem Mietverhältnis	Schlichtungsbehörde
Begehren um zweite Erstreckung	Spätestens 60 Tage vor Ablauf der ersten Erstreckung	Schlichtungsbehörde
Anrufung des Gerichts gegen den Entscheid der Schlichtungsbehörde	Innert 30 Tagen nach dem Entscheid der Schlichtungsbehörde	Miet-, Bezirks-, Amtsgericht (je nach Kanton)
Mieterkündigung innerhalb einer maximal einjährigen Erstreckung	Einmonatige Frist auf Ende jedes Monats oder gemäss Erstreckungsvereinbarung	Vermieter
Mieterkündigung innerhalb einer über einjährigen Erstreckung	Mit dreimonatiger Frist auf einen gesetzlichen Termin oder gemäss Erstreckungsvereinbarung	Vermieter

➤ *Der Vermieter geniesst Kündigungsfreiheit. Sie ist eingeschränkt durch das Recht des Mieters, den Kündigungsgrund zu erfahren und missbräuchliche Kündigungen abzuwehren.*

➤ *Die gesetzlichen, minimalen Kündigungsfristen betragen drei Monate für Wohnungen und zwei Wochen für möblierte Zimmer. Vertraglich vereinbarte längere Kündigungsfristen sind genauso verbindlich wie die gesetzlichen Mindestfristen.*

➤ *Macht sich der Mieter schwerer Verstösse gegen seine Pflicht zur Sorgfalt und zur Rücksichtnahme schuldig oder gerät er mit der Mietzinszahlung in Verzug, kann der Vermieter, nachdem er zuvor schriftlich gemahnt hat, die ausserordentliche Kündigung aussprechen. Für diese gilt eine Frist von nur 30 Tagen auf das Ende jedes Monats. Auch die ausserordentliche Kündigung ist anfechtbar.*

➤ *Als Mieter können Sie jede Kündigung, die Grund zur Annahme gibt, sie sei missbräuchlich, bei der Schlichtungsbehörde anfechten. Bekommen Sie Recht, gilt die Kündigung als nicht ausgesprochen, und der Vermieter kann während der nächsten drei Jahre nur «in schwerwiegenden Fällen» kündigen. Beurteilt die Schlichtungsbehörde die Kündigung als rechtens, können Sie das Gericht anrufen. Empfinden Sie die Kündigung als Härte, sollten Sie gleichzeitig mit der Anfechtung der Kündigung zur Sicherheit vorsorglich die Erstreckung des Mietverhältnisses verlangen.*

➤ *Ein Mietverhältnis kann bis maximal vier Jahre erstreckt werden, wenn die Kündigung für den Mieter eine grosse Härte bedeutet. Diese wird besonders dann angenommen, wenn am Wohnort Wohnungsmangel oder -not herrscht oder wenn aufgrund der persönlichen und familiären Verhältnisse sowie der Einkommenssituation des Mieters voraussehbar ist, dass er nur mit grosser Mühe innerhalb der ordentlichen Kündigungsfrist eine gleichwertige Wohnung finden wird. Nach einer erstmaligen Erstreckung kann spätestens 60 Tage vor Ablauf der Erstreckungsdauer eine zweite und letzte Erstreckung verlangt werden.*

➤ *Mieter und Vermieter können sich auch ohne den Beizug der Schlichtungsbehörde über den Rückzug einer Kündigung oder eine Erstreckung einigen. Dennoch sollten Sie als Mieter vorsorglich die Anfechtung der Kündigung und/oder das Erstreckungsbegehren bei der Schlichtungsbehörde deponieren. Sie können dieses Begehren jederzeit ohne Kostenfolge wieder zurückziehen.*

15. Eigentümerwechsel

Der neue Herr im Haus

Kauf bricht Miete – dieser Grundsatz galt noch im alten Mietrecht und bedeutete für den Mieter, dass der neue Eigentümer seiner Wohnung praktisch nach Belieben die Kündigung aussprechen konnte. Das neue Mietrecht schützt den Mieter besser – aber noch immer ist ein Eigentümerwechsel häufig mit Risiken oder Nachteilen für ihn verbunden.

Gesetz: Artikel 261, 269, 271a 1c, 271a 3a und 3d
Verordnung: Artikel 10

Das Recht aufs Kasse-Machen

Jedem Eigentümer – nicht nur dem Hauseigentümer – ist es jederzeit unbenommen, seinen Besitz zu veräussern. In der Regel sind die Eigentumsverhältnisse bei Liegenschaften so stabil wie kaum bei einem anderen Sachwert. Immobilien, die in Privatbesitz sind, werden oft über mehrere Generationen vererbt, und für institutionelle Anleger sind Renditehäuser die Langfristanlage par excellence. Dennoch gibt es natürlich immer wieder Gründe, die zu einem Verkauf führen können:

- Hauseigentümer profitieren in einer Immobilienhausse von den hohen (gemessen am Ertragswert eigentlich überrissenen) Preisen und realisieren den ausserordentlichen Gewinn.
- Erben einer Liegenschaft sind uneinig über die weitere Verwendung.
- Hauseigentümer müssen sich von ihrem Besitz trennen, weil sie sich überschuldet haben.
- Der private Hauseigentümer einer abbruchreifen Liegenschaft will oder kann nicht selber neu bauen.
- Immobilienfonds müssen Anteilscheine in grosser Zahl zurücknehmen und sind deshalb zu einem Teilverkauf ihres Häuserparks gezwungen.

Für den Mieter, dessen Wohnung verkauft wird, stellen sich in jedem Fall zwei Fragen: Kann er in der Wohnung bleiben? Und wenn ja, zu welchem Preis?

Der Mietvertrag läuft weiter

Gegenüber seinem Mieter hat ein Vermieter Rechte und Pflichten. Verkauft er die Liegenschaft, gehen diese Rechte und Pflichten an den neuen Eigentümer über. Das Mietverhältnis bleibt von einem Eigentümerwechsel also zunächst unberührt. Und alle Bestimmungen zum Schutz des Mieters gelten grundsätzlich unverändert. Besonders wichtig: die Missbrauchsbestimmungen bezüglich Mietzinserhöhung und Kündigung. Ihre Anwendung bei Eigentümerwechseln wird im Folgenden erläutert.

Mietzinserhöhung: der Neue will auf seine Rechnung kommen

Der neue Eigentümer übernimmt mit den Mietverträgen auch die geltenden Mietzinsvereinbarungen inklusive ihrer Vorgeschichte. Im Kapitel «Mietzinserhöhung» (siehe Seite 132) ist der wichtige Grundsatz der relativen Betrachtungsweise erläutert worden: Der Mieter darf davon ausgehen, der jeweils neu vereinbarte Zins reiche aus, dem Vermieter einen genügenden Ertrag zu sichern. Gemäss einem Bundesgerichtsurteil vom 25. Januar 1994 darf jedoch der neue Eigentümer, der für die Liegenschaft einen marktgerechten Preis bezahlt hat, zur absoluten Methode übergehen und eine Mietzinsanpassung vornehmen, auch wenn der frühere Vermieter gegenüber dem Mieter keinen Vorbehalt angebracht hat. Die relative Berechnungsmethode kann den Erwerber einer Liegenschaft also nicht davon abhalten, Mietzinserhöhungen aufgrund des Kaufpreises zu verlangen, soweit dieser Kaufpreis nicht als übersetzt eingestuft wird.

Die Abgrenzung zwischen dem gerechten Preis für das Mietobjekt und einem «offensichtlich übersetzten Kaufpreis» ist kompliziert und muss aufgrund der konkreten Umstände (Preisniveau in der Umgebung, Zustand der Liegenschaft) für jeden Einzelfall neu vorgenommen werden. Sind die Mieter im Zweifel, ob der Mietzins des neuen Eigentümers wirklich rechtens ist, sollten sie sich an die Schlichtungsbehörde wenden.

- Herr Moser hat ein grosses Vermögen geerbt. Ein ihm wohlgesinnter Freund bringt ihn mit einem Immobilienmakler zusammen. Moser erwirbt in der Folge ein erst einjähriges Mehrfamilienhaus, für das der Erstbesitzer 4 Millionen Franken bezahlt hatte, zu einem Preis von 4,5 Millionen. Die laufenden Mietverträge enthalten alle einen Mietzinsvorbehalt, wonach der Vermieter das Recht hat, zur Erzielung der kostendeckenden Bruttorendite eine Erhöhung um 20 Prozent des Nettomietzinses vorzunehmen. Moser stellt fest, dass diese Erhöhung nun nicht mehr ausreicht, da er ja zusätzlich den Gewinn des Vorbesitzers und etliche Gebühren hat finanzieren müssen, und macht deshalb eine Erhöhung der Mietzinsen um 25 Prozent geltend. Prompt fechten sechs von acht Mietern die Erhöhung, soweit sie die vorbehaltenen 20 Prozent übersteigt, an – und bekommen Recht. Die Schlichtungsbehörde belehrt Herrn Moser, dass es unbillig wäre, die Kosten eines Eigentümerwechsels nach so kurzer Zeit auf die Mieter zu überwälzen. Moser kontert mit dem Argument, auch nach einer Mietzinserhöhung von 25 Prozent erziele er keinen übersetzten Ertrag. Die Schlichtungsbehörde hält ihm entgegen, der Kaufpreis von 4,5 Millionen, auf dem seine Ertragsrechnung basiere, sei übersetzt. Moser zieht vor Gericht. Dieses holt ein Gutachten ein und bestätigt die Auffassung der Schlichtungsbehörde: Es bleibt bei einem Aufschlag von 20 Prozent.

- Elektroingenieur von Steiger will eine eigene Firma gründen und beschafft sich das Startkapital durch den Verkauf des geerbten Mehrfamilienhauses. Das 35-jährige Haus wurde vor sieben Jahren umfassend renoviert, die Mietzinsen wurden dabei den üblichen Berechnungssätzen entsprechend angehoben. Seither gab es keine Mietzinserhöhungen mehr. Der beauftragte Makler verkauft das Haus zu einem Preis, der mit den aktuellen Mietzinsen eine Bruttorendite von 4 Prozent ermöglicht, was exakt dem zurzeit massgeblichen Hypothekarzinssatz entspricht. Der Makler belegt jedoch hinreichend, dass diese Mietzinsen rund 20 Prozent unter den orts- oder quartierüblichen liegen. Der neue Eigentümer eröffnet darauf den Mietern, dass die Zinsen zur Anpassung an die Orts- oder Quartierüblichkeit auf den nächstmöglichen Termin um 30 Prozent angehoben werden. Acht von zehn Mietern akzeptieren murrend, zwei fechten die Erhöhung als missbräuchlich an. Die Schlichtungsbehörde kommt zum Schluss, dass der Vermieter den Erhöhungsgrund korrekt belegen kann, und belehrt die Mieter, dass eine «Überanpassung» um zehn Prozent in der Regel zu dulden sei, da der vergleichsweise ermittelte ortsübliche Mietzins ja einen Durchschnittswert darstelle. Zudem könne der neue Vermieter durch Offenlegung seiner Bücher beweisen, dass er für das Objekt keinen übersetzten Preis bezahlt habe und auch keinen übersetzten Ertrag erziele.

Kündigung: neuer Eigentümer – neue Verwendung
Vielleicht hat der neue Eigentümer gar nicht die Absicht, seinen Besitz im gleichen Sinn wie der Vorgänger zu verwenden? Plant eine Umnutzung, einen weitgehenden Umbau oder will selber einziehen? So oder so gelten für ihn die gleichen Einschränkungen der Kündigungsfreiheit wie für den Vorbesitzer, und er «erbt» die Mietverhältnisse mitsamt ihrer Vorgeschichte. Mit einer Ausnahme: Macht der neue Besitzer sofort nach Antritt seines Eigentums einen dringenden Eigenbedarf geltend, kann er den Mietern auf den nächstmöglichen gesetzlichen Termin kündigen. Dieses Recht hat er auch bei langfristigen Verträgen, wobei der Mieter für Kosten, die ihm aus dem vorzeitigen Auszug entstehen, beim Vorbesitzer Schadenersatz fordern kann. Verkäufer von Liegenschaften, deren Mieter langfristige Verträge haben, verpflichten den Käufer deshalb ihrerseits dazu, diese laufenden Verträge ebenfalls einzuhalten.

Der Mieter kann der Kündigung des neuen Eigentümers genau gleich begegnen, wie wenn der Vorbesitzer die Kündigung ausgesprochen hätte, nämlich mit Anfechtung und Erstreckungsbegehren (siehe Kapitel «Kündigung durch den Vermieter», Seite 189).

- Die Firma Dynamag mit Sitz an einem aufstrebenden Bezirkshauptort expandiert und braucht zusätzlichen Ausstellungsraum. Sie interessiert sich für das an den bestehenden Geschäftssitz angebaute Wohnhaus. Die Baubehörde am Ort signalisiert, einer Umnutzung von Wohn- in Geschäftsräume stehe nichts entgegen. Die Dynamag kauft das Wohnhaus. Nachdem die Umbaubewilligung vorliegt, kündigt sie den Mietern und setzt die Frist auf sechs statt, wie vertraglich vereinbart, drei Monate fest. Einer von drei langjährigen Mietern verlangt Erstreckung um drei Monate, da er soeben eine Wohnung im Stockwerkeigentum erworben habe, die erst drei Monate nach Ablauf der Kündigungsfrist bezugsbereit sein werde. Die Firma Dynamag erklärt, ein verzögerter Baubeginn brächte für sie unverhältnismässig hohe Kosten, da die neuen Ausstellungsräume in diesem Fall erst zu Ende der nächsten Hauptsaison statt, wie geplant, zu Beginn bezugsbereit wären. Die Schlichtungsbehörde macht darauf aufmerksam, dass so kurze Erstreckungen in der Regel gewährt werden, wenn dem Mieter dadurch eine teure und umständliche «Zwischenlösung» erspart bleibe. Darauf erklärt sich die Dynamag bereit, dem Mieter sämtliche Kosten einer Zwischenlösung bis zum Betrag von 15 000 Franken zu finanzieren. Der Mieter akzeptiert.
- Handwerker Gubler führte beim Bau einer Reihenhaussiedlung einen Grossauftrag aus und musste dafür eines der Häuser an Zahlungs Statt nehmen. Weil er es nur zu einem tiefen Preis hätte verkaufen können, vermietete er es auf fünf Jahre fest, zu einem Mietzins, der gerade ausreichte, um die Bankschuld zu verzinsen. Nach zwei Jahren jedoch – der Hypothekarzinssatz ist, rascher als angenommen, deutlich gesunken – hält er den Moment zum Verkauf für günstig. Der Mieter hat zwar ein Vorkaufsrecht, macht davon aber keinen Gebrauch. Gubler verkauft das Haus an einen Dritten. Dieser kündigt dem bisherigen Mieter auf den nächsten gesetzlichen Termin und macht dringenden Eigenbedarf geltend. Die Schlichtungsbehörde sieht in dieser Kündigung für den Mieter, der über ein hohes Einkommen verfügt, keine Härte und weist das Erstreckungsbegehren ab. Hingegen macht sie den Mieter darauf aufmerksam, dass er vom

Vorbesitzer der Liegenschaft Schadenersatz verlangen könne, falls die neue Wohnung, die er beziehe, vergleichsweise teurer sei.

Heikler Fall: der Mieter soll selber neuer Eigentümer werden
Weil Immobilienkäufer, die auf schnelle Gewinne aus sind, sich ungern mit Mietern herumschlagen, die ihnen bei jeder Gelegenheit das Mietrecht unter die Nase halten, kleiden sie ihr Gewinnstreben gern ins Mäntelchen der Wohneigentumsförderung: Sie bieten die Wohnungen zum Kauf an. Das ist für den Mieter nicht von vornherein nachteilig. Ob er auf das Angebot eingeht, wird – neben dem Preis – beispielsweise davon abhängen, wie wohl er sich in der Wohnung tatsächlich fühlt, wie fest er am Wohnort verwurzelt ist und noch von vielen anderen Punkten mehr, die so sorgfältig zu prüfen sind, wie wenn der Mieter aus eigenem Antrieb nach Wohneigentum Ausschau halten würde. Ist er grundsätzlich bereit, einen Kauf in Erwägung zu ziehen, nimmt er sicher auch den Dienst von Beratern in Anspruch, die ihm helfen, seine Interessen bestmöglich wahrzunehmen: Bankfachleute, Experten des Hauseigentümerverbands oder des Verbands der Immobilientreuhänder. Wichtig ist ausserdem das Gespräch mit den Nachbarn im Haus. Wie stellen sie sich zum Angebot? Könnten die Mieter vielleicht gemeinsam eine Wohngenossenschaft gründen? Zeichnet sich ab, dass es nur zu einem teilweisen Verkauf kommen wird und dann künftig vielleicht die Hälfte der Bewohner Eigentümer ist und die andere Hälfte weiterhin Mieter, was zu unübersichtlichen verfügungsrechtlichen Verhältnissen führt? Das Thema «Erwerb von Wohneigentum» ist komplex und sprengt den Rahmen dieses Ratgebers. Hier sei vor allem geschildert, wie sich der Mieter verhält, der Mieter bleiben will.

Stehen Kündigung und Kaufangebot in einem eindeutigen Zusammenhang, kann die Kündigung angefochten werden, weil sie offensichtlich als Druckmittel eingesetzt wird. Dasselbe gilt, wenn der Vermieter die Kündigung ausspricht und gleichzeitig neue Verträge mit höheren Mietzinsen offeriert. Wird die Kündigung daraufhin für missbräuchlich erklärt, geniesst der Mieter einen dreijährigen Kündigungsschutz. Erhält aber der Mieter die Kündigung und nennt der Vermieter auf Verlangen als Grund, dass er die Wohnungen im Stockwerkeigentum verkaufen wolle, ist diese Kündigung nicht missbräuchlich, da sie nicht mit einem Kaufangebot gekoppelt ist. Der Mieter kann in diesem Fall nur noch ein Erstreckungsbegehren stellen.

- Der Immobilienkaufmann Grosspeter hat sich übernommen. Nach einer raschen Ausweitung seines Liegenschaftenparks, den ihm die Hausbank mit bis zu 95-prozentiger Belehnung des Anlagewerts finanzierte, gerät er in einen peinlichen Engpass, als er eine seiner Neuüberbauungen wegen der hohen Mietzinsen bei gleichzeitig unattraktiver Wohnlage nur zu einem Viertel vermieten kann. Er entschliesst sich, zur Beschaffung flüssiger Mittel in einer voll vermieteten Liegenschaft mit Baujahr 1990 Stockwerkeigentum zu begründen. Er kündigt seinen Mietern und bietet ihnen die Wohnung gleichzeitig zum Kauf an. Die Mieter beschliessen, die Kündigungen anzufechten, worauf jeder von ihnen einzeln an die Schlichtungsbehörde gelangt. Diese hebt sämtliche Kündigungen auf, weil sie nur ausgesprochen worden sind, um die Mieter zum Kauf der Wohnung zu veranlassen. Sämtliche Mietverhältnisse sind grundsätzlich für die nächsten drei Jahre nicht mehr kündbar (Sperrfrist).

➤ *Wechselt eine Mietliegenschaft den Eigentümer, gehen die Mietverträge mit allen Rechten und Pflichten an den neuen Eigentümer über. Dieser hat auch die gleiche Kündigungsfreiheit wie der Vorbesitzer. Die Kündigung ist nur anfechtbar, wenn sie missbräuchlich ist.*

➤ *Kündigungen, mit denen der Mieter zum Kauf der Wohnung veranlasst werden soll, sind missbräuchlich.*

➤ *Hat der neue Vermieter die Liegenschaft für den Eigenbedarf erworben, kann er das Mietverhältnis auch bei langfristigen Verträgen auf den nächsten gesetzlichen Termin kündigen, wenn der Eigenbedarf dringend ist. Als Mieter können Sie jedoch, wenn Ihnen dadurch Kosten entstehen, vom früheren Eigentümer Schadenersatz fordern.*

➤ *Ein neuer Eigentümer kann keine Mietzinserhöhungen vornehmen, die dazu dienen, ihm trotz eines übersetzten Kaufpreises einen genügenden Ertrag zu sichern.*

16. Kündigung durch den Mieter

Auf zu neuen Ufern!

Im Durchschnitt wechselt der Schweizer alle acht Jahre die Wohnung. Viel häufiger endet ein Mietverhältnis auf Initiative des Mieters als durch die Kündigung des Vermieters. Einzige Einschränkung für die Kündigungsfreiheit des Mieters: Er muss sich an die vertraglichen oder gesetzlichen Fristen halten. Bei einem vorzeitigen Auszug kann er sich aus dem Vertrag lösen, wenn er einen zumutbaren Ersatzmieter stellt.

Gesetz: Artikel 264, 266, 266a, 266c–e, 266g, 266i, 266l, 266m, 266o, 271

Der Normalfall: die fristgerechte Kündigung

Vertraglich vereinbarte oder gesetzliche Kündigungsfristen sind für Mieter und Vermieter gleichermassen bindend. Sie betragen für Wohnungen mindestens drei Monate, für möblierte Zimmer mindestens zwei Wochen. Auch der Mieter hat schriftlich zu kündigen (Einschreiben dringend empfohlen), und das Schreiben muss dem Vermieter am letzten Tag vor Beginn der Kündigungsfrist vorliegen. Für den Vermieter gilt dabei nicht die gleiche Regel wie für den Mieter, dem zum Abholen seiner Post unter Umständen sieben Tage Abholfrist eingeräumt werden, sondern es wird die Geschäftsusanz angenommen, dass er täglich «sein Haus bestellt». Der nicht oder zu spät abgeholte Einschreibebrief gilt als an dem Tag zugestellt, an dem er gemäss Abholungseinladung erstmals auf der Post abgeholt werden kann. Um Konflikten wegen Terminüberschreitung vorzubeugen, empfiehlt es sich immerhin, die Kündigung spätestens drei Werktage vor Beginn der Kündigungsfrist abzusenden. Sind im Vertrag keine Kündigungstermine genannt, gelten die ortsüblichen (Übersicht im Anhang, Seite 266).

Ein Vertrag, der auf feste Dauer abgeschlossen worden ist («Das Mietverhältnis endet am …»), muss nicht gekündigt werden. Wird das Mietverhältnis jedoch über die vereinbarte Dauer hinaus stillschweigend fortgesetzt, gelten fortan die gesetzlichen Kündigungsfristen und die ortsüblichen Termine.

Stirbt ein Mieter, können seine Erben das Mietverhältnis auf den nächsten gesetzlichen Termin innert der gesetzlichen Frist kündigen. Diese Regel gilt auch bei langfristigen Verträgen.

Der Ausnahmefall: die fristlose Kündigung

Weist eine Wohnung schwere Mängel auf, die der Vermieter nicht innert gebotener Frist behebt, kann der Mieter fristlos von Vertrag zurücktreten. Die Mängel müssen allerdings so schwerwiegend sein, dass sie das weitere Verbleiben in der Wohnung als unzumutbar erscheinen lassen. In diesem Fall haftet der Vermieter auch für alle Unkosten (beispielsweise die Hotelkosten, bis die neue Wohnung bezugsbereit ist), sofern er ein Verschulden an der Situation hat. Da hier rasch einmal hohe Streitsummen auflaufen, ist der Mieter gut beraten, dieses Recht nicht ohne anwaltschaftliche Beratung wahrzunehmen (siehe auch Kapitel «Mängel», Seite 153).

Teilkündigung unmöglich!

«Meine Exfreundin, mit der zusammen ich die Wohnung seinerzeit gemietet habe, ist im Streit ausgezogen und weigert sich seither, die Kündigung mit zu unterschreiben. Ich könnte zu meiner neuen Freundin in eine günstige Wohnung ziehen und muss stattdessen hier für den ganzen Mietzins aufkommen!»
Eine ungemütliche Lage. Denn das Gesetz hält ausdrücklich fest, dass es zur Auflösung eines Mietvertrags der gleichen Mieterunterschriften bedarf wie bei dessen Abschluss. Dieser Mieter hat deshalb nur zwei Möglichkeiten: Er schildert seinem Vermieter die Situation und bittet ihn, seinerseits die Kündigung auszusprechen. Oder er geht mit der Exfreundin vor Gericht (rechtlich steht die Auflösung einer einfachen Gesellschaft aus wichtigen Gründen zur Diskussion). Um derartigen Konflikten vorzubeugen, sollten sich Konkubinatspaare und andere Mietergemeinschaften, die einen Mietvertrag solidarisch haftend unterzeichnen, bereits bei der Vertragsunterzeichnung über das Vorgehen bei einem Auseinanderbrechen der Gemeinschaft einigen (siehe Kapitel «Mietvertrag», Seite 33).
Die gleiche Regel gilt für Familienwohnungen: Mag der Ehemann noch so sehr dem Machismo huldigen, die Wohnung kann er doch nur mit ausdrücklicher Zustimmung (sprich Unterschrift) seiner Gattin kündigen.
Und eine letzte Form der unstatthaften Teilkündigung: Wer neben der Wohnung mit gleichem Mietvertrag auch noch einen oder zwei Garagenplätze oder einen Bastelraum gemietet hat, kann weder Garage noch Zusatzraum später getrennt von der Wohnung kündigen. Er ist hier auf das Entgegenkommen des Vermieters angewiesen.

Die vorzeitige Kündigung: ein Vertragsbruch des Mieters

Nehmen wir die harmonische Variante vorweg: Mieter und Vermieter können jederzeit übereinkommen, das Mietverhältnis auf einen ihnen beiden gleichermassen genehmen Zeitpunkt zu beenden. Sie sind dann an keine gesetzlichen Fristen und Termine gebunden.

Fast immer geht der Wunsch, zu Unzeit aus dem Vertrag entlassen zu werden, einseitig vom Mieter aus: Er zieht beispielsweise in einen anderen Kanton mit anderen Kündigungsterminen und steht vor der Wahl, entweder einen Monat lang ohne Wohnung zu sein, zwei Monate lang zwei Mieten zu zahlen oder eben die alte Wohnung vorzeitig zu kündigen. Wohnungen werden zudem oft so kurzfristig zur Neuvermietung ausgeschrieben, dass der Mieter gar keine Chance mehr hat, die alte Wohnung fristgerecht zu kündigen.

Mit der vorzeitigen Kündigung verletzt der Mieter den Vertrag und haftet für den Mietzinsausfall bis zum nächstmöglichen Kündigungstermin sowie für die Mehrkosten, die dem Vermieter dadurch entstehen, dass er in relativer Eile einen Nachmieter finden muss. Nun zeigt das Gesetz aber viel Verständnis für den Mieter und legt fest, dass er sich aus seinen vertraglichen Pflichten befreien kann, indem er einen für den Vermieter zumutbaren neuen Mieter vorschlägt.

Der zumutbare Ersatzmieter ist das Ebenbild des Vormieters
Entscheidende Frage: Wann ist ein Ersatzmieter zumutbar? Obwohl sich kein verbindliches Phantombild konstruieren lässt, gibt's doch einige objektive Kriterien:
- Er weist ähnlich Eigenschaften (oder noch erfreulichere) wie der bisherige Mieter auf, wird also vermutlich ebenso gut zur Hausgemeinschaft passen. Geringfügige Abweichungen muss der Vermieter akzeptieren. Ein Ehepaar ohne Kinder kann ein Ehepaar mit Kindern vorschlagen, sofern die Wohnung gross genug ist und im Haus bereits Familien mit Kindern wohnen. Ein verheiratetes darf ein unverheiratetes Paar vorschlagen. Ein Ausländer mit Niederlassungsbewilligung kann einen Schweizer ersetzen. In einem ruhigen Haus muss der Vermieter dagegen keine Berufsmusiker dulden, in einem Mietobjekt ohne Haustiere keine Ersatzmieter mit deutschen Doggen. Wohnt der Vermieter selbst im Haus, darf er eher subjektive Kriterien geltend machen (zum Beispiel keine Konkubinatspaare).
- Er ist bereit, den Vertrag zu den bestehenden Konditionen zu erfüllen, ist zahlungsfähig und gut beleumdet. Dass der Ersatzmieter zahlungsfähig sein muss, verlangt das Gesetz. Das Bundesgericht hat aber festgestellt, dass der Vermieter nicht auf mangelnde Zahlungsfähigkeit eines Ersatzmieters schliessen darf, nur weil dieser einen Drittel seines Einkommens oder sogar etwas mehr für Miete und Nebenkosten aufwenden muss. Viele Personen, vor allem junge Paare, haben eine derart hohe Belastung zu tragen.

Der Vermieter darf einen zumutbaren Ersatzmieter nur aus triftigen Gründen ablehnen, zum Beispiel: Er hat das Mietverhältnis zuvor bereits selbst gekündigt und die Wohnung einer anderen Person fest versprochen; diese will aber nicht früher einziehen als geplant. Oder er kann nachweisen, dass er schon vor der ausserordentlichen Kündigung einen Umbau geplant hat, den er nicht verschieben kann. In diesen Fällen wird der Mieter seine vertraglichen Pflichten bis zum (bitteren)

Wie findet man einen Ersatzmieter?

Ist die Wohnung günstig und gut gelegen, genügt in der Regel schon eine beiläufige Erwähnung im Bekanntenkreis, vielleicht ergänzt durch eine Notiz am Anschlagbrett am Arbeitsplatz. Doch sollte sich der Mieter auch dann, wenn sich sein bester Freund und Kollege für die Wohnung interessiert, kurz in die Lage des Vermieters versetzen und den Freund unter dieser Optik ansehen, bevor er ihn als einzigen Kandidaten vorschlägt. Wer sichergehen will, nennt immer mehr als einen Interessenten.

Bei schwer vermietbaren Wohnungen (teuer, originelle, aber unpraktische Raumaufteilung, schlechte Lage, langfristiger Mietvertrag) sollte man die persönlichen Kontakte ebenfalls spielen lassen, gleichzeitig aber inserieren. Und zwar bevorzugt in derjenigen regionalen Zeitung, die regelmässig am meisten Immobilieninserate publiziert. In der Regel ist dies zugleich der in der Region marktmächtigste Titel. Das Inserat nicht zu gross wählen, dafür gleich mehrmals disponieren. Immer den Mietzins nennen – wer dies unterlässt aus der (vielleicht begründeten) Vermutung, der Zins sei sowieso zu hoch, verliert nur viel Zeit mit unergiebigen Telefonaten und Besichtigungen. Vorteile schildern, aber keine Lobhudeleien vom Stapel lassen.

Interessenten zur Wohnungsbesichtigung einladen. Von jedem ernsthaften Interessenten die wichtigsten Daten aufnehmen (Name, Adresse, Zivilstand, Geburtsdatum, Beruf, Anzahl Erwachsene und Kinder, Bezugstermin), die Bereitschaft zur Übernahme der Wohnung zum bisherigen Zins schriftlich bestätigen lassen und die Unterlagen eingeschrieben an den Vermieter senden. Falls der Vermieter wünscht, dass sich mögliche Ersatzmieter gleich auf ein von ihm gestelltes Anmeldeformular eintragen und dieses direkt an ihn einsenden: Trotzdem selber die Adressen der Interessenten notieren und nach ein paar Tagen nachfragen, ob sie die Wohnung nun wirklich mieten möchten. Lautet der Tenor: «Nein», weiss der Mieter, dass er weitersuchen muss...

Ende erfüllen müssen. Je nach Länge der verbleibenden Mietdauer kann er dann versuchen, die Wohnung für diese Zeit unterzuvermieten (siehe Kapitel «Untermiete», Seite 77).

Wie intensiv der Vermieter selbst nach einem Ersatzmieter zu suchen hat, ist umstritten. Dass er suchen muss, ist gewiss. Wenn er nicht auf eine Warteliste zurückgreifen kann, wird er dazu Inserate schalten. Der Mieter schuldet ihm in der Theorie dann die Inseratkosten zwar nur, soweit sie höher sind als diejenigen, welche nach einer fristgerechten Kündigung anfallen würden. Aber wer weiss, was wäre, wenn? Der Mieter, der immerhin durch seinen vorzeitigen Auszug den Vertrag verletzt, wird kaum mit Erfolg um ein paar hundert Franken streiten, die der Vermieter als «Mehrkosten» geltend macht.

Verzögerungstaktik, höherer Mietzins für den Nachmieter?
Manche Hauseigentümer nutzen, drangsaliert von den Einschränkungen des Mietrechts, den Mieterwechsel gerne für eine kleine Mietzinserhöhung. Eine vorzeitige Kündigung kommt ihnen in diesem Fall insofern ungelegen, als das Mietrecht auch festhält, dass der Mieter dann von seinen Verpflichtungen befreit sei, wenn er einen Nachmieter vorschlägt, der bereit ist, den Vertrag zu den *gleichen Bedingungen* zu übernehmen. Gefangen in dieser Zwickmühle wird der Vermieter dazu neigen, einen vom Mieter gestellten Ersatzmieter als unzumutbar zu beurteilen oder die Überprüfung des Ersatzmieters in die Länge zu ziehen, um schliesslich auf den ortsüblichen Kündigungstermin hin doch einen Mieter zu finden, der bereit ist, einen höheren Zins zu bezahlen. Ganz so arg präsentiert sich die Situation für den Vermieter jedoch auch wieder nicht. Er kann bei Mieterwechsel zumindest die seit der letzten Mietzinsfestsetzung gesetzlich mögliche Anpassung vornehmen und die Anfangsmiete entsprechend festlegen.

Nach der Praxis der Gerichte ist die zur Prüfung des oder der Ersatzmieter im Normalfall zulässige Frist auf etwa einen Monat limitiert. Falls ein übersetzter höherer Mietzins dafür verantwortlich ist, dass sich die vom Mieter genannten Ersatzmieter doch nicht zu einer Vertragsunterzeichnung entschliessen können, entfällt die Zahlungspflicht des Mieters etwa nach Ablauf diese Monatsfrist.

Wenn also der Vermieter einen Nachmieter berücksichtigen will, der erst zu einem späteren Zeitpunkt in den Vertrag eintritt als der vom Mieter gestellte zumutbare Ersatz, wenn er aus irgendwelchen Gründen einen zumutbaren Ersatzmieter ablehnt oder durch inquisitorisches Gehabe verschreckt («Sind Sie auch so flatterhaft wir Ihr Vorgänger?» – «Ist das Ihre erste Frau?»), kann der ausziehende Mieter die Zahlungen auf den Zeitpunkt hin einstellen, zu dem eine ordnungsgemässe Weitervermietung möglich gewesen wäre. Kommt es danach zu einem Rechtshandel, weil der Vermieter auf weiteren Zahlungen besteht, sollte man sich von der Schlichtungsbehörde fachkundig beraten lassen.

➤ *Der Mieter kann fristlos kündigen, wenn ein schwerwiegender Mangel den weiteren Verbleib in der Wohnung als unzumutbar erscheinen lässt.*

➤ *Jederzeit möglich ist die fristgerechte Kündigung. Sie muss von allen Mietern, die auch den Mietvertrag unterzeichnet haben, mit unterschrieben sein. Bei Familienwohnungen ist die Zustimmung des Ehegatten erforderlich, unabhängig davon, ob dieser den Mietvertrag seinerzeit mit unterzeichnet hat oder nicht.*

➤ *Beim vorzeitigen Auszug können Sie sich aus den vertraglichen Pflichten lösen, indem Sie einen zumutbaren Ersatzmieter stellen. Wollen Sie das Risiko ausschalten, viel Zeit zu verlieren, falls der Vermieter den einen Ersatzmieter ablehnt, nennen Sie lieber von Anfang an ein, zwei weitere «valable» Kandidaten. Die Befreiung gilt vom Tag an, an dem der Ersatzmieter in die vertraglichen Pflichten eintritt. Für die Prüfung des oder der Ersatzmieter müssen Sie dem Vermieter eine Frist von rund einem Monat zubilligen.*

17. Wohnungsrückgabe

Geordneter Rückzug

Die Rückgabe der Wohnung bildet den letzten Akt eines Mietverhältnisses. Viele Mieter sehen ihm mit Unruhe entgegen: Werden sie zum Schluss vielleicht noch kräftig zur Kasse gebeten? Für Schäden, die nicht durch den normalen Gebrauch der Wohnung erklärbar sind, lautet die Antwort: Im Prinzip ja. Anderseits schützt das Gesetz den Mieter davor, dass die Wohnung beim Auszug auf seine Kosten saniert wird.

Gesetz: Artikel 257e, 265, 267, 267a

Endzustand = Anfangszustand minus normale Abnützung
Die Gleichung ist simpel. Der Mieter hat die Wohnung so zurückzugeben, wie er sie übernommen hat, haftet jedoch weder für die natürliche Alterung der Bausubstanz und der zur Wohnung gehörenden Einrichtungen, noch für die Spuren der Abnützung, die durch den normalen (vertragsgemässen) Gebrauch entstehen. Musste sich der Mieter zu Beginn des Vertragsverhältnisses zu Zahlungen verpflichten, die gegen diesen Grundsatz verstossen würden, sind solche Abmachungen ungültig. Die Zeiten, da der Mieter beispielsweise in jedem Fall für das Weisseln der Küche aufzukommen hatte, sind also vorbei.

Jede Schadenersatzpflicht des Mieters setzt voraus, dass der Vermieter den Schaden beweisen kann. Wurde beim Bezug der Wohnung kein Antrittsprotokoll erstellt, wird ihm dies sehr schwer fallen. Eine Ausnahme ist allerdings anzubringen: Hat der Mieter die Wohnung im Neubau bezogen, und handelt es sich bei seinem Auszug um Schäden, die wahrscheinlich beim unsachgemässen Gebrauch der Wohnung entstanden sind und die der Mieter auch nie als Mängel gemeldet hat, wird er sich einer Zahlungspflicht schwer entziehen können.

Schlussbilanz auch für die kleinen und nicht so kleinen Mängel
Die Haftung des Mieters beschränkt sich auch beim Auszug aus der Wohnung auf Schäden, die er selbst, seine Mitbewohner, seine Gäste oder Dauergäste (auch Untermieter) verursacht haben. Schäden hingegen, die durch höhere Gewalt (Blitzschlag, Wassereinbruch) oder infolge Einbruchs entstanden sind, können ihm nicht angelastet werden.

Kommen bei der Wohnungsrückgabe mittlere oder schwere Mängel zum Vorschein, muss sich der Mieter zumindest vorwerfen lassen, er habe seiner Pflicht, solche Mängel jeweils dem Vermieter zu melden, nicht genügt, und der Vermieter kann, falls der Verstoss gegen die Meldepflicht nachweisbar ist und kostspielige Folgen hat, vom Mieter Schadenersatz verlangen. Sind diese Voraussetzungen aber nicht gegeben, muss der Vermieter für die Behebung solcher Mängel aufkommen.

Anders bei den kleinen Mängeln, für die schon während laufendem Mietverhältnis der Mieter zuständig gewesen ist: Sie möglichst noch vor der Wohnungsrückgabe zu beheben, liegt in seinem Interesse, weil er so die Kosten der Reparatur immerhin noch stärker beeinflussen kann, als wenn der Vermieter die entsprechenden Arbeiten in Auftrag gibt. Weist die mit einem kleinen Mangel behaftete Einrichtung aber bereits ein «biblisches» Alter auf (ist also über ihre erwartbare Lebensdauer hinaus im Gebrauch), kann der Mieter dies als Argument dafür vorbringen, ein Ersatz oder eine Reparatur sei nun Sache des Vermieters. Dann unternimmt er selbst vor der Wohnungsrückgabe nichts und diskutiert den Fall mit dem Vermieter (siehe auch Kapitel «Mängel», Seite 150).

Normale und ausserordentliche Abnützung
Wo die normale Abnützung endet und die ausserordentliche beginnt, lässt sich nicht so genau sagen. Ein Leitsatz immerhin: Soweit sich die Abnützung aus dem vertraglichen Gebrauch der Mietsache ergibt, ist sie normal. Und das Aufstellen von Möbeln, das Aufhängen von Bildern oder das Benutzen der Badewanne sind gewiss Aktivitäten, die zum Wohnen gehören. Am häufigsten führt dennoch der Zustand von Wand- und Bodenbelägen sowie der sanitären Installationen zu Differenzen. Einige Anhaltspunkte. Normaler Abnützung entsprechen:
- Vergilben der Tapeten, Spuren von Möbeln und Bildern an den Wänden durch unterschiedliche Sonneneinwirkung, Nägel- und Dübellöcher in den Wänden, sofern nicht allzu zahlreich und fachmännisch zugespachtelt
- Druckstellen von Möbeln in textilen Bodenbelägen, ungleichmässige Abnützung («Trampelpfade»)
- Spannungsrisse in Wandplättli oder WC-Schüsseln und Lavabos

Nicht mehr normal hingegen sind beispielsweise:
- Auffällige Flecken in textilen Bodenbelägen, Brandlöcher
- Niederschlag auf Tapeten und verputzten Wänden infolge starken Tabakkonsums
- Kratzspuren und andere durch Haustiere verursachte Schäden (auch wenn der Vermieter der Haustierhaltung ausdrücklich zugestimmt hatte)
- Schäden an Installationen in Küche und Bad wegen unsachgemässer oder mangelhafter Reinigung (zum Beispiel starke Verkalkung)

Veränderungen in der Wohnung: schade um die Spannteppiche!
Aus der Gleichung «Endzustand = Anfangszustand minus Abnützung» ergibt sich auch die Pflicht, diejenigen Veränderungen in der Wohnung rückgängig zu machen, die weder der Vermieter gebilligt hat, noch der Nachmieter zu übernehmen wünscht. Hat allerdings der Vermieter die

Veränderung seinerzeit schriftlich bewilligt und sich nicht ausdrücklich ausbedungen, dass beim Auszug der alte Zustand wieder hergestellt wird, ist der Mieter aus dem Schneider. Je nachdem muss ihn der Vermieter jetzt sogar für die seinerzeit vorgenommenen wertvermehrenden Investitionen auszahlen (siehe Kapitel «Nutzungsrechte und Mieterpflichten», Seite 72). Wenn der Mieter die Veränderungen ohne Zustimmung vorgenommen hat, ist er nun auf den Goodwill von Nachmieter und Vermieter angewiesen. Übernimmt der Nachmieter den Spannteppich, der auf dem Parkett liegt (und bezahlt vielleicht sogar noch etwas dafür), muss nämlich auch der Vermieter seinen Segen dazu geben. Und den spricht er kaum aus, ohne den Nachmieter gleich in die Pflicht zu nehmen, indem er einen so genannten Revers verlangt. Zum Beispiel in Sachen Spannteppich: «Der Vermieter nimmt zur Kenntnis, dass der Nachmieter die Spannteppiche des Vormieters übernimmt. Der Nachmieter hat auf Verlangen des Vermieters die Teppiche beim Auszug auf eigene Rechnung zu entfernen. Er bestätigt, das Mietobjekt im vertragsgemässen Zustand übernommen zu haben.»

Falls der ausziehende Mieter Veränderungen in der Wohnung nicht vererben kann, muss er sie auf seine Kosten entfernen lassen. Auch die Mieterhaftpflichtversicherung wird nicht bereit sein, diesen absichtlich herbeigeführten «Schaden» zu übernehmen.

Einigen sich Vor- und Nachmieter auf die Übernahme von mobilen Einrichtungsgegenständen wie Vorhänge oder massgeschneiderte Möbelstücke, können sie diesen Handel direkt unter einander abschliessen. Die Preise, die sie dafür vereinbaren, werden der individuellen Interessenlage entsprechen und davon abhängen, wem die Übernahme wie sehr nützt. Es existieren keine Lebensdauertabellen für Eckbänke, Brokatvorhänge oder Wohnwände, die als Anhaltspunkt für die Preisfestsetzung dienen könnten.

Endreinigung: Meister Propers grosser Auftritt

Mit wenigen Ausnahmen (Ortsgebrauch in beiden Basler Halbkantonen) hat der Mieter selbst dafür zu sorgen, dass der Nachmieter in eine saubere Wohnung einziehen kann. Wie sauber das sein soll, beantwortet sich im Zweifelsfall mit einer einfachen Regel: so sauber, wie man eine Wohnung beim Bezug selber gern antrifft.

Selber putzen oder putzen lassen? Das ist zunächst natürlich eine Frage des Budgets, aber auch des Zeitmanagements: Wer berufstätig ist und nur gerade einen Tag Zügelurlaub beziehen kann, läuft Gefahr, sich mit dem Selberputzen zu überfordern. Zudem ist nicht jede Wohnung gleich gut zu reinigen: Versiegeltes Parkett, Bodenheizung, weiches (kalkarmes) Wasser, selbstreinigender Backofen, wenig Einbauschränke – das sind Wohnungsmerkmale, die das Putzen vereinfachen. Grosse Teppichflächen, verkalkte Armaturen, viele Lamellenstoren, viele schlecht zugängliche Ecken machen anderseits die Reinigungsprozedur aufwändiger. Und wer jahrelang immer nur das Nötigste an Putzarbeit geleistet hat, sollte vielleicht nicht ausgerechnet beim Auszug aus der Wohnung den grossen Schlussputz planen.

Soll sich ein Reinigungsunternehmen der Sache annehmen, ist es empfehlenswert, mindestens zwei Offerten einzuholen. Im Pauschalpreis der Putzfirma – seriöse Firmen offerieren erst nach einer Wohnungsbesichtigung – muss eine Abnahmegarantie enthalten sein. Wird bei der Wohnungsübergabe mangelnde Sauberkeit gerügt, kommt sonst für die Nachbesserungen der ausziehende Mieter zum Handkuss.

Bekommt der Mieter vor dem Auszug noch rasch eine Putzliste mit Vorschriften zugestellt, wie er welche Einrichtungen zu reinigen habe, muss er sich nur so weit daran halten, als diese Vorschriften durch den Mietvertrag gedeckt sind. Neue Pflichten darf ihm der Vermieter jetzt nicht mehr aufbürden.

Das Ritual der Rückgabe

Die kleinen Mängel sind behoben, Hab und Gut im Zügelwagen, die Kinder bei einer guten Tante untergebracht, mit einem letzten Wisch wurde auch noch das letzte Krümchen der letzten Mahlzeit im alten Heim beseitigt – die spannungsvolle Stunde der Wohnungsrückgabe ist da. Obwohl das Gesetz keine Vorschriften dazu enthält, besichtigen Mieter und Vermieter in der Regel gemeinsam die geräumte Wohnung und halten deren Zustand in einem Abnahmeprotokoll fest.

Mieter, die befürchten, sie würden dem in diesem Zeremoniell geübteren Vermieter nicht gewachsen sein, oder die nach allen bisherigen Erfahrungen vermuten müssen, der Vermieter werde sich auch in dieser Situation schikanös verhalten, können beim Mieterinnen- und Mieterverband um den (honorarpflichtigen) Beistand eines Abnahmeexperten nachsuchen. Achtung: Fällt die Übergabe auf einen ortsüblichen Kündigungstermin, ist frühzeitige Reservation erforderlich! Mieter (oder Vermieter) können aber auch einen Behördenvertreter (den Gemeindeammann oder einen Beamten der Baupolizei) beiziehen. Drittpersonen jedwelcher Herkunft haben allerdings keinerlei richterliche Befugnisse. Sie sorgen dafür, dass das Protokoll den Zustand der Wohnung korrekt beschreibt, dürfen jedoch nicht darüber entscheiden, wer denn nun für welchen Schaden aufzukommen habe.

Das korrekte Abnahmeprotokoll

Sowohl Hauseigentümer- als auch Mieterinnen- und Mieterverband haben Protokollformulare herausgegeben, grössere Immobiliengesellschaften verwenden auch selbst kreierte Formulare. Wichtige Regeln für das Ausfüllen:

- Jede Position, die ohne Beanstandung bleibt, abhaken.
- Präzise Beschreibung von Mängeln (Nicht: «Fleckige Wohnzimmerwand», sondern «Fettfleck 10 cm an Wohnzimmerwand zwischen Balkontür und Fenster»).
- Auch Uneinigkeiten protokollieren, falls sie nicht während der Rückgabe aus der Welt zu schaffen sind (Vermieter: «Backofen durch starke Verkrustung unbrauchbar», Mieter: «Backofen: normaler Zustand nach zehnjährigem Gebrauch, funktionstüchtig»).
- Kostenverteilung mit protokollieren («Spannteppich Kinderzimmer 2 muss erneuert werden, Anteil Mieter 25 Prozent»).
- Haftungsklausel wo nötig mit Einschränkungen versehen («Der Mieter anerkennt die oben aufgeführten Schäden und verpflichtet sich, die entsprechenden Reparaturkosten zu bezahlen», Zusatz des Mieters: «Backofen ausgenommen»).
- Kopie des ausgefüllten und von beiden Parteien unterzeichneten Protokolls behalten.
- Enthält das Protokoll unrichtige oder unsachliche Aussagen oder würde sich der Mieter mit Unterschrift des Protokolls zur Bezahlung von Schäden verpflichten, für die er sich nicht haftbar fühlt, kann er die Unterschrift auch verweigern. Der Vermieter wird seine Ansprüche dann vor der Schlichtungsbehörde geltend machen.
- Werden keine Schäden festgestellt, für die der Mieter aufkommen müsste, sollte er vom Vermieter am Schluss des Protokolls eine Freigabeerklärung für die Kaution verlangen.

Wie teuer wird der Spass – und was übernimmt die Versicherung?

Dass ein Protokoll in aller Regel nicht nur einen Zustand beschreibt, sondern auch das Mittel ist, den Mieter auf Zahlungspflichten festzunageln, macht die Sache erst richtig brisant. Denn für den Mieter, um dessen Portemonnaie es ja geht, ist es oft schwierig abzuschätzen, wie teuer die Behebung einzelner Mängel schliesslich sein wird. Auskunft darüber gibt allenfalls der Vermieter selbst. In diesem Fall empfiehlt es sich, die geschätzte Summe auch gleich im Protokoll festzuhalten («Kinderzimmer Wand links von der Tür neu streichen, ca. Fr. 300.–»). Kommt es danach zu grösseren Abweichungen, wird der Vermieter sie ausreichend begründen müssen. Der nebenstehende Kasten gibt weitere Ratschläge für das Ausfüllen des Abnahmeprotokolls.

Hat der Mieter eine Mieterhaftpflichtversicherung abgeschlossen, steht diese für die Kosten aus fahrlässiger Beschädigung durch den Mieter ein. Aber natürlich ist auch eine solche Police kein «Persilschein» für mutwillige Zerstörungen und kein Freibrief für den Vermieter, auf Kosten der Versicherung Luxusreparaturen vorzunehmen. Der Mieter ist gut beraten, alle Schäden, deren Behebung er voraussichtlich selbst zu bezahlen hat, schon vor der Wohnungsrückgabe der Versicherung mitzuteilen. Diese kann dann, je nach mutmasslicher Kostenhöhe, den Schaden noch rechtzeitig besichtigen oder einen Mitarbeiter zur Teilnahme an der Wohnungsrückgabe delegieren. Kommen während der Rückgabe neue Schäden ans Licht, für die er haftbar gemacht wird, muss der Mieter diese der Versicherung umgehend mitteilen und sich bewusst sein, dass seine Schuldanerkennung die Versicherung noch nicht zur Übernahme der Kosten verpflichtet!

Verhandlungsache: die Minderwertentschädigung

Weist eine Wohnungseinrichtung einen Schaden auf, der irreparabel ist, und wäre sie nur zu unverhältnismässig hohen Kosten zu ersetzen, können die Parteien auch eine Minderwertentschädigung aushandeln.

Beispiel: Der praktisch neue Spannteppich im Schlafzimmer mit einer Fläche von 20 Quadratmetern weist einige störende Flecken auf, die nicht mehr beseitigt werden können. Der Wert des Teppichs liegt bei etwa 1200 Franken. Die Parteien einigen sich nach Aufnahme des Protokolls vor Gericht auf einen Minderwert von 250 Franken. Diesen Betrag schuldet der Mieter dem Vermieter.

**Ansprüche des Vermieters verwirken rasch –
mit Ausnahme versteckter Mängel**
Sofort erkennbare Mängel müssen auch unverzüglich gerügt werden: Der Vermieter, so der mieterfreundliche Brauch, soll nicht Wochen oder Monate nach dem Auszug beim Mieter anklopfen und Schadenersatzforderungen stellen können. Liegt kein Rückgabeprotokoll vor oder schweigt sich dieses über die Haftung des Mieters aus, muss er von An-

---

Interpretation und Einsatz von Lebensdauertabellen

Ob der ausziehende Mieter für Instandstellungsarbeiten überhaupt aufzukommen hat und wenn ja, in welchem Ausmass, hängt entscheidend vom Alter der Einrichtungen ab. Der Grundsatz heisst: Der Mieter muss eine Ersatzanschaffung nur so weit bezahlen, als die ersetzte Sache nicht bereits durch natürliches Altern entwertet ist. Für die Lebenserwartung der Einrichtungen ziehen Hauseigentümer und Mieter Lebensdauertabellen bei (siehe Anhang, Seite 263). Diese Tabellen liefern Richtwerte, keine absoluten Zahlen; im Einzelfall darf verhandelt oder muss gestritten werden.
Beispiel: Nach sieben Jahren zieht der Mieter aus der Wohnung aus. Die Spannteppiche müssen wegen verschiedener Beschädigungen und Flecken ersetzt werden. Die neuen Teppiche kosten 4000 Franken. Die durchschnittliche Lebensdauer der damals verwendeten Teppiche mittlerer Qualität ist auf zehn Jahre veranschlagt. Sie müssen also drei Jahre zu früh ersetzt werden. Der Mieteranteil an den Kosten der neuen Teppiche beträgt drei Zehntel oder 1200 Franken.
Nach Ablauf der normalen Lebensdauer kann der Vermieter keine ausserordentliche Abnützung mehr geltend machen, auch wenn die fragliche Einrichtung bei höchster Schonung vielleicht noch einige weitere Jahre durchgehalten hätte.
Beispiel: Bei der Wohnungsübergabe bemängelt der Vermieter, die Versiegelung des Parketts sei erneuerungsbedürftig, der Mieter habe zu bezahlen, weil er seinerzeit die Wohnung mit neu versiegeltem Parkett habe antreten dürfen. Der Mieter weigert sich: Die normale Lebensdauer einer Versiegelung betrage 12 Jahre und er sei 15 Jahre in der Wohnung gewesen. Dieser Einwand ist stichhaltig.

sprüchen des Vermieters innert zwei bis drei Tagen nach der Rückgabe erfahren. Danach erlöschen diese Ansprüche genauso, wie wenn sie nur in pauschaler Form vorgebracht werden («Ich erkläre Sie für alle Schäden, die Sie verursacht haben, verantwortlich und werde Ihnen entsprechend Rechnung stellen!»).

Hingegen können die so genannten versteckten Mängel einen Mieter noch eine Zeit lang verfolgen – mindestens insoweit, als sie nachweislich auf ihn zurückzuführen sind. Hat er beispielsweise an der elektrischen Anlage Manipulationen vorgenommen, die erst der Nachmieter zufälligerweise feststellt, kann der Mieter während längstens einem Jahr nach seinem Auszug für den Schaden belangt werden.

Kaution: Was macht das Pfand in seiner Hand?
Es sei gleich vorweg gesagt: Die Zeiten, da der Vermieter Instandstellungsarbeiten nach Belieben aus dem Kautionskonto bezahlen konnte, sind vorbei. Über die Verwendung der Kaution können nach heutigem Mietrecht nämlich nur noch Mieter und Vermieter gemeinsam entscheiden. Der Vermieter wird dem Mieter möglicherweise ein Formular vorlegen, das ihn berechtigt, über die Kaution in Höhe der anerkannten Reparaturkosten zu verfügen. Bei Vertrauensverhältnissen wird der Mieter unterschreiben; er kann aber auch verlangen, dass ihm für seinen Kostenanteil Rechnung gestellt wird, damit er Gelegenheit hat, Einwände zu erheben, bevor der fragliche Betrag abgebucht wird.

Der Vermieter wird dann allerdings darauf Wert legen, dass die Kaution bis zur endgültigen Regelung des Ausstands blockiert bleibt. Gegen den Willen des Mieters kann er nur auf die Kaution zugreifen, wenn er der Bank einen rechtskräftigen Zahlungsbefehl oder ein rechtskräftiges Urteil vorlegt. Macht er aber innert einem Jahr nach Vertragsende keine rechtlichen Ansprüche auf die Kaution geltend, darf der Mieter von der Bank die Auszahlung verlangen – auch ohne Unterschrift des Vermieters.

Können sich die Parteien über eine Forderung des Vermieters nicht einigen, wird zuerst die Schlichtungsbehörde versuchen, einen Vergleich zu erzielen. Gelingt ihr dies nicht, liegt es am Vermieter, ans Mietgericht zu gelangen. Denn für den Mieter ist das weitere Risiko begrenzt – nach einem Jahr fällt ihm die Kaution ja ungeschmälert zu, wenn der Vermieter seine Forderung nicht rechtlich geltend macht.

Nicht auszuziehen ist kein Hausfriedensbruch, aber...
Hin und wieder bleibt ein Mieter – meist nicht ganz freiwillig – länger in der Wohnung sitzen, als er nach Vertrag und Kündigungserklärung oder einem Erstreckungsurteil sollte. Obwohl das Bundesgericht entschieden hat, er mache sich damit nicht des Hausfriedensbruchs schuldig, kann ihn das teuer zu stehen kommen. Er wird nämlich dem Vermieter gegenüber schadenersatzpflichtig; für die weiterlaufenden Mietzinsen, aber auch für alle Kosten, die einem Nachmieter daraus entstehen, dass er nicht zum vertraglich vereinbarten Zeitpunkt einziehen kann. Ausserdem kann der Vermieter das Ausweisungsverfahren in Gang setzen und wird dies, so er sich seiner Rechte sicher ist, auch rasch tun. Duldet er den Mieter zu lange in der Wohnung, könnte das von den Gerichten eventuell als stillschweigende Fortsetzung des Mietverhältnisses interpretiert werden. Bleibt der Mieter nach Ablauf der Mietdauer in den Räumen, muss ihn der Vermieter in beweisbarer Form – das heisst mit eingeschriebenem Brief – zum Verlassen des Mietobjekts auffordern oder im eine Frist für den Auszug setzen. Das Bundesgericht hat am 15. März 1995 entschieden, dass das Gewähren einer solchen Auszugsfrist nicht als Fortsetzung des Mietvertrags ausgelegt werden kann.

Das Bundesgericht hat in verschiedenen Entscheiden (zuletzt am 20. April 1993) dafür gesorgt, dass der Ausweisungsrichter alle Einwände des Mieters gegen die Ausweisung überprüft, und zwar ohne Einschränkung und ohne Rücksicht auf anders lautende kantonale Vorschriften. Die Argumente des Mieters sind umfassend zu prüfen; kantonale Beweisbeschränkungen (zum Beispiel, dass Zeugen nicht angehört werden) halten vor der neuen Bundesgerichtspraxis nicht stand. Schwere Mängel der Kündigung können sogar noch im Ausweisungsverfahren – und nach Ablauf der Anfechtungsfrist – geltend gemacht werden. Dies ist nach dem Bundesgerichtsurteil vom 31. Januar 1996 der Fall, wenn eine Kündigung wegen einer Sorgfaltspflichtverletzung des Mieters ausgesprochen wird, die tatsächlich nicht stattgefunden hat.

Eine wichtige Einschränkung sollte der Mieter aber beachten: Wenn er sich darauf beruft, er habe den Mietzins nicht bezahlt, weil er ihn mit einer Forderung, die er gegenüber dem Vermieter habe, verrechnen wolle, muss er dem Vermieter die Verrechnungserklärung zuvor schriftlich abgegeben haben – und zwar innerhalb der 30-tägigen Zahlungsfrist, die ihm der Vermieter bei seinem Zahlungsverzug stellte (siehe Fristenablauf, Seite 91).

➤ Als Mieter können Sie nur für Schäden verantwortlich gemacht werden, die eine Folge ausserordentlicher Abnützung darstellen. Die Beweislast liegt beim Vermieter.

➤ Für den Ersatz fahrlässig oder vorsätzlich beschädigter Einrichtungen müssen Sie als Mieter nur in der Höhe des Zeitwerts aufkommen – je älter die Einrichtung schon war, umso kleiner ist Ihr Kostenanteil.

➤ Die Kaution darf nur im gegenseitigen Einvernehmen beider Parteien zur Bezahlung von Mieterschäden verwendet werden, es sei denn, der Vermieter könne der Bank einen rechtsgültigen Zahlungsbefehl oder ein Gerichtsurteil vorlegen. Anderseits kann der Mieter frei über die Kaution verfügen, wenn der Vermieter innert einem Jahr nach Mietende keine Ansprüche auf dem Rechtsweg geltend macht.

18. Spezialfälle

Gleiches Recht – mit Abweichungen

In allen vorausgegangenen Kapiteln stand der «Normalfall» im Zentrum: die Mietwohnung, wie sie den meisten Leserinnen und Lesern dieses Buches als Lebensmittelpunkt dient. Für andere Mietobjekte gilt über weite Strecken gleiches Recht: für Geschäftsräume, für Luxuswohnungen, möblierte Zimmer, subventionierte Wohnungen und Ferienwohnungen. Die Ausnahmen von dieser Regel sind im Folgenden zusammengefasst.

Geschäftsräume
(Gesetz: Artikel 257e, 263, 266d)
Für die Miete von Geschäftsräumen sind einige mietrechtliche Besonderheiten zu beachten.
- Die Höhe der Kaution ist nicht beschränkt. Damit wird dem bei Geschäftsmieten generell eher höheren und von Mieter zu Mieter unterschiedlichen Risiko des Vermieters Rechnung getragen. Von neu gegründeten Firmen wird er grössere Sicherheiten verlangen als von etablierten, die zudem als gute Zahler bekannt sind. Häufig wird der Mieter die Kaution in Form einer Bankgarantie oder Bürgschaft leisten, um seine Liquidität zu schonen.
- So, wie der Wohnungsmieter die Wohnung untervermieten kann, darf der Mieter von Geschäftsräumen das Mietverhältnis auf einen Dritten übertragen. Auch er braucht dazu die Zustimmung des Vermieters. Bei Geschäftsräumen kann der Dritte aber direkt in das Mietverhältnis eintreten; er zahlt also die Miete direkt an den Vermieter und nimmt alle Mieterrechte ohne Vermittlung des eigentlichen Mieters wahr. Dieser haftet jedoch weiterhin während höchstens zwei Jahren (oder bis zum Ende seines ursprünglichen Mietvertrags) solidarisch mit dem neuen Mieter.
- Während bei Wohnungen die minimale Kündigungsfrist drei Monate beträgt, ist sie bei Geschäftsräumen auf mindestens sechs Monate angesetzt.
- Für Forderungen aus dem Mietverhältnis (Mietzins, Nebenkosten) hat der Vermieter ein Retentionsrecht. Bleibt der Mieter die Zinsen schuldig, kann der Vermieter so viele Einrichtungsgegenstände, Maschinen, Fahrzeuge oder Teile des Warenlagers der Pfandverwertung zuführen lassen, als zur Begleichung seiner Forderung notwendig sind. Dieses Recht ist beschränkt auf einen vollen geschuldeten Jahresmietzins sowie, wenn das Mietverhältnis andauert, einen weiteren halben Jahreszins.
- Das Mietverhältnis in Geschäftsräumen kann bis zu sechs Jahre lang erstreckt werden (Wohnungen: vier Jahre).
- Bei der Geschäftsmiete kommt überdies den Mängelrechten des Mieters besondere Bedeutung zu. Viel schneller als bei einer Wohnung entstehen dem Geschäftsmieter nämlich grosse Folgeschäden durch Mängel an der Mietsache (zum Beispiel Umsatzeinbussen in Ladengeschäften oder Restaurants, weil wegen schlechter Gerüche, unzu-

mutbarem Lärm, Blockierung von Parkplätzen die Kunden ausbleiben). Dann ist es gut zu wissen, dass der Vermieter, soweit ihn an den Mängeln ein Verschulden trifft, auch für die negativen Auswirkungen auf das Geschäft des Mieters schadenersatzpflichtig ist.

Ferienwohnungen
(Gesetz: Artikel 253 a 2)
Bei Ferienwohnungen, die dem auf kurze Zeit befristeten Erholungsaufenthalt dienen, gelten die besonderen Bestimmungen für Wohnungen und Geschäftsräume nicht. So ist zum Beispiel der Vermieter in der Preisgestaltung völlig frei. Der Mieter kann auch keine Erstreckung fordern. Sobald aber die Mietdauer mehr als drei Monate beträgt, ist die Ferienwohnung anderen Wohnungen gleichgestellt.

Möblierte Zimmer
(Gesetz: Artikel 266 e)
Für möblierte Zimmer lässt das Gesetz sehr kurze Kündigungsfristen zu, zwei Wochen sind das Minimum. Gekündigt werden kann auf Ende einer einmonatigen Mietdauer. Beispiel: Ein Student mietet auf den 21. Mai eine möblierte Mansarde. Kündigungstermin ist damit der 21. des jeweiligen Monats. Die Vertragspartner sind natürlich jederzeit frei, längere Kündigungsfristen zu vereinbaren.

Als möblierte Einzelzimmer gelten nur Zimmer, die nicht alle Einrichtungen einer Kleinwohnung enthalten. Sobald die Mietsache auch Kochnische und Dusche/WC zum alleinigen Gebrauch umfasst, gilt sie als (möblierte) Einzimmerwohnung mit entsprechend längerer Kündigungsfrist von drei Monaten. Auch für unmöbliert vermietete Einzelzimmer gilt diese längere Frist!

Ist der Vermieter nicht selbst Eigentümer (oder dessen berechtigter Vertreter), sondern seinerseits Mieter, gelten die Bestimmungen der Untermiete.

Den möblierten Zimmern gleichgestellt sind gesondert (also in einem eigenen Vertrag) gemietete Einstellplätze in einer Garage.

Luxuriöse Wohnungen, luxuriöse Einfamilienhäuser
(Gesetz: Artikel 253 b 2; Verordnung: Artikel 2, 1)
Für einmal hat die Bibel doch nicht Recht. Denn wer hier hat, dem wird genommen. Wer über ein so hohes Einkommen verfügt, dass er sich die

Miete einer Luxuswohnung (oder eines Hauses) mit sechs oder mehr Zimmern leisten kann, dem nimmt das Mietrecht den Schutz vor missbräuchlichen Mietzinsen. Der Anfangsmietzins und spätere Erhöhungen sind also nicht anfechtbar. Im Übrigen gelten aber auch für diese Objekte sämtliche Bestimmungen des Mietrechts – inklusive des gut ausgebauten Kündigungsschutzes.

Wann ist eine Wohnung überhaupt luxuriös? Das Gesetz nennt nur eine konkrete Eigenschaft: Sie verfügt über sechs oder mehr Zimmer (ohne Anrechnung der Küche). Der Luxuscharakter muss sich aber zusätzlich durch bauliche Elemente ergeben: überdurchschnittlich grosse Räume, eingebautes Schwimmbad, kostbare Ausstattung. Hat eine Wohnung all dies, zählt aber weniger als sechs Zimmer, ist sie (im Sinn des Gesetzes) trotzdem noch nicht luxuriös.

Wer ein so teures Objekt mietet, darf auch hohe Ansprüche an den Unterhalt der Wohnung stellen. Während der Vermieter in normalen Wohnungen Mängel nur beheben muss, soweit sie die Funktionalität einschränken, wird er dem heiklen Luxusmieter mehr entgegenkommen und auch reine Schönheitsreparaturen ausführen müssen.

Subventionierte Wohnungen und Wohnungen mit behördlich kontrolliertem Zins

(Gesetz: Artikel 253b3; Verordnung: Artikel 2)
Der Staat hat es nicht gern, wenn man ihm in den Rücken fällt. Wer eine Wohnung bezieht, die nach den Richtlinien des Wohneigentumsförderungsgesetzes (WEG) erstellt und mit WEG-Hilfe finanziert worden ist, kommt in den Genuss einer Anfangsverbilligung des Mietzinses, der danach alle zwei Jahre erhöht wird, bis die Vorschüsse zurückbezahlt sind. Dafür hat er keine Möglichkeit, den Anfangsmietzins sowie die Erhöhungen (die der ratenweisen Rückzahlung eines Kredits dienen) bei der Schlichtungsbehörde anzufechten. Der Mieter einer WEG-Wohnung muss sich also bewusst sein, dass seine Mietzinsbelastung unwiderruflich und regelmässig zunimmt. Falls der Hypothekarzinssatz ansteigt, kann das Bundesamt für Wohnungswesen sogar eine Erhöhung verfügen, die über den ursprünglich vereinbarten Rahmen hinausgeht. Beschwerdeinstanz bei Mietzinsanpassungen ist das Bundesamt für Wohnungswesen. Generell wird dem Mieter einer mit staatlichen Zuschüssen errichteten oder gekauften Wohnung bei Mietzinserhöhungen der Gang zur Schlichtungsbehörde verwehrt, sofern eine Behörde die Mietzinsen kontrolliert.

Genossenschaftswohnungen

Mieter von Genossenschaftswohnungen geniesssen das Privileg eines weitreichenden Kündigungsschutzes, der eine Kündigung durch den Vermieter nur zulässt, wenn sich der Mieter grober Verstösse gegen seine Pflicht zur Sorgfalt und Rücksichtnahme schuldig macht oder den Mietzins unpünktlich bezahlt. Ein Kündigungsgrund kann aber auch die Unterbelegung einer Wohnung sein. Die Genossenschaft behält sich beispielsweise vor, ein Ehepaar, dessen Kinder flügge geworden sind, aus der bisherigen Vierzimmerwohnung herauszukomplementieren und in eine kleinere Wohnung umzuquartieren. Solche Belegungsrichtlinien muss der Mieter auch bei einem vorzeitigen Auszug respektieren: Die Genossenschaft braucht Ersatzmieter, welche diesen Richtlinien nicht entsprechen, nicht zu akzpetieren. Je nach Genossenschaft kann das sogar bedeuten, dass ein unverheiratetes Paar als Ersatzmieter für ein ausziehendes Ehepaar abgelehnt wird. Meist sind Genossenschaftswohnungen aber derart begehrt, dass den vorzeitig ausziehenden Mietern aus solchen Restriktionen kein Nachteil entsteht.

Viele (nicht alle) Genossenschaften machen für ihre Mieter das Zeichnen von Anteilscheinen zur Pflicht; einzelne verlangen zusätzlich noch ein Mieterdarlehen. Ob die Anteilscheine verzinst werden, beurteilt sich nach den Statuten. In den Statuten sind auch die Mitspracherechte des Mieters als Anteilseigner festgelegt. Zudem bestimmen sie auch, bis zu welchem Zeitpunkt die Anteilscheine nach einem Austritt aus der Genossenschaft zurückbezahlt werden müssen.

Zum Wesen der Genossenschaft zählt laut Gesetz die «gemeinsame Selbsthilfe». Mieter von Genossenschaftswohnungen sollten deshalb über einen besonders gut entwickelten Gemeinschaftssinn verfügen.

Hauswartwohnungen, Dienstwohnungen

Verträge, die ein Arbeitsverhältnis und ein Mietverhältnis zugleich begründen, sind heikle «Doppelstöcker». Denn vor allem im Bereich des Kündigungsschutzes sind Arbeitsrecht und Mietrecht zwei Paar Stiefel. Rechtlich von Bedeutung ist, ob der Schwerpunkt des Vertrags mehr beim Arbeitsverhältnis (Dienstwohnung) oder mehr beim Mietverhältnis (nebenamtlicher Hauswart) liegt. Kündigt der Mieter einer Dienstwohnung das Arbeitsverhältnis aus freien Stücken, kann er sich kaum eine Erstreckung des Mietverhältnisses erhoffen. Dasselbe gilt, wenn der Arbeitgeber die Kündigung ausspricht, weil der Arbeitnehmer seine

Pflichten schwerwiegend verletzt hat. Anderseits bleibt, wenn ein nebenamtliches Hauswartamt gekündigt wird (sei es durch den Vermieter oder durch den Mieter), das Mietverhältnis entweder bestehen oder der Mieter kann, falls es vom Vermieter gekündigt wird, mit gleichen Erfolgsaussichten wie bei normalen Mietverhältnissen eine Erstreckung verlangen. Will der Vermieter eine Kündigung des Hauswartvertrags nicht hinnehmen und kündigt deshalb das Mietverhältnis, sind die Erstreckungschancen für den Mieter unter Umständen etwas schlechter. Die Schlichtungsbehörde oder das Gericht werden bei ihrem Entscheid berücksichtigen, aus welchen Gründen der Mieter die Hauswartung nicht mehr ausüben kann oder will und welche Probleme dem Vermieter dadurch entstehen.

Vertragliche Vereinbarungen, welche die Hauswartung betreffen, sind in jedem Fall als Arbeitsverträge anzusehen und unterliegen den entsprechenden Bestimmungen – ob der Lohn nun als Mietzinsreduktion definiert ist oder als separate Zahlung. Hauswarte haben demnach Anspruch auf vier Wochen bezahlte Ferien und auf zeitlich beschränkte Lohnfortzahlung bei Krankheit, Mutterschaft oder Militärdienst. Ist der Hauswart im Stundenlohn bezahlt, muss dieser Anspruch beziehungsweise seine Abgeltung auf jeder Lohnabrechnung ausgewiesen werden. Empfehlenswert: Hauswart und Vermieter teilen sich die Kosten einer Taggeldversicherung, welche die Lohnfortzahlung bei Krankheit während 720 Tagen sichert. Bei Jahreseinkommen unter 2000 Franken (Stand 1999) können Arbeitgeber und Arbeitnehmer vereinbaren, dass sie auf die Abrechnung von Sozialversicherungsbeiträgen (AHV/IV/EO/AVIG) verzichten, sofern die Summe aus einem Nebenverdienst stammt (was einen Hauptverdienst voraussetzt). Bei Jahreseinkommen über 2000 Franken ist das Bezahlen von Sozialversicherungsbeiträgen obligatorisch und der Vermieter muss den Hauswart zudem gegen Betriebsunfälle versichern. Bei Jahreseinkommen über 24 120 Franken jährlich (Stand 1999) ist auch die Altersvorsorge gemäss BVG (zweite Säule) Pflicht.

Anhang

Daten und Zahlen

Gesetz und Verordnung

Obligationenrecht (OR)

Achter Titel: Die Miete

Erster Abschnitt:

Allgemeine Bestimmungen

A. Begriff und Geltungsbereich

I. Begriff

253 Durch den Mietvertrag verpflichtet sich der Vermieter, dem Mieter eine Sache zum Gebrauch zu überlassen, und der Mieter, dem Vermieter dafür einen Mietzins zu leisten.

II. Geltungsbereich
1. Wohn- und Geschäftsräume

253a [1] Die Bestimmungen über die Miete von Wohn- und Geschäftsräumen gelten auch für Sachen, die der Vermieter zusammen mit diesen Räumen dem Mieter zum Gebrauch überlässt.

[2] Sie gelten nicht für Ferienwohnungen, die für höchstens drei Monate gemietet werden.

[3] Der Bundesrat erlässt die Ausführungsvorschriften.

2. Bestimmungen über den Schutz vor missbräuchlichen Mietzinsen

253b [1] Die Bestimmungen über den Schutz vor missbräuchlichen Mietzinsen (Art. 269 ff.) gelten sinngemäss für nichtlandwirtschaftliche Pacht- und andere Verträge, die im wesentlichen die Überlassung von Wohn- oder Geschäftsräumen gegen Entgelt regeln.

[2] Sie gelten nicht für die Miete von luxuriösen Wohnungen und Einfamilienhäusern mit sechs oder mehr Wohnräumen (ohne Anrechnung der Küche).

[3] Die Bestimmungen über die Anfechtung missbräuchlicher Mietzinsen gelten nicht für Wohnräume, deren Bereitstellung von der öffentlichen Hand gefördert wurde und deren Mietzinse durch eine Behörde kontrolliert werden.

Koppelungsgeschäfte

254 Ein Koppelungsgeschäft, das in Zusammenhang mit der Miete von Wohn- oder Geschäftsräumen steht, ist nichtig, wenn der Abschluss oder die Weiterführung des Mietvertrags davon abhängig gemacht wird und der Mieter dabei gegenüber dem Vermieter oder einem Dritten eine Verpflichtung übernimmt, die nicht unmittelbar mit dem Gebrauch der Mietsache zusammenhängt.

C. Dauer des Mietverhältnisses

255 [1] Das Mietverhältnis kann befristet oder unbefristet sein.

[2] Befristet ist das Mietverhältnis, wenn es ohne Kündigung mit Ablauf der vereinbarten Dauer endigen soll.

[3] Die übrigen Mietverhältnisse gelten als unbefristet.

D. Pflichten des Vermieters
I. Im allgemeinen

256 [1] Der Vermieter ist verpflichtet, die Sache zum vereinbarten Zeitpunkt in einem zum vorausgesetzten Gebrauch tauglichen Zustand zu übergeben und in demselben zu erhalten.

[2] Abweichende Vereinbarungen zum Nachteil des Mieters sind nichtig, wenn sie enthalten sind in:
a. vorformulierten Allgemeinen Geschäftsbedingungen;
b. Mietverträgen über Wohn- oder Geschäftsräume.

II. Auskunftspflicht

256a [1] Ist bei Beendigung des vorangegangenen Mietverhältnisses ein Rückgabeprotokoll erstellt worden, so muss der Vermieter es dem neuen Mieter auf dessen Verlangen bei der Übergabe der Sache zur Einsicht vorlegen.

² Ebenso kann der Mieter verlangen, dass ihm die Höhe des Mietzinses des vorangegangenen Mietverhältnisses mitgeteilt wird.

III. Abgaben und Lasten

256b Der Vermieter trägt die mit der Sache verbundenen Lasten und öffentlichen Abgaben.

E. Pflichten des Mieters

I. Zahlung des Mietzinses und der Nebenkosten

1. Mietzins

257 Der Mietzins ist das Entgelt, das der Mieter dem Vermieter für die Überlassung der Sache schuldet.

2. Nebenkosten
a. Im allgemeinen

257a ¹ Die Nebenkosten sind das Entgelt für die Leistungen des Vermieters oder eines Dritten, die mit dem Gebrauch der Sache zusammenhängen.

² Der Mieter muss die Nebenkosten nur bezahlen, wenn er dies mit dem Vermieter besonders vereinbart hat.

b. Wohn- und Geschäftsräume

257b ¹ Bei Wohn- und Geschäftsräumen sind die Nebenkosten die tatsächlichen Aufwendungen des Vermieters für Leistungen, die mit dem Gebrauch zusammenhängen, wie Heizungs-, Warmwasser- und ähnliche Betriebskosten, sowie für öffentliche Abgaben, die sich aus dem Gebrauch der Sache ergeben.

² Der Vermieter muss dem Mieter auf Verlangen Einsicht in die Belege gewähren.

3. Zahlungstermine

257c Der Mieter muss den Mietzins und allenfalls die Nebenkosten am Ende jedes Monats, spätestens aber am Ende der Mietzeit bezahlen, wenn kein anderer Zeitpunkt vereinbart oder ortsüblich ist.

4. Zahlungsrückstand des Mieters

257d ¹ Ist der Mieter nach der Übernahme der Sache mit der Zahlung fälliger Mietzinse oder Nebenkosten im Rückstand, so kann ihm der Vermieter schriftlich eine Zahlungsfrist setzen und ihm androhen, dass bei unbenütztem Ablauf der Frist das Mietverhältnis gekündigt werde. Diese Frist beträgt mindestens zehn Tage, bei Wohn- und Geschäftsräumen mindestens 30 Tage.

² Bezahlt der Mieter innert der gesetzten Frist nicht, so kann der Vermieter fristlos, bei Wohn- und Geschäftsräumen mit einer Frist von mindestens 30 Tagen auf Ende eines Monats kündigen.

II. Sicherheiten durch den Mieter

257e ¹ Leistet der Mieter von Wohn- oder Geschäftsräumen eine Sicherheit in Geld oder in Wertpapieren, so muss der Vermieter sie bei einer Bank auf einem Sparkonto oder einem Depot, das auf den Namen des Mieters lautet, hinterlegen.

² Bei der Miete von Wohnräumen darf der Vermieter höchstens drei Monatszinse als Sicherheit verlangen.

³ Die Bank darf die Sicherheit nur mit Zustimmung beider Parteien oder gestützt auf einen rechtskräftigen Zahlungsbefehl oder auf ein rechtskräftiges Gerichtsurteil herausgeben. Hat der Vermieter innert einem Jahr nach Beendigung des Mietverhältnisses keinen Anspruch gegenüber dem Mieter rechtlich geltend gemacht, so kann dieser von der Bank die Rückerstattung der Sicherheit verlangen.

⁴ Die Kantone können ergänzende Bestimmungen erlassen.

III. Sorgfalt und Rücksichtnahme

257f ¹ Der Mieter muss die Sache sorgfältig gebrauchen.

² Der Mieter einer unbeweglichen Sache muss auf Hausbewohner und Nachbarn Rücksicht nehmen.

³ Verletzt der Mieter trotz schriftlicher Mahnung des Vermieters seine Pflicht zu Sorgfalt oder Rücksichtnahme weiter, so dass dem Vermieter oder den Hausbewohnern die Fortsetzung des Mietverhältnisses nicht mehr zuzumuten ist, so kann der Vermieter fristlos, bei Wohn- und Geschäftsräumen mit einer Frist von mindestens 30 Tagen auf Ende eines Monats kündigen.

⁴ Der Vermieter von Wohn- oder Geschäftsräumen kann jedoch fristlos kündigen, wenn der Mieter vorsätzlich der Sache schweren Schaden zufügt.

IV. Meldepflicht

257g ¹ Der Mieter muss Mängel, die er nicht selber zu beseitigen hat, dem Vermieter melden.

² Unterlässt der Mieter die Meldung, so haftet er für den Schaden, der dem Vermieter daraus entsteht.

V. Duldungspflicht

257h ¹ Der Mieter muss Arbeiten an der Sache dulden, wenn sie zur Beseitigung von Mängeln oder zur Behebung oder Vermeidung von Schäden notwendig sind.

² Der Mieter muss dem Vermieter gestatten, die Sache zu besichtigen, soweit dies für den Unterhalt, den Verkauf oder die Wiedervermietung notwendig ist.

³ Der Vermieter muss dem Mieter Arbeiten und Besichtigungen rechtzeitig anzeigen und bei der Durchführung auf die Interessen des Mieters Rücksicht nehmen; allfällige Ansprüche des Mieters auf Herabsetzung des Mietzinses (Art. 259d) und auf Schadenersatz (Art. 259e) bleiben vorbehalten.

F. Nichterfüllung oder mangelhafte Erfüllung des Vertrags bei Übergabe der Sache

258 ¹ Übergibt der Vermieter die Sache nicht zum vereinbarten Zeitpunkt oder mit Mängeln, welche die Tauglichkeit zum vorausgesetzten Gebrauch ausschliessen oder erheblich beeinträchtigen, so kann der Mieter nach den Artikeln 107–109 über die Nichterfüllung von Verträgen vorgehen.

² Übernimmt der Mieter die Sache trotz dieser Mängel und beharrt er auf gehöriger Erfüllung des Vertrags, so kann er nur die Ansprüche geltend machen, die ihm bei Entstehung von Mängeln während der Mietdauer zustünden (Art. 259a–259i).

³ Der Mieter kann die Ansprüche nach den Artikeln 259a–259i auch geltend machen, wenn die Sache bei der Übergabe Mängel hat:
a. welche die Tauglichkeit zum vorausgesetzten Gebrauch zwar vermindern, aber weder ausschliessen noch erheblich beeinträchtigen;
b. die der Mieter während der Mietdauer auf eigene Kosten beseitigen müsste (Art. 259).

G. Mängel während der Mietdauer

I. Pflicht des Mieters zu kleinen Reinigungen und Ausbesserungen

259 Der Mieter muss Mängel, die durch kleine, für den gewöhnlichen Unterhalt erforderliche Reinigungen oder Ausbesserungen behoben werden können, nach Ortsgebrauch auf eigene Kosten beseitigen.

II. Rechte des Mieters
1. Im allgemeinen

259a ¹ Entstehen an der Sache Mängel, die der Mieter weder zu verantworten noch auf eigene Kosten zu beseitigen hat, oder wird der Mieter im vertragsgemässen Gebrauch der Sache gestört, so kann er verlangen, dass der Vermieter:
a. den Mangel beseitigt;
b. den Mietzins verhältnismässig herabsetzt;
c. Schadenersatz leistet;
d. den Rechtsstreit mit einem Dritten übernimmt.

² Der Mieter einer unbeweglichen Sache kann zudem den Mietzins hinterlegen.

2. Beseitigung des Mangels
a. Grundsatz

259b Kennt der Vermieter einen Mangel und beseitigt er ihn nicht innert angemessener Frist, so kann der Mieter:
a. fristlos kündigen, wenn der Mangel die Tauglichkeit einer unbeweglichen Sache zum vorausgesetzten Gebrauch ausschliesst oder erheblich beeinträchtigt oder wenn der Mangel die Tauglichkeit einer beweglichen Sache zum vorausgesetzten Gebrauch vermindert;
b. auf Kosten des Vermieters den Mangel beseitigen lassen, wenn dieser die Tauglichkeit der Sache zum vorausgesetzten Gebrauch zwar vermindert, aber nicht erheblich beeinträchtigt.

b. Ausnahme

259c Der Mieter hat keinen Anspruch auf Beseitigung des Mangels, wenn der Vermieter für die mangelhafte Sache innert angemessener Frist vollwertigen Ersatz leistet.

3. Herabsetzung des Mietzinses

259d Wird die Tauglichkeit der Sache zum vorausgesetzten Gebrauch beeinträchtigt oder vermindert, so kann der Mieter vom Vermieter verlangen, dass er den Mietzins vom Zeitpunkt, in dem er vom Mangel erfahren hat, bis zur Behebung des Mangels entsprechend herabsetzt.

4. Schadenersatz

259e Hat der Mieter durch den Mangel Schaden erlitten, so muss ihm der Vermieter dafür Ersatz leisten, wenn er nicht beweist, dass ihn kein Verschulden trifft.

5. Übernahme des Rechtsstreits

259f Erhebt ein Dritter einen Anspruch auf die Sache, der sich mit den Rechten des Mieters nicht verträgt, so muss der Vermieter auf Anzeige des Mieters hin den Rechtsstreit übernehmen.

6. Hinterlegung des Mietzinses
a. Grundsatz

259g [1] Verlangt der Mieter einer unbeweglichen Sache vom Vermieter die Beseitigung eines Mangels, so muss er ihm dazu schriftlich eine angemessene Frist setzen und kann ihm androhen, dass er bei unbenütztem Ablauf der Frist Mietzinse, die künftig fällig werden, bei einer vom Kanton bezeichneten Stelle hinterlegen wird. Er muss die Hinterlegung dem Vermieter schriftlich ankündigen.

[2] Mit der Hinterlegung gelten die Mietzinse als bezahlt.

b. Herausgabe der hinterlegten Mietzinse

259h [1] Hinterlegte Mietzinse fallen dem Vermieter zu, wenn der Mieter seine Ansprüche gegenüber dem Vermieter nicht innert 30 Tagen seit Fälligkeit des ersten hinterlegten Mietzinses bei der Schlichtungsbehörde geltend gemacht hat.

[2] Der Vermieter kann bei der Schlichtungsbehörde die Herausgabe der zu Unrecht hinterlegten Mietzinse verlangen, sobald ihm der Mieter die Hinterlegung angekündigt hat.

c. Verfahren

259i [1] Die Schlichtungsbehörde versucht, eine Einigung zwischen den Parteien herbeizuführen. Kommt keine Einigung zustande, so fällt sie einen Entscheid über die Ansprüche der Vertragsparteien und die Verwendung der Mietzinse.

[2] Ruft die unterlegene Partei nicht innert 30 Tagen den Richter an, so wird der Entscheid rechtskräftig.

H. Erneuerungen und Änderungen
I. Durch den Vermieter

260 [1] Der Vermieter kann Erneuerungen und Änderungen an der Sache nur vornehmen, wenn sie für den Mieter zumutbar sind und wenn das Mietverhältnis nicht gekündigt ist.

[2] Der Vermieter muss bei der Ausführung der Arbeiten auf die Interessen des Mieters Rücksicht nehmen; allfällige Ansprüche des Mieters auf Herabsetzung des Mietzinses (Art. 259d) und auf Schadenersatz (Art. 259e) bleiben vorbehalten.

II. Durch den Mieter

260a [1] Der Mieter kann Erneuerungen und Änderungen an der Sache nur vornehmen, wenn der Vermieter schriftlich zugestimmt hat.

[2] Hat der Vermieter zugestimmt, so kann er die Wiederherstellung des früheren Zustandes nur verlangen, wenn dies schriftlich vereinbart worden ist.

[3] Weist die Sache bei Beendigung des Mietverhältnisses dank der Erneuerung oder Änderung, welcher der Vermieter zugestimmt hat, einen erheblichen Mehrwert auf, so kann der Mieter dafür eine entsprechende Entschädigung verlangen; weitergehende schriftlich vereinbarte Entschädigungsansprüche bleiben vorbehalten.

J. Wechsel des Eigentümers

I. Veräusserung der Sache

261 ¹ Veräussert der Vermieter die Sache nach Abschluss des Mietvertrages oder wird sie ihm in einem Schuldbetreibungs- oder Konkursverfahren entzogen, so geht das Mietverhältnis mit dem Eigentum an der Sache auf den Erwerber über.

² Der neue Eigentümer kann jedoch:
a. bei Wohn- und Geschäftsräumen das Mietverhältnis mit der gesetzlichen Frist auf den nächsten gesetzlichen Termin kündigen, wenn er einen dringenden Eigenbedarf für sich, nahe Verwandte oder Verschwägerte geltend macht;
b. bei einer anderen Sache das Mietverhältnis mit der gesetzlichen Frist auf den nächsten gesetzlichen Termin kündigen, wenn der Vertrag keine frühere Auflösung ermöglicht.

³ Kündigt der neue Eigentümer früher, als es der Vertrag mit dem bisherigen Vermieter gestattet hätte, so haftet dieser dem Mieter für allen daraus entstehenden Schaden.

⁴ Vorbehalten bleiben die Bestimmungen über die Enteignung.

II. Einräumung beschränkter dinglicher Rechte

261a Die Bestimmungen über die Veräusserung der Sache sind sinngemäss anwendbar, wenn der Vermieter einem Dritten ein beschränktes dingliches Recht einräumt und dies einem Eigentümerwechsel gleichkommt.

III. Vormerkung im Grundbuch

261b ¹ Bei der Miete an einem Grundstück kann verabredet werden, dass das Verhältnis im Grundbuch vorgemerkt wird.

² Die Vormerkung bewirkt, dass jeder neue Eigentümer dem Mieter gestatten muss, das Grundstück entsprechend dem Mietvertrag zu gebrauchen.

K. Untermiete

262 ¹ Der Mieter kann die Sache mit Zustimmung des Vermieters ganz oder teilweise untervermieten.

² Der Vermieter kann die Zustimmung nur verweigern, wenn:
a. der Mieter sich weigert, dem Vermieter die Bedingungen der Untermiete bekanntzugeben;
b. die Bedingungen der Untermiete im Vergleich zu denjenigen des Hauptmietvertrags missbräuchlich sind;
c. dem Vermieter aus der Untermiete wesentliche Nachteile entstehen.

³ Der Mieter haftet dem Vermieter dafür, dass der Untermieter die Sache nicht anders gebraucht, als es ihm selbst gestattet ist. Der Vermieter kann den Untermieter unmittelbar dazu anhalten.

L. Übertragung der Miete auf einen Dritten

263 ¹ Der Mieter von Geschäftsräumen kann das Mietverhältnis mit schriftlicher Zustimmung des Vermieters auf einen Dritten übertragen.

² Der Vermieter kann die Zustimmung nur aus wichtigem Grund verweigern.

³ Stimmt der Vermieter zu, so tritt der Dritte anstelle des Mieters in das Mietverhältnis ein.

⁴ Der Mieter ist von seinen Verpflichtungen gegenüber dem Vermieter befreit. Er haftet jedoch solidarisch mit dem Dritten bis zum Zeitpunkt, in dem das Mietverhältnis gemäss Vertrag oder Gesetz endet oder beendet werden kann, höchstens aber für zwei Jahre.

M. Vorzeitige Rückgabe der Sache

264 ¹ Gibt der Mieter die Sache zurück, ohne Kündigungsfrist oder -termin einzuhalten, so ist er von seinen Verpflichtungen gegenüber dem Vermieter nur befreit, wenn er einen für den Vermieter zumutbaren neuen Mieter vorschlägt; dieser muss zahlungsfähig und bereit sein, den Mietvertrag zu den gleichen Bedingungen zu übernehmen.

² Andernfalls muss er den Mietzins bis zu dem Zeitpunkt leisten, in dem das Mietverhältnis gemäss Vertrag oder Gesetz endet oder beendet werden kann.

³ Der Vermieter muss sich anrechnen lassen, was er:
a. an Auslagen erspart und
b. durch anderweitige Verwendung der Sache gewinnt oder absichtlich zu gewinnen unterlassen hat.

N. Verrechnung

265 Der Vermieter und der Mieter können nicht im voraus auf das Recht verzichten, Forderungen und Schulden aus dem Mietverhältnis zu verrechnen.

O. Beendigung des Mietverhältnisses

I. Ablauf der vereinbarten Dauer

266 ¹ Haben die Parteien eine bestimmte Dauer ausdrücklich oder stillschweigend vereinbart, so endet das Mietverhältnis ohne Kündigung mit Ablauf dieser Dauer.

² Setzen die Parteien das Mietverhältnis stillschweigend fort, so gilt es als unbefristetes Mietverhältnis.

II. Kündigungsfristen und -termine
1. Im allgemeinen

266a ¹ Die Parteien können das unbefristete Mietverhältnis unter Einhaltung der gesetzlichen Fristen und Termine kündigen, sofern sie keine längere Frist oder keinen anderen Termin vereinbart haben.

² Halten die Parteien die Frist oder den Termin nicht ein, so gilt die Kündigung für den nächstmöglichen Termin.

2. Unbewegliche Sachen und Fahrnisbauten

266b Bei der Miete von unbeweglichen Sachen und Fahrnisbauten können die Parteien mit einer Frist von drei Monaten auf einen ortsüblichen Termin oder, wenn es keinen Ortsgebrauch gibt, auf Ende einer sechsmonatigen Mietdauer kündigen.

3. Wohnungen

266c Bei der Miete von Wohnungen können die Parteien mit einer Frist von drei Monaten auf einen ortsüblichen Termin oder, wenn es keinen Ortsgebrauch gibt, auf Ende einer dreimonatigen Mietdauer kündigen.

4. Geschäftsräume

266d Bei der Miete von Geschäftsräumen können die Parteien mit einer Frist von sechs Monaten auf einen ortsüblichen Termin oder, wenn es keinen Ortsgebrauch gibt, auf Ende einer dreimonatigen Mietdauer kündigen.

5. Möblierte Zimmer und Einstellplätze

266e Bei der Miete von möblierten Zimmern und von gesondert vermieteten Einstellplätzen oder ähnlichen Einrichtungen können die Parteien mit einer Frist von zwei Wochen auf Ende einer einmonatigen Mietdauer kündigen.

6. Bewegliche Sachen

266f Bei der Miete von beweglichen Sachen können die Parteien mit einer Frist von drei Tagen auf einen beliebigen Zeitpunkt kündigen.

III. Ausserordentliche Kündigung
1. Aus wichtigen Gründen

266g ¹ Aus wichtigen Gründen, welche die Vertragserfüllung für sie unzumutbar machen, können die Parteien das Mietverhältnis mit der gesetzlichen Frist auf einen beliebigen Zeitpunkt kündigen.

² Der Richter bestimmt die vermögensrechtlichen Folgen der vorzeitigen Kündigung unter Würdigung aller Umstände.

2. Konkurs des Mieters

266h ¹ Fällt der Mieter nach Übernahme der Sache in Konkurs, so kann der Vermieter für künftige Mietzinse Sicherheit verlangen. Er muss dafür dem Mieter und der Konkursverwaltung schriftlich eine angemessene Frist setzen.

² Erhält der Vermieter innert dieser Frist keine Sicherheit, so kann er fristlos kündigen.

3. Tod des Mieters

266i Stirbt der Mieter, so können seine Erben mit der gesetzlichen Frist auf den nächsten gesetzlichen Termin kündigen.

4. Bewegliche Sachen

266k Der Mieter einer beweglichen Sache, die seinem privaten Gebrauch dient und vom Vermieter im Rahmen seiner gewerblichen Tätigkeit vermietet wird, kann mit einer Frist von mindestens 30 Tagen auf Ende einer dreimonatigen Mietdauer kündigen. Der Vermieter hat dafür keinen Anspruch auf Entschädigung.

IV. Form der Kündigung bei Wohn- und Geschäftsräumen
1. Im allgemeinen

266l [1] Vermieter und Mieter von Wohn- und Geschäftsräumen müssen schriftlich kündigen.

[2] Der Vermieter muss mit einem Formular kündigen, das vom Kanton genehmigt ist und das angibt, wie der Mieter vorzugehen hat, wenn er die Kündigung anfechten oder eine Erstreckung des Mietverhältnisses verlangen will.

2. Wohnung der Familie
a. Kündigung durch den Mieter

266m [1] Dient die gemietete Sache als Wohnung der Familie, kann ein Ehegatte den Mietvertrag nur mit der ausdrücklichen Zustimmung des anderen kündigen.

[2] Kann der Ehegatte diese Zustimmung nicht einholen oder wird sie ihm ohne triftigen Grund verweigert, so kann er den Richter anrufen.

b. Kündigung durch den Vermieter

266n Die Kündigung durch den Vermieter sowie die Ansetzung einer Zahlungsfrist mit Kündigungsandrohung (Art. 257d) sind dem Mieter und seinem Ehegatten separat zuzustellen.

3. Nichtigkeit der Kündigung

266o Die Kündigung ist nichtig, wenn sie den Artikeln 266l–266n nicht entspricht.

P. Rückgabe der Sache
I. Im allgemeinen

267 [1] Der Mieter muss die Sache in dem Zustand zurückgeben, der sich aus dem vertragsgemässen Gebrauch ergibt.

[2] Vereinbarungen, in denen sich der Mieter im voraus verpflichtet, bei Beendigung des Mietverhältnisses eine Entschädigung zu entrichten, die anderes als die Deckung des allfälligen Schadens einschliesst, sind nichtig.

II. Prüfung der Sache und Meldung an den Mieter

267a [1] Bei der Rückgabe muss der Vermieter den Zustand der Sache prüfen und Mängel, für die der Mieter einzustehen hat, diesem sofort melden.

[2] Versäumt dies der Vermieter, so verliert er seine Ansprüche, soweit es sich nicht um Mängel handelt, die bei übungsgemässer Untersuchung nicht erkennbar waren.

[3] Entdeckt der Vermieter solche Mängel später, so muss er sie dem Mieter sofort melden.

Q. Retentionsrecht des Vermieters
I. Umfang

268 [1] Der Vermieter von Geschäftsräumen hat für einen verfallenen Jahreszins und den laufenden Halbjahreszins ein Retentionsrecht an den beweglichen Sachen, die sich in den vermieteten Räumen befinden und zu deren Einrichtung oder Benutzung gehören.

[2] Das Retentionsrecht des Vermieters umfasst die vom Untermieter eingebrachten Gegenstände insoweit, als dieser seinen Mietzins nicht bezahlt hat.

[3] Ausgeschlossen ist das Retentionsrecht an Sachen, die durch die Gläubiger des Mieters nicht gepfändet werden könnten.

II. Sachen Dritter

268a [1] Die Rechte Dritter an Sachen, von denen der Vermieter wusste oder wissen musste, dass sie nicht dem Mieter gehören, sowie an gestohlenen, verlorenen oder sonstwie abhanden gekommenen Sachen gehen dem Retentionsrecht des Vermieters vor.

² Erfährt der Vermieter erst während der Mietdauer, dass Sachen, die der Mieter eingebracht hat, nicht diesem gehören, so erlischt sein Retentionsrecht an diesen Sachen, wenn er den Mietvertrag nicht auf den nächstmöglichen Termin kündigt.

III. Geltendmachung

268b ¹ Will der Mieter wegziehen oder die in den gemieteten Räumen befindlichen Sachen fortschaffen, so kann der Vermieter mit Hilfe der zuständigen Amtsstelle so viele Gegenstände zurückhalten, als zur Deckung seiner Forderung notwendig sind.

² Heimlich oder gewaltsam fortgeschaffte Gegenstände können innert zehn Tagen seit der Fortschaffung mit polizeilicher Hilfe in die vermieteten Räume zurückgebracht werden.

Zweiter Abschnitt:

Schutz vor missbräuchlichen Mietzinsen und andern missbräuchlichen Forderungen des Vermieters bei der Miete von Wohn- und Geschäftsräumen

A. Missbräuchliche Mietzinse

I. Regel

269 Mietzinse sind missbräuchlich, wenn damit ein übersetzter Ertrag aus der Mietsache erzielt wird oder wenn sie auf einem offensichtlich übersetzten Kaufpreis beruhen.

II. Ausnahmen

269a Mietzinse sind in der Regel nicht missbräuchlich, wenn sie insbesondere:
a. im Rahmen der orts- oder quartierüblichen Mietzinse liegen;
b. durch Kostensteigerungen oder Mehrleistungen des Vermieters begründet sind;
c. bei neueren Bauten im Rahmen der kostendeckenden Bruttorendite liegen;
d. lediglich dem Ausgleich einer Mietzinsverbilligung dienen, die zuvor durch Umlagerung marktüblicher Finanzierungskosten gewährt wurde, und in einem dem Mieter im voraus bekanntgegebenen Zahlungsplan festgelegt sind;
e. lediglich die Teuerung auf dem risikotragenden Kapital ausgleichen;
f. das Ausmass nicht überschreiten, das Vermieter- und Mieterverbände oder Organisationen, die ähnliche Interessen wahrnehmen, in ihren Rahmenverträgen empfehlen.

B. Indexierte Mietzinse

269b Die Vereinbarung, dass der Mietzins einem Index folgt, ist nur gültig, wenn der Mietvertrag für mindestens fünf Jahre abgeschlossen und als Index der Landesindex der Konsumentenpreise vorgesehen wird.

C. Gestaffelte Mietzinse

269c Die Vereinbarung, dass sich der Mietzins periodisch um einen bestimmten Betrag erhöht, ist nur gültig, wenn:
a. der Mietvertrag für mindestens drei Jahre abgeschlossen wird;
b. der Mietzins höchstens einmal jährlich erhöht wird; und
c. der Betrag der Erhöhung in Franken festgelegt wird.

D. Mietzinserhöhungen und andere einseitige Vertragsänderungen durch den Vermieter

269d ¹ Der Vermieter kann den Mietzins jederzeit auf den nächstmöglichen Kündigungstermin erhöhen. Er muss dem Mieter die Mietzinserhöhung mindestens zehn Tage vor Beginn der Kündigungsfrist auf einem vom Kanton genehmigten Formular mitteilen und begründen.

² Die Mietzinserhöhung ist nichtig, wenn der Vermieter:
a. sie nicht mit dem vorgeschriebenen Formular mitteilt;
b. sie nicht begründet;
c. mit der Mitteilung die Kündigung androht oder ausspricht.

³ Die Absätze 1 und 2 gelten auch, wenn der Vermieter beabsichtigt, sonstwie den Mietvertrag einseitig zu Lasten des Mieters zu ändern, namentlich seine bisherigen Leistungen zu vermindern oder neue Nebenkosten einzuführen.

E. Anfechtung des Mietzinses
I. Herabsetzungsbegehren
1. Anfangsmietzins

270 [1] Der Mieter kann den Anfangsmietzins innert 30 Tagen nach Übernahme der Sache bei der Schlichtungsbehörde als missbräuchlich im Sinne der Artikel 269 und 269a anfechten und dessen Herabsetzung verlangen, wenn:
a. er sich wegen einer persönlichen oder familiären Notlage oder wegen der Verhältnisse auf dem örtlichen Markt für Wohn- und Geschäftsräume zum Vertragsabschluss gezwungen sah; oder
b. der Vermieter den Anfangsmietzins gegenüber dem früheren Mietzins für dieselbe Sache erheblich erhöht hat.

[2] Im Falle von Wohnungsmangel können die Kantone für ihr Gebiet oder einen Teil davon die Verwendung des Formulars gemäss Artikel 269d beim Abschluss eines neuen Mietvertrags obligatorisch erklären.

2. Während der Mietdauer

270a [1] Der Mieter kann den Mietzins als missbräuchlich anfechten und die Herabsetzung auf den nächstmöglichen Kündigungstermin verlangen, wenn er Grund zur Annahme hat, dass der Vermieter wegen einer wesentlichen Änderung der Berechnungsgrundlagen, vor allem wegen einer Kostensenkung, einen nach den Artikeln 269 und 269a übersetzten Ertrag aus der Mietsache erzielt.

[2] Der Mieter muss das Herabsetzungsbegehren schriftlich beim Vermieter stellen; dieser muss innert 30 Tagen Stellung nehmen. Entspricht der Vermieter dem Begehren nicht oder nur teilweise oder antwortet er nicht fristgemäss, so kann der Mieter innert 30 Tagen die Schlichtungsbehörde anrufen.

[3] Absatz 2 ist nicht anwendbar, wenn der Mieter gleichzeitig mit der Anfechtung einer Mietzinserhöhung ein Herabsetzungsbegehren stellt.

II. Anfechtung von Mietzinserhöhungen und andern einseitigen Vertragsänderungen

270b [1] Der Mieter kann eine Mietzinserhöhung innert 30 Tagen, nachdem sie ihm mitgeteilt worden ist, bei der Schlichtungsbehörde als missbräuchlich im Sinne der Artikel 269 und 269a anfechten.

[2] Absatz 1 gilt auch, wenn der Vermieter sonstwie den Mietvertrag einseitig zu Lasten des Mieters ändert, namentlich seine bisherigen Leistungen vermindert oder neue Nebenkosten einführt.

III. Anfechtung indexierter Mietzinse

270c Unter Vorbehalt der Anfechtung des Anfangsmietzinses kann eine Partei vor der Schlichtungsbehörde nur geltend machen, dass die von der andern Partei verlangte Erhöhung oder Herabsetzung des Mietzinses durch keine entsprechende Änderung des Indexes gerechtfertigt sei.

IV. Anfechtung gestaffelter Mietzinse

270d Unter Vorbehalt der Anfechtung des Anfangsmietzinses kann der Mieter gestaffelte Mietzinse nicht anfechten.

F. Weitergeltung des Mietvertrages während des Anfechtungsverfahrens

270e Der bestehende Mietvertrag gilt unverändert weiter:
a. während des Schlichtungsverfahrens, wenn zwischen den Parteien keine Einigung zustandekommt, und
b. während des Gerichtsverfahrens, unter Vorbehalt vorsorglicher Massnahmen des Richters.

Dritter Abschnitt:
Kündigungsschutz bei der Miete von Wohn- und Geschäftsräumen

A. Anfechtbarkeit der Kündigung
I. Im allgemeinen

271 [1] Die Kündigung ist anfechtbar, wenn sie gegen den Grundsatz von Treu und Glauben verstösst.

² Die Kündigung muss auf Verlangen begründet werden.

II. Kündigung durch den Vermieter

271a ¹ Die Kündigung durch den Vermieter ist insbesondere anfechtbar, wenn sie ausgesprochen wird:
a. weil der Mieter nach Treu und Glauben Ansprüche aus dem Mietverhältnis geltend macht;
b. weil der Vermieter eine einseitige Vertragsänderung zu Lasten des Mieters oder eine Mietzinsanpassung durchsetzen will;
c. allein um den Mieter zum Erwerb der gemieteten Wohnung zu veranlassen;
d. während eines mit dem Mietverhältnis zusammenhängenden Schlichtungs- oder Gerichtsverfahrens, ausser wenn der Mieter das Verfahren missbräuchlich eingeleitet hat;
e. vor Ablauf von drei Jahren nach Abschluss eines mit dem Mietverhältnis zusammenhängenden Schlichtungs- oder Gerichtsverfahrens, in dem der Vermieter:
  1. zu einem erheblichen Teil unterlegen ist;
  2. seine Forderung oder Klage zurückgezogen oder erheblich eingeschränkt hat;
  3. auf die Anrufung des Richters verzichtet hat;
  4. mit dem Mieter einen Vergleich geschlossen oder sich sonstwie geeinigt hat;
f. wegen Änderungen in der familiären Situation des Mieters, aus denen dem Vermieter keine wesentlichen Nachteile entstehen.

² Absatz 1 Buchstabe e ist auch anwendbar, wenn der Mieter durch Schriftstücke nachweisen kann, dass er sich mit dem Vermieter ausserhalb eines Schlichtungs- oder Gerichtsverfahrens über eine Forderung aus dem Mietverhältnis geeinigt hat.

³ Absatz 1 Buchstaben d und e sind nicht anwendbar bei Kündigungen:
a. wegen dringenden Eigenbedarfs des Vermieters für sich, nahe Verwandte oder Verschwägerte;
b. wegen Zahlungsrückstand des Mieters (Art. 257d);
c. wegen schwerer Verletzung der Pflicht des Mieters zu Sorgfalt und Rücksichtnahme (Art. 257f Abs. 3 und 4);
d. infolge Veräusserung der Sache (Art. 261);
e. aus wichtigen Gründen (Art. 266g);
f. wegen Konkurs des Mieters (Art. 266h).

B. Erstreckung des Mietverhältnisses

I. Anspruch des Mieters

272 ¹ Der Mieter kann die Erstreckung eines befristeten oder unbefristeten Mietverhältnisses verlangen, wenn die Beendigung der Miete für ihn oder seine Familie eine Härte zur Folge hatte, die durch die Interessen des Vermieters nicht zu rechtfertigen wäre.

² Bei der Interessenabwägung berücksichtigt die zuständige Behörde insbesondere:
a. die Umstände des Vertragsabschlusses und den Inhalt des Vertrags;
b. die Dauer des Mietverhältnisses;
c. die persönlichen, familiären und wirtschaftlichen Verhältnisse der Parteien und deren Verhalten;
d. einen allfälligen Eigenbedarf des Vermieters für sich, nahe Verwandte oder Verschwägerte sowie die Dringlichkeit dieses Bedarfs;
e. die Verhältnisse auf dem örtlichen Markt für Wohn- und Geschäftsräume.

³ Verlangt der Mieter eine zweite Erstreckung, so berücksichtigt die zuständige Behörde auch, ob er zur Abwendung der Härte alles unternommen hat, was ihm zuzumuten war.

II. Ausschluss der Erstreckung

272a ¹ Die Erstreckung ist ausgeschlossen bei Kündigungen:
a. wegen Zahlungsrückstand des Mieters (Art. 257d);
b. wegen schwerer Verletzung der Pflicht des Mieters zu Sorgfalt und Rücksichtnahme (Art. 257f Abs. 3 und 4);
c. wegen Konkurs des Mieters (Art. 266h);
d. eines Mietvertrages, welcher im Hinblick auf ein bevorstehendes Umbau- oder Ab-

bruchvorhaben ausdrücklich nur für die beschränkte Zeit bis zum Baubeginn oder bis zum Erhalt der erforderlichen Bewilligung abgeschlossen wurde.

² Die Erstreckung ist in der Regel ausgeschlossen, wenn der Vermieter dem Mieter einen gleichwertigen Ersatz für die Wohn- oder Geschäftsräume anbietet.

III. Dauer der Erstreckung

272b ¹ Das Mietverhältnis kann für Wohnräume um höchstens vier, für Geschäftsräume um höchstens sechs Jahre erstreckt werden. Im Rahmen der Höchstdauer können eine oder zwei Erstreckungen gewährt werden.

² Vereinbaren die Parteien eine Erstreckung des Mietverhältnisses, so sind sie an keine Höchstdauer gebunden, und der Mieter kann auf eine zweite Erstreckung verzichten.

IV. Weitergeltung des Mietvertrags

272c ¹ Jede Partei kann verlangen, dass der Vertrag im Erstreckungsentscheid veränderten Verhältnissen angepasst wird.

² Ist der Vertrag im Erstreckungsentscheid nicht geändert worden, so gilt er während der Erstreckung unverändert weiter; vorbehalten bleiben die gesetzlichen Anpassungsmöglichkeiten.

V. Kündigung während der Erstreckung

272d Legt der Erstreckungsentscheid oder die Erstreckungsvereinbarung nichts anderes fest, so kann der Mieter das Mietverhältnis wie folgt kündigen:
a. bei Erstreckung bis zu einem Jahr mit einer einmonatigen Frist auf Ende eines Monats;
b. bei Erstreckung von mehr als einem Jahr mit einer dreimonatigen Frist auf einen gesetzlichen Termin.

C. Verfahren: Behörden und Fristen

273 ¹ Will eine Partei die Kündigung anfechten, so muss sie das Begehren innert 30 Tagen nach Empfang der Kündigung der Schlichtungsbehörde einreichen.

² Will der Mieter eine Erstreckung des Mietverhältnisses verlangen, so muss er das Begehren der Schlichtungsbehörde einreichen.
a. bei einem unbefristeten Mietverhältnis innert 30 Tagen nach Empfang der Kündigung;
b. bei einem befristeten Mietverhältnis spätestens 60 Tage vor Ablauf der Vertragsdauer.

³ Das Begehren um eine zweite Erstreckung muss der Mieter der Schlichtungsbehörde spätestens 60 Tage vor Ablauf der ersten einreichen.

⁴ Die Schlichtungsbehörde versucht, eine Einigung zwischen den Parteien herbeizuführen. Kommt keine Einigung zustande, so fällt sie einen Entscheid über die Ansprüche der Vertragsparteien.

⁵ Ruft die unterlegene Partei nicht innert 30 Tagen den Richter an, so wird der Entscheid rechtskräftig.

D. Wohnung der Familie

273a ¹ Dient die gemietete Sache als Wohnung der Familie, so kann auch der Ehegatte des Mieters die Kündigung anfechten, die Erstreckung des Mietverhältnisses verlangen oder die übrigen Rechte ausüben, die dem Mieter bei Kündigung zustehen.

² Vereinbarungen über die Erstreckung sind nur gültig, wenn sie mit beiden Ehegatten abgeschlossen werden.

E. Untermiete

273b ¹ Dieser Abschnitt gilt für die Untermiete, solange das Hauptmietverhältnis nicht aufgelöst ist. Die Untermiete kann nur für die Dauer des Hauptmietverhältnisses erstreckt werden.

² Bezweckt die Untermiete hauptsächlich die Umgehung der Vorschriften über den Kündigungsschutz, so wird dem Untermieter ohne Rücksicht auf das Hauptmietverhältnis Kündigungsschutz gewährt. Wird das Hauptmietverhältnis gekündigt, so tritt der Vermieter anstelle des Mieters in den Vertrag mit dem Untermieter ein.

F. Zwingende Bestimmungen

273c [1] Der Mieter kann auf Rechte, die ihm nach diesem Abschnitt zustehen, nur verzichten, wenn dies ausdrücklich vorgesehen ist.

[2] Abweichende Vereinbarungen sind nichtig.

Vierter Abschnitt:

Behörden und Verfahren

A. Grundsatz

274 Die Kantone bezeichnen die zuständigen Behörden und regeln das Verfahren.

B. Schlichtungsbehörde

274a [1] Die Kantone setzen kantonale, regionale oder kommunale Schlichtungsbehörden ein, die bei der Miete unbeweglicher Sachen:
a. die Parteien in allen Mietfragen beraten;
b. in Streitfällen versuchen, eine Einigung zwischen den Parteien herbeizuführen;
c. die nach dem Gesetz erforderlichen Entscheide fällen;
d. die Begehren des Mieters an die zuständige Behörde überweisen, wenn ein Ausweisungsverfahren hängig ist;
e. als Schiedsgericht amten, wenn die Parteien es verlangen.

[2] Vermieter und Mieter sind durch ihre Verbände oder andere Organisationen, die ähnliche Interessen wahrnehmen, in den Schlichtungsbehörden paritätisch vertreten.

[3] Die Kantone können die paritätischen Organe, die in Rahmenmietverträgen oder ähnlichen Abkommen vorgesehen sind, als Schlichtungsbehörden bezeichnen.

C. Gerichtsstand

274b [1] Zuständig für Streitigkeiten aus dem Mietverhältnis sind:
a. bei der Miete unbeweglicher Sachen die Schlichtungsbehörde und der Richter am Ort der Sache;
b. bei der Miete beweglicher Sachen der Richter am Wohnsitz des Beklagten.

[2] Der in der Schweiz wohnhafte Mieter kann nicht zum voraus auf den Gerichtsstand nach Absatz 1 verzichten bei:
a. Wohnräumen;
b. beweglichen Sachen, die seinem privaten Gebrauch dienen und vom Vermieter im Rahmen seiner gewerblichen Tätigkeit vermietet werden.

D. Schiedsgericht

274c Bei der Miete von Wohnräumen dürfen die Parteien die Zuständigkeit der Schlichtungsbehörden und der richterlichen Behörden nicht durch vertraglich vereinbarte Schiedsgerichte ausschliessen. Artikel 274a Absatz 1 Buchstabe e bleibt vorbehalten.

E. Verfahren bei der Miete von Wohn- und Geschäftsräumen

I. Grundsatz

274d [1] Die Kantone sehen für Streitigkeiten aus der Miete von Wohn- und Geschäftsräumen ein einfaches und rasches Verfahren vor.

[2] Das Verfahren vor der Schlichtungsbehörde ist kostenlos; bei mutwilliger Prozessführung kann jedoch die fehlbare Partei zur gänzlichen oder teilweisen Übernahme der Verfahrenskosten und zur Leistung einer Entschädigung an die andere Partei verpflichtet werden.

[3] Schlichtungsbehörde und Richter stellen den Sachverhalt von Amtes wegen fest und würdigen die Beweise nach freiem Ermessen; die Parteien müssen ihnen alle für die Beurteilung des Streitfalls notwendigen Unterlagen vorlegen.

II. Schlichtungsverfahren

274e [1] Die Schlichtungsbehörde versucht, eine Einigung zwischen den Parteien herbeizuführen. Die Einigung gilt als gerichtlicher Vergleich.

[2] Kommt keine Einigung zustande, so fällt die Schlichtungsbehörde in den vom Gesetz vorgesehenen Fällen einen Entscheid; in den anderen Fällen stellt sie das Nichtzustandekommen der Einigung fest.

[3] Weist die Schlichtungsbehörde ein Begehren des Mieters betreffend Anfechtbarkeit der Kündigung ab, so prüft sie von Amtes wegen, ob das Mietverhältnis erstreckt werden kann.

III. Gerichtsverfahren

274f [1] Hat die Schlichtungsbehörde einen Entscheid gefällt, so wird dieser rechtskräftig, wenn die Partei, die unterlegen ist, nicht innert 30 Tagen den Richter anruft; hat sie das Nichtzustandekommen der Einigung festgestellt, so muss die Partei, die auf ihrem Begehren beharrt, innert 30 Tagen den Richter anrufen.

[2] Der Richter entscheidet auch über zivilrechtliche Vorfragen und kann für die Dauer des Verfahrens vorsorgliche Massnahmen treffen.

[3] Artikel 274e Absatz 3 gilt sinngemäss.

F. Ausweisungsbehörde

274g [1] Ficht der Mieter eine ausserordentliche Kündigung an und ist ein Ausweisungsverfahren hängig, so entscheidet die für die Ausweisung zuständige Behörde auch über die Wirkung der Kündigung, wenn der Vermieter gekündigt hat:
a. wegen Zahlungsrückstand des Mieters (Art. 257d);
b. wegen schwerer Verletzung der Pflicht des Mieters zu Sorgfalt und Rücksichtnahme (Art. 257f Abs. 3 und 4);
c. aus wichtigen Gründen (Art. 266g);
d. wegen Konkurs des Mieters (Art. 266h).

[2] Hat der Vermieter aus wichtigen Gründen (Art. 266g) vorzeitig gekündigt, so entscheidet die für die Ausweisung zuständige Behörde auch über die Erstreckung des Mietverhältnisses.

[3] Wendet sich der Mieter mit seinen Begehren an die Schlichtungsbehörde, so überweist diese die Begehren an die für die Ausweisung zuständige Behörde.

Verordnung über die Miete und Pacht von Wohn- und Geschäftsräumen (VMWG)

Der Schweizerische Bundesrat, gestützt auf Artikel 253a Absatz 3 des Obligationenrechts verordnet:

Geltungsbereich
(Art. 253a Abs. 1 OR)

1 Als Sachen, die der Vermieter dem Mieter zusammen mit Wohn- und Geschäftsräumen zum Gebrauch überlässt, gelten insbesondere Mobilien, Garagen, Autoeinstell- und -abstellplätze sowie Gärten.

Ausnahmen
(Art. 253 Abs. 2, Art. 253b Abs. 2 und 3 OR)

2 [1] Für luxuriöse Wohnungen und Einfamilienhäuser mit sechs oder mehr Wohnräumen (ohne Anrechnung der Küche) gilt der 2. Abschnitt des Achten Titels des OR (Art. 269–270e) nicht.

[2] Für Wohnungen, deren Bereitstellung von der öffentlichen Hand gefördert wurde und deren Mietzinse durch eine Behörde kontrolliert werden, gelten nur die Artikel 253–268b, 269, 269d Absatz 3, 270e und 271–274g OR sowie die Artikel 3–10 und 20–23 dieser Verordnung.

Koppelungsgeschäfte
(Art. 254 OR)

3 Als Koppelungsgeschäft im Sinne von Artikel 254 OR gilt insbesondere die Verpflichtung des Mieters, die Mietsache, Möbel oder Aktien zu kaufen oder einen Versicherungsvertrag abzuschliessen.

Nebenkosten im allgemeinen
(Art. 257a OR)

4 [1] Erhebt der Vermieter die Nebenkosten aufgrund einer Abrechnung, muss er diese jährlich mindestens einmal erstellen und dem Mieter vorlegen.

[2] Erhebt er sic pauschal, muss er auf Durchschnittswerte dreier Jahre abstellen.

[3] Die für die Erstellung der Abrechnung entstehenden Verwaltungskosten dür-

fen nach Aufwand oder im Rahmen der üblichen Ansätze angerechnet werden.

Anrechenbare Heizungs- und Warmwasserkosten
(Art. 257b Abs. 1 OR)

5 [1] Als Heizungs- und Warmwasserkosten anrechenbar sind die tatsächlichen Aufwendungen, die mit dem Betrieb der Heizungsanlage oder der zentralen Warmwasseraufbereitungsanlage direkt zusammenhängen.

[2] Darunter fallen insbesondere die Aufwendungen für:
a. die Brennstoffe und die Energie, die verbraucht wurden;
b. die Elektrizität zum Betrieb von Brennern und Pumpen;
c. die Betriebskosten für Alternativenergien;
d. die Reinigung der Heizungsanlage und des Kamins, das Auskratzen, Ausbrennen und Einölen der Heizkessel sowie die Abfall- und Schlackenbeseitigung;
e. die periodische Revision der Heizungsanlage einschliesslich des Öltanks sowie das Entkalken der Warmwasseranlage, der Boiler und des Leitungsnetzes;
f. die Verbrauchserfassung und den Abrechnungsservice für die verbrauchsabhängige Heizkostenabrechnung sowie den Unterhalt der nötigen Apparate;
g. die Wartung;
h. die Versicherungsprämien, soweit sie sich ausschliesslich auf die Heizungsanlage beziehen;
i. die Verwaltungsarbeit, die mit dem Betrieb der Heizungsanlage zusammenhängt.

[3] Die Kosten für die Wartung und die Verwaltung dürfen nach Aufwand oder im Rahmen der üblichen Ansätze angerechnet werden.

Nicht anrechenbare Heizungs- und Warmwasserkosten
(Art. 257b Abs. 1 OR)

6 Nicht als Heizungs- und Warmwasseraufbereitungskosten anrechenbar sind die Aufwendungen für:
a. die Reparatur und Erneuerung der Anlagen;
b. die Verzinsung und Abschreibung der Anlagen.

6 a *Energiebezug von einer ausgelagerten Zentrale*
Bezieht der Vermieter Heizenergie oder Warmwasser aus einer nicht zur Liegenschaft gehörenden Zentrale, die nicht Teil der Anlagekosten ist, kann er die tatsächlich anfallenden Kosten in Rechnung stellen.

Nicht vermietete Wohn- und Geschäftsräume
(Art. 257b Abs. 1 OR)

7 [1] Die Heizungskosten für nicht vermietete Wohn- und Geschäftsräume trägt der Vermieter.

[2] Sind keine Geräte zur Erfassung des Wärmeverbrauchs der einzelnen Verbraucher installiert und wurden nicht vermietete Wohn- und Geschäftsräume nachweisbar nur soweit geheizt, als dies zur Verhinderung von Frostschäden notwendig ist, muss der Vermieter nur einen Teil der Heizungskosten übernehmen, die nach dem normalen Verteilungsschlüssel auf Wohn- und Geschäftsräume entfallen. Dieser Teil beträgt in der Regel:
a. ein Drittel für Zwei- bis Dreifamilienhäuser;
b. die Hälfte für Vier- bis Achtfamilienhäuser;
c. zwei Drittel für grössere Gebäude sowie für Büro- und Geschäftshäuser.

Abrechnung
(Art. 257b OR)

8 [1] Erhält der Mieter mit der jährlichen Heizungskostenrechnung nicht eine detaillierte Abrechnung und Aufteilung der Heizungs- und Warmwasseraufbereitungskosten, so ist auf der Rechnung ausdrücklich darauf hinzuweisen, dass er die detaillierte Abrechnung verlangen kann.

[2] Der Mieter oder sein bevollmächtigter Vertreter ist berechtigt, die sachdienlichen Originalunterlagen einzusehen und über den Anfangs- und Endbestand von Heizmaterialien Auskunft zu verlangen.

Kündigungen
(Art. 266l Abs. 2 OR)

9 ¹ Das Formular für die Mitteilung der Kündigung im Sinne von Artikel 266l Absatz 2 des Obligationenrechts muss enthalten:
a. die Bezeichnung des Mietgegenstandes, auf welchen sich die Kündigung bezieht;
b. den Zeitpunkt, auf den die Kündigung wirksam wird;
c. den Hinweis, dass der Vermieter die Kündigung auf Verlangen des Mieters begründen muss;
d. die gesetzlichen Voraussetzungen der Anfechtung der Kündigung und der Erstreckung des Mietverhältnisses (Art. 271–273 OR);
e. das Verzeichnis der Schlichtungsbehörden und ihre örtliche Zuständigkeit.

² Die Kantone sorgen dafür, dass in den Gemeinden Formulare in genügender Zahl zur Verfügung stehen. Sie können zu diesem Zweck eigene Formulare in den Gemeindekanzleien auflegen.

Offensichtlich übersetzter Kaufpreis
(Art. 269 OR)

10 Als offensichtlich übersetzt im Sinne von Artikel 269 OR gilt ein Kaufpreis, der den Ertragswert einer Liegenschaft, berechnet auf den orts- oder quartierüblichen Mietzinsen für gleichartige Objekte, erheblich übersteigt.

Orts- und quartierübliche Mietzinse
(Art. 269a Bst. a OR)

11 ¹ Massgeblich für die Ermittlung der orts- und quartierüblichen Mietzinse im Sinne von Artikel 269a Buchstabe a OR sind die Mietzinse für Wohn- und Geschäftsräume, die nach Lage, Grösse, Ausstattung, Zustand und Bauperiode mit der Mietsache vergleichbar sind.

² Bei Geschäftsräumen kann der Vergleich im Sinne von Artikel 269a Buchstabe a OR mit den quartierüblichen Quadratmeterpreisen gleichartiger Objekte erfolgen.

³ Ausser Betracht fallen Mietzinse, die auf einer Marktbeherrschung durch einen Vermieter oder eine Vermietergruppe beruhen.

⁴ Amtliche Statistiken sind zu berücksichtigen.

Kostensteigerungen
(Art 269a Bst. b OR)

12 ¹ Als Kostensteigerungen im Sinne von Artikel 269a Buchstabe b OR gelten insbesondere Erhöhungen der Hypothekarzinse, der Gebühren, Objektsteuern, Baurechtszinse, Versicherungsprämien sowie Erhöhungen der Unterhaltskosten.

² Aus Handänderungen sich ergebende Kosten gelten als Teil der Erwerbskosten und nicht als Kostensteigerungen.

Hypothekarzinse
(Art. 269a Bst. b OR)

13 ¹ Eine Hypothekarzinserhöhung von einem Viertel Prozent berechtigt in der Regel zu einer Mietzinserhöhung von höchstens:
a. 2 Prozent bei Hypothekarzinssätzen von mehr als 6 Prozent;
b. 2,5 Prozent bei Hypothekarzinssätzen zwischen 5 und 6 Prozent;
c. 3 Prozent bei Hypothekarzinssätzen von weniger als 5 Prozent.

Bei Hypothekarzinssenkungen sind die Mietzinse entsprechend herabzusetzen oder die Einsparungen mit inzwischen eingetretenen Kostensteigerungen zu verrechnen.

² Bei Zahlungsplänen im Sinne von Artikel 269a Buchstabe d und Rahmenmietverträgen im Sinne von Artikel 269a Buchstabe f OR gelten bei Hypothekarzinsänderungen stattdessen die für solche Fälle vereinbarten Regelungen.

³ Wird unter Verzicht auf Quartierüblichkeit und Teuerungsausgleich dauernd mit der reinen Kostenmiete gerechnet, so kann der Mietzins bei Hypothekarzinserhöhungen im Umfang der Mehrbelastung für das gesamte investierte Kapital erhöht werden.

⁴ Bei Mietzinsanpassungen infolge von Hypothekarzinsänderungen ist im übrigen zu berücksichtigen, ob und inwieweit frühe-

re Hypothekarzinsänderungen zu Mietzinsanpassungen geführt haben.

Mehrleistungen des Vermieters
(Art. 269a Bst. b OR)

14 ¹ Als Mehrleistungen im Sinne von Artikel 269a Buchstabe b OR gelten Investitionen für wertvermehrende Verbesserungen, die Vergrösserung der Mietsache sowie zusätzliche Nebenleistungen. Die Kosten umfassender Überholungen gelten in der Regel zu 50–70 Prozent als wertvermehrende Investitionen.

² Mietzinserhöhungen wegen wertvermehrender Verbesserungen sind nicht missbräuchlich, wenn sie den angemessenen Satz für Verzinsung, Amortisation und Unterhalt der Investition nicht überschreiten.

³ Mietzinserhöhungen wegen wertvermehrender Investitionen dürfen erst angezeigt werden, wenn die Arbeiten ausgeführt sind und die sachdienlichen Belege vorliegen. Bei grösseren Arbeiten sind gestaffelte Mietzinserhöhungen nach Massgabe bereits erfolgter Zahlungen zulässig.

Bruttorendite
(Art. 269a Bst. c OR)

15 ¹ Die Bruttorendite im Sinne von Artikel 269a Buchstabe c OR wird auf den Anlagekosten berechnet.

² Ausser Betracht fallen offensichtlich übersetzte Land-, Bau- und Erwerbskosten.

Teuerungsausgleich
(Art. 269a Bst. e OR)

16 Zum Ausgleich der Teuerung auf dem risikotragenden Kapital im Sinne von Artikel 269a Buchstabe e OR darf der Mietzins um höchstens 40 Prozent der Steigerung des Landesindexes der Konsumentenpreise erhöht werden.

Indexierte Mietzinse für Wohnungen
(Art. 269b OR)

17 ¹ Haben die Parteien für die Miete einer Wohnung einen indexierten Mietzins vereinbart, darf die jeweilige Mietzinserhöhung die Zunahme des Landesindexes der Konsumentenpreise nicht übersteigen.

² Bei einer Senkung des Landesindexes ist der Mietzins entsprechend anzupassen.

Unvollständige Mietzinsanpassung

18 Macht der Vermieter die ihm zustehende Mietzinsanpassung nicht vollständig geltend, hat er diesen Vorbehalt in Franken oder in Prozenten des Mietzinses festzulegen.

Formular zur Mitteilung von Mietzinserhöhungen und anderen einseitigen Vertragsänderungen
(Art. 269d OR)

19 ¹ Das Formular für die Mitteilung von Mietzinserhöhungen und anderen einseitigen Vertragsänderungen im Sinne von Artikel 269d OR muss enthalten:
a. Für Mietzinserhöhungen:
  1. den bisherigen Mietzins und die bisherige Belastung des Mieters für Nebenkosten;
  2. den neuen Mietzins und die neue Belastung des Mieters für Nebenkosten;
  3. den Zeitpunkt, auf den die Erhöhung in Kraft tritt;
  4. die klare Begründung der Erhöhung. Werden mehrere Erhöhungsgründe geltend gemacht, so sind diese je in Einzelbeträgen auszuweisen.
b. Für andere einseitige Vertragsänderungen:
  1. die Umschreibung dieser Forderung;
  2. den Zeitpunkt, auf sie wirksam wird;
  3. die klare Begründung dieser Forderung.
c. Für beide Fälle:
  1. die gesetzlichen Voraussetzungen der Anfechtung;
  2. das Verzeichnis der Schlichtungsbehörden und ihre örtliche Zuständigkeit.

¹ᵇⁱˢ Erfolgt die Begründung in einem Begleitschreiben, so hat der Vermieter im Formular ausdrücklich darauf hinzuweisen.

² Die Absätze 1 und 1ᵇⁱˢ gelten ferner sinngemäss, wenn der Vermieter den Mietzins einem vereinbarten Index anpasst oder ihn aufgrund der vereinbarten Staffelung erhöht. Bei indexgebundenen Mietverhältnissen darf die Mitteilung frühestens nach der öffentlichen Bekanntgabe des neuen Indexstandes erfolgen. Bei gestaffelten Mietzinsen darf die Mitteilung frühestens vier Monate

vor Eintritt jeder Mietzinserhöhung erfolgen. Die Kantone können als rechtsgenügendes Formular in diesem Fall die Kopie der Mietzinsvereinbarung bezeichnen.

[3] Die Absätze 1 und 1bis sind sinngemäss anzuwenden, wenn die Kantone im Sinne von Artikel 270 Absatz 2 OR die Verwendung des Formulars beim Abschluss eines neuen Mietvertrags obligatorisch erklären.

[4] Die Kantone sorgen dafür, dass in den Gemeinden Formulare in genügender Zahl zur Verfügung stehen. Sie können zu diesem Zweck eigene Formulare in den Gemeindekanzleien auflegen.

Begründungspflicht des Vermieters
(Art. 269d Abs. 2 und 3 OR)

20 [1] Bei Mietzinserhöhungen wegen Kostensteigerungen oder wegen wertvermehrender Verbesserungen des Vermieters kann der Mieter verlangen, dass der geltend gemachte Differenzbetrag zahlenmässig begründet wird. Die 30tägige Anfechtungsfrist wird dadurch nicht berührt.

[2] Im Schlichtungsverfahren kann der Mieter verlangen, dass für alle geltend gemachten Gründe der Mietzinserhöhung die sachdienlichen Belege vorgelegt werden.

Aufgaben der Schlichtungsbehörden
(Art. 274a Abs. 1 und Art. 274e OR)

21 [1] Die Schlichtungsbehörden haben im Schlichtungsverfahren eine Einigung der Parteien anzustreben, die sich auf das gesamte Mietverhältnis (Höhe des Mietzinses, Dauer des Vertrages, Kündigungsfrist usw.) erstreckt. Der Inhalt der Abmachungen ist schriftlich festzuhalten und jeder Partei auszuhändigen.

[2] Die Schlichtungsbehörden sind verpflichtet, Mieter und Vermieter ausserhalb eines Anfechtungsverfahrens, insbesondere vor Abschluss eines Mietvertrages, zu beraten. Sie haben namentlich Mietern und Vermietern behilflich zu sein, sich selbst ein Urteil darüber zu bilden, ob ein Mietzins missbräuchlich ist.

[3] Die Schlichtungsbehörden können einzelne Mitglieder oder das Sekretariat mit der Beratung betrauen.

Zusammensetzung und Kosten
der Schlichtungsbehörden
(Art. 274a OR)

22 [1] Die Schlichtungsbehörden bestehen aus mindestens je einem Vertreter der Vermieter und der Mieter sowie einem unabhängigen Vorsitzenden.

[2] Die Kantone sind verpflichtet, die Zusammensetzung der Schlichtungsbehörden und deren Zuständigkeit periodisch zu veröffentlichen.

[3] Die Kosten der Schlichtungsbehörden sind von den Kantonen zu tragen.

Berichterstattung über die Schlichtungsbehörden und Bekanntgabe richterlicher Urteile

23 [1] Die Kantone haben dem Eidgenössischen Volkswirtschaftsdepartement halbjährlich über die Tätigkeit der Schlichtungsbehörden Bericht zu erstatten. Aus dem Bericht müssen die Zahl der Fälle, der jeweilige Grund der Anrufung sowie die Art der Erledigung ersichtlich sein.

[2] Die Kantone haben die zuständigen kantonalen richterlichen Behörden zu verpflichten, ein Doppel der Urteile über angefochtene Mietzinse und andere Forderungen der Vermieter dem Eidgenössischen Volkswirtschaftsdepartement zuzustellen.

[3] Das Eidgenössische Volkswirtschaftsdepartement sorgt für deren Auswertung und Veröffentlichung in geeigneter Form.

Vollzug

24 Das Eidgenössische Volkswirtschaftsdepartement ist mit dem Vollzug beauftragt.

Aufhebung bisherigen Rechts

25 Die Verordnung vom 10. Juli 1972 über Massnahmen gegen Missbräuche im Mietwesen wird aufgehoben.

Übergangsbestimmungen

26 ¹ Die Vorschriften über den Schutz vor missbräuchlichen Mietzinsen und anderen missbräuchlichen Forderungen des Vermieters bei der Miete von Wohn- und Geschäftsräumen sind anwendbar auf Anfangsmietzinse oder Mietzinserhöhungen, die mit Wirkung auf einen Zeitpunkt nach dem 1. Juli 1990 festgelegt oder mitgeteilt werden.

² Wurde eine Mietzinserhöhung vor dem 1. Juli 1990, aber mit Wirkung auf einen Zeitpunkt danach mitgeteilt, so beginnt die Frist für die Anfechtung (Art. 270b OR) am 1. Juli 1990 zu laufen. Für die Anfechtung eines Anfangsmietzinses, der vor dem 1. Juli 1990, aber mit Wirkung auf einen Zeitpunkt danach festgelegt wurde, gilt die Frist gemäss Art. 270 OR.

³ Mietverhältnisse mit indexierten oder gestaffelten Mietzinsen, die nach dem 1. Juli 1990 beginnen, unterstehen dem neuen Recht; Mietverhältnisse mit indexierten oder gestaffelten Mietzinsen, die vor dem 1. Juli 1990 begonnen haben, aber erst später enden, unterstehen dem alten Recht.

⁴ Basiert der Mietzins am 1. Juli 1990 auf einem Hypothekarzinsstand von weniger als 6 Prozent, so kann der Vermieter auch später für jedes Viertelprozent, das unter diesem Stand liegt, den Mietzins um 3,5 Prozent erhöhen.

Inkrafttreten

27 Diese Verordnung tritt am 1. Juli 1990 in Kraft.

Schlussbestimmung der Änderung vom 26. Juni 1996

Die Vereinbarung einer vollen Indexierung nach Artikel 17 Absatz 1 vor dem Inkrafttreten dieser Verordnungsänderung ist möglich, soweit sie erst nach dem Inkrafttreten wirksam wird.

Schweizerisches Zivilgesetzbuch (ZGB)

Die Scheidungsfolgen

Im Rahmen des neuen am 1. Januar 2000 in Kraft getretenen Scheidungsrechts wurde dem Richter die Befugnis eingeräumt, einem geschiedenen Ehegatten aus wichtigen Gründen den Mietvertrag über die Familienwohnung zu übertragen. Der Artikel regelt die Voraussetzungen und Folgen einer solchen Übertragung.

C. Wohnung der Familie

121 ¹ Ist ein Ehegatte wegen der Kinder oder aus anderen wichtigen Gründen auf die Wohnung der Familie angewiesen, so kann das Gericht ihm die Rechte und Pflichten aus dem Mietvertrag allein übertragen, sofern dies dem anderen billigerweise zugemutet werden kann.

² Der bisherige Mieter haftet solidarisch für den Mietzins bis zum Zeitpunkt, in dem das Mietverhältnis gemäss Vertrag oder Gesetz endet oder beendet werden kann, höchstens aber während zweier Jahre; wird er für den Mietzins belangt, so kann er den bezahlten Betrag ratenweise in der Höhe des monatlichen Mietzinses mit den Unterhaltsbeiträgen, die er dem anderen Ehegatten schuldet, verrechnen.

³ Gehört die Wohnung der Familie einem Ehegatten, so kann das Gericht dem anderen unter den gleichen Voraussetzungen und gegen angemessene Entschädigung oder unter Anrechnung auf Unterhaltsbeiträge ein befristetes Wohnrecht einräumen. Wenn wichtige neue Tatsachen es erfordern, ist das Wohnrecht einzuschränken oder aufzuheben.

Hypothekarzinsentwicklung seit 1996

Zinssätze der Kantonalbanken für erste alte Wohnbauhypotheken (massgeblicher Zinssatz für die mietrechtliche Rechtsprechungen)

	1996				1997						1998		1999		2000						2001				2002	
	Datum	%	Datum	%	Datum	%	Datum	%	Datum	%	Datum	%	Datum	%	Datum	%	Datum	%	Datum	%	Datum	%	Datum	%	Datum	%
AG	1.1.	5¼	1.4.	5	1.1.	4¾	1.6.	4½	1.10.	4¼	1.5.	4	1.8.	3¾	1.2.	4¼	1.8.	4½	–	–	1.7.	4¼	–	–	1.2.	4
AI	1.4.	5	–	–	1.1.	4¾	1.5.	4½	1.9.	4¼	1.4.	4	1.5.	3¾	1.7.	4¼	–	–	–	–	–	–	–	–	1.2.	4
AR	seit 1996 gelten die Zinssätze der St. Galler Kantonalbank																									
BE	1.1.	5¼	1.5.	5	1.3.	4¾	1.5.	4½	1.11.	4¼	1.5.	4	1.4.	3¾	1.5.	4	1.8.	4¼	–	–	1.5.	4¼	–	–	1.2.	4
BL	1.1.	5¼	1.4.	5	1.1.	4¾	1.7.	4½	1.10.	4¼	1.6.	4	1.8.	3¾	1.3.	4¼	1.10.	4½	–	–	1.8.	4¼	–	–	1.3.	4
BS	1.1.	5¼	1.4.	5	1.1.	4¾	1.6.	4½	1.10.	4¼	1.5.	4	1.8.	3¾	1.2.	4¼	1.11.	4½	–	–	1.8.	4¼	–	–	1.3.	4
FR	1.1.	5¼	1.5.	5	1.3.	4¾	1.8.	4½	–	–	1.7.	4½	1.6.	4	1.9.	4½	–	–	–	–	–	–	–	–	1.3.	4
GL	1.1.	5¼	1.4.	4⅞	1.2.	4¾	1.7.	4½	1.10.	4¼	1.5.	4	1.2.	3¾	1.8.	4¼	–	–	–	–	1.2.	4½	1.7.	4¼	1.2.	4
GR	1.4.	5	–	–	1.1.	4¾	1.7.	4½	1.10.	4¼	1.5.	4	1.5.	3¾	1.2.	4	1.7.	4½	–	–	1.7.	4¼	–	–	1.2.	4
LU	1.1.	5¼	1.4.	5	1.1.	4¾	1.7.	4½	1.10.	4¼	1.6.	4	1.8.	3¾	1.2.	4¼	1.8.	4½	–	–	1.7.	4¼	–	–	1.3.	4
NW	1.1.	5¼	1.4.	5	1.1.	4¾	1.6.	4½	1.10.	4¼	1.5.	4	1.7.	3¾	1.8.	4¼	–	–	–	–	–	–	–	–	1.2.	4
OW	1.4.	5	–	–	1.1.	4¾	1.7.	4½	1.10.	4¼	1.5.	4	1.7.	3¾	1.2.	4¼	–	–	–	–	–	–	–	–	1.3.	4
SG	1.1.	5¼	1.4.	5	1.1.	4¾	1.5.	4½	1.10.	4¼	1.5.	4	1.7.	3¾	1.2.	4¼	1.10	4½	–	–	1.7.	4¼	–	–	1.2.	4
SH	1.3.	5	–	–	1.5.	4½	1.10.	4¼	–	–	1.5.	4	1.8.	3¾	1.2.	4	1.7.	4¼	1.9.	41/2	1.7.	4¼	–	–	1.2.	4
SO	1.4.	5	–	–	1.1.	4¾	1.6.	4½	1.10	4¼	1.5.	4	1.8.	3¾	1.2.	4¼	1.8.	4½	–	–	1.7.	4¼	–	–	1.2.	4
SZ	1.1.	5¼	1.4.	5	1.1.	4¾	1.7.	4½	1.11.	4¼	1.6.	4	1.8.	3¾	1.2.	4¼	1.8.	4½	–	–	1.7.	4¼	–	–	1.3.	4
TG	1.1.	5¼	1.4.	5	1.1.	4¾	1.7.	4½	1.10.	4¼	1.6.	4	1.7.	3¾	1.2.	4¼	1.8.	4½	–	–	1.7.	4¼	–	–	1.2.	4
UR	1.1.	5¼	1.4.	5	1.1.	4¾	1.6.	4½	1.10.	4¼	1.6.	4	1.7.	3¾	1.2.	4¼	–	–	–	–	1.2.	4½	1.7.	4¼	1.3.	4
ZG	1.5.	5	–	–	1.1.	4¾	1.7.	4½	1.10.	4¼	1.6.	4	1.8.	3¾	1.2.	4¼	1.8.	4½	–	–	1.7.	4¼	–	–	1.2.	4
ZH	1.1.	5¼	1.4.	5	1.1.	4¾	1.6.	4½	1.10.	4¼	1.5.	4	1.8.	3¾	1.2.	4	1.8.	4½	–	–	1.7.	4¼	–	–	1.2.	4

Die Bekanntgabe der Zinsen erfolgt in der Regel drei Monate früher.

Landesindex der Konsumentenpreise

Jahr	Jan.	Feb.	März	April	Mai	Juni	Juli	Aug.	Sept.	Okt.	Nov.	Dez.
Basis Mai 1993 = 100												
1993					100,0	100,0	99,9	100,4	100,3	100,4	100,3	100,4
1994	100,5	100,9	100,9	101,0	100,4	100,5	100,5	100,9	100,9	100,9	100,8	100,8
1995	101,5	102,5	102,5	102,6	102,4	102,6	102,5	102,9	103,0	102,8	102,8	102,8
1996	103,1	103,3	103,4	103,5	103,2	103,4	103,2	103,5	103,5	103,7	103,5	103,6
1997	103,9	104,1	104,0	104,1	103,8	103,9	103,7	104,0	104,0	104,0	103,9	104,0
1998	104,0	104,1	104,0	104,1	103,8	104,0	103,8	104,1	104,0	104,0	103,8	103,8
1999	104,0	104,4	104,5	104,7	104,4	104,6	104,6	105,1	105,3	105,3	105,2	105,6
2000	105,7	106,1	106,0	106,1	106,1	106,5	106,6	106,3	106,8	106,7	107,2	107,1
2001	107,1	106,9	107,1	107,4	108,0	108,2	108,0	107,4	107,5	107,4	107,5	107,5
Basis Mai 2000 = 100												
1995	95,7	96,6	96,6	96,7	96,5	96,7	96,7	97,0	96,9	96,9	96,9	96,9
1996	97,2	97,3	97,5	97,6	97,2	97,4	97,3	97,5	97,6	97,8	97,6	97,7
1997	98,0	98,2	98,0	98,1	97,8	97,9	97,8	98,0	98,0	98,0	98,0	98,0
1998	98,0	98,1	98,0	98,1	97,9	98,0	97,9	98,1	98,1	98,0	97,9	97,9
1999	96,1	98,4	98,5	98,7	98,4	98,6	98,6	98,0	99,1	99,3	99,2	99,5
2000	99,6	100,0	100,0	100,0	100,0	100,4	100,4	100,2	100,7	100,6	101,1	101,0
2001	100,9	100,8	100,9	101,2	101,8	102,0	101,8	101,2	101,4	101,2	101,4	101,3

Ältere Mietverträge können auch auf dem Index mit Basis September 1977 beruhen. Diese Zahlen können über Telefon 032/713 69 73 abgefragt werden; die neuesten Angaben sind erhältlich unter Telefon 0900 55 66 55 (Grundtaxe Fr. –.50 plus Fr. –.50/Min.). Die verschiedenen Indexe können auch im Internet auf der Homepage des Schweizerischen Hauseigentümerverbands (www.shev.ch) eingesehen werden.

Heizkostenabrechnung
für die Heizperiode 20 01 / 02

Liegenschaft Stöcklisteig 8, 4600 Olten

1. **Brennmaterial**
   Vorrat nach Schluss der letzten Heizperiode
   2400 kg Heizöl à 36.10/100kg = 866.40
   ......kg à = = 866.40

   zuzüglich: Einkäufe von Brennmaterialien
   5600 kg Heizöl à 40.50/100kg = 2268.-
   ......kg à =
   ......kg à = = 2268.-

   Total Vorrat und Einkäufe 3134.40

   abzüglich: Vorrat nach Schluss der Heizperiode
   1800 kg Heizöl à 40.50/100kg = 729.-
   ......kg à = = 729.-

   Tatsächlicher Brennmaterialverbrauch 2405.40

2. Betriebskosten für Alternativenergien ....
3. Elektrischer Strom für Brenner und Umwälzpumpe 340.-
4. Kaminfeger 180.-
5. Entkalkung der Warmwasseranlage, der
   Boiler und des Leitungsnetzes 289.40
6. Service-Abonnement für Brenner 115.60
7. Tankrevision bzw. Anteil Tankrevision ....
8. Service Wärmezähler 30.-

   Heizkosten 3360.40

9. Verwaltungshonorar 3% der Heizkosten 100.80

   Gesamt-Heizkosten 3461.20

Liegenschaft: Stöcklisteig 8, 4600 Olten

Verteilung der Gesamtkosten unter die Rauminhaber

Etage	Mieter		Raum-inhalt m³	Anteil in %	Betrag
1.l	Moser	4-Zi.	200	18,2	629.90
1.r	Müller	4-Zi.	200	18,2	629.90
2.l	Muggli	4-Zi.	200	18,2	629.90
2.r	Maurer	4-Zi.	200	18,2	629.90
3.	Meier	5-Zi.	300	27,2	941.60
			1100	100	3461.20

Gesamtheizkosten Fr. 3461.20

Ihr Anteil 18.2% % = Fr. 629.90

Ihre Akontozahlungen
12 Monatsanteile à Fr. 50.–

= Fr. 600.–

Saldo zu unseren Gunsten

= Fr. 29.90

Wir bitten Sie, diesen Betrag innert 30 Tagen zu überweisen.

Datum

30.7.2002

Der Vermieter

UNITA-Verwaltungen

Beispiel einer Abrechnung ohne individuelle Verbrauchserfassung; die effektiven Zahlen hängen ab vom eingesetzten Energieträger (Öl, Gas, Strom etc.) und von den rasch ändernden Preisen.

Heizgradtagzahlen 1998 bis 2001

Mess-Station	1998	1999	2000	2001	Mittel*
Basel	2940	2833	2524	2887	3000
Bern	3429	3334	3080	3207	3468
Luzern	3295	3312	3051	3165	3254
St. Gallen	3741	3641	3450	3716	3869
Zürich	3377	3317	3094	3238	3435

* langjähriges Mittel = Periode 1991 bis 2000

Die neuesten Heizgradtagzahlen werden jeweils in der Zeitschrift «Der Schweizerische Hauseigentümer» publiziert oder können im Internet unter www.shev.ch abgerufen werden.

Heizkosten bei Wohnungswechsel während laufender Heizperiode

Weil die Heizkosten nicht das ganze Jahr hindurch gleichmässig hoch sind, werden sie bei einem Mieterwechsel auf Vor- und Nachmieter aufgeteilt, nach einem Schlüssel, der von Durchschnittswerten hergeleitet wurde. (Wo eine verbrauchsabhängige Abrechnung möglich ist, tritt an die Stelle der ungefähren Prozentzahlen das exakte Verrechnen aufgrund des Zählerstands beim Auszug. Hingegen wird für die Aufteilung der Grundkosten ebenfalls ein Schlüssel angewandt, der für die Sommerzeit etwas kleinere Anteile vorsieht als für die kalten Monate.)

Monat	Verbrauchsanteile (ohne Warmwasser) in %		
	Mittelland	Bergregion	Tessin
Januar	17,5	14,0	21,5
Februar	14,5	11,5	17,0
März	13,5	11,5	15,5
April	9,5	9,0	5,0
Mai	3,5	7,0	0
Juni	0	4,5	0
Juli	0	1,0	0
August	0	4,0	0
September	1,0	5,5	0
Oktober	10,0	8,5	6,0
November	13,5	10,5	20,0
Dezember	17,0	13,0	20,0

Lebensdauer von Wohnungseinrichtungen

Einrichtung	Lebensdauer in Jahren	
	Tabelle Hauseigentümerverband	Tabelle Mieterverband
Bodenbeläge:		
Spannteppich	10–12	5–10
Linoleum	25	25
Kunststoff (Novilon, Inlaid, PVC)	15–20	10–20
Kunststein, Keramik	40–50	25–40
Parkett	40	40
Versiegelung des Parketts	12	10
Wandbeläge:		
Tapeten, normale Qualität	10	10
Anstrich	10	10
Holzanstrich	20	10
Keramik	40	40
Sockel Kunststoff	20	20
Sockel Holz	40	40
Deckenbeläge:		
Anstrich	10	10
Holztäfer, naturbelassen	40	40
Küche:		
Herd, Backofen	20	10–20
Elektrische Herdplatten	12	10
Kühlschrank	12	10
Tiefkühler	15	10–15
Geschirrspüler	15	10
Badezimmer/WC:		
Badewanne Acryl	40	30–40
Lavabo, Bidet, Klosettschüssel	50	40
Waschmaschine, Tumbler	15	6–10
Reduktion der Lebensdauer bei gewerblicher Nutzung:		
Büros		20 %
Läden, Gewerbe, Fabrikation		25 %
Restaurants		50 %

Mietzinsreduktion bei schweren Mängeln

Die folgenden Prozentzahlen beziehen sich auf einen vollen Monat; bei der Festlegung der Mietzinsreduktion ist selbstverständlich die Dauer der Störung zu berücksichtigen. Zudem sind die Zahlen als Richtwerte zu verstehen; im Streitfall können sie vom Gericht je nach Situation abgeändert werden.

Klimatisierung
- Störende Geräusche der Heizung . . . . 5–10 %
- Unzureichende Heizleistung . . . . 10–16 %
- Haus unbewohnbar wegen Heizungsausfalls . . . . 100 %

Feuchtigkeit und Wassereintritt
- Übermässige Feuchtigkeit in einem Raum einer 3½-Zimmer-Wohnung, Verrotten von Möbeln . . . . 22 %
- Dauernde übermässige Feuchtigkeit aufgrund schlechter Wärmedämmung (Feuchtigkeitsflecken, schlechter Geruch, Abblättern von Farbe etc.) . . . . 30 %
- Fleckige Zimmerdecken und abgelöste Tapeten infolge Wassereintritts . . . . 10 %
- Parkett muss im Wohn- und Esszimmer wegen Wasserschäden ersetzt werden, Möbel aus diesen Räumen im Schlafzimmer einquartiert . . . . 50 %

Nicht funktionierende und nicht vorhandene Einrichtungen
- Geschirrspüler unbenutzbar . . . . 3 %
- Terrassenbenützung zeitweise durch Cheminéerauch beeinträchtigt . . . . 5 %
- Ausfall des Lifts (Wohnung im 4. Stock) . . . . 10 %
- Ungenügender Ventilator in fensterloser Küche führt zu Fettrückständen auf Möbeln und zu Geruchsbelästigung . . . . 15 %
- Badewanne und Toilette nicht benutzbar, Wasseranschluss in Küche funktioniert nicht . . . . 50 %

Ideeller Mangel
- «Massagesalon» in Wohnliegenschaft . . . . 35 %

Lärm
- Bauarbeiten im angebauten Gebäude und im Innenhof (Verankerungen im Mauerwerk der Zwischenwand, Pressluftbohrer, Kran, Baugerüst) . . . . 10–15 %

- Lärmimmissionen von Orchester, das mehrmals
  pro Woche nachts zu laut spielt . . . . 12,5 %
- Lauter Warenlift (27 bis 38 Dezibel in der
  Wohnung statt normalen 22) . . . . 15 %
- Lärmimmissionen in Wohnung durch
  benachbarte Metzgerei . . . . 20 %
- Empfindliche Ruhestörung nach Nutzungsänderung
  im Wohngebäude (Restaurant mit Alkohol-
  ausschank anstelle einer Drogerie) . . . . 30–35 %

Andere Immissionen
- 10 Meter von Kinderzimmer entfernt gelegenes Bienen-
  haus (Bienenkotablagerungen, wiederholt Bienen-
  stiche, Balkon und Kinderspielplatz unbenutzbar) . . . . 10 %
- Widerliche Gerüche von Restaurant
  mit unzureichender Belüftung . . . . 20 %

Entzug von Sonnenlicht und Aussicht
- Neubau auf Nachbargrundstück 2,2 Meter
  vor Fenster des Mieters . . . . 10 %
- Entzug von Sonnenlicht durch Neubau
  2,2 Meter vor Küchen- und Schlafzimmerfenstern
  einer Dreizimmerwohnung im Parterre . . . . 25 %

Umbau und Renovation
- Immissionsträchtige Umbauarbeiten beim Einzug,
  ausgeführt auch während Ruhezeiten; schlecht isolierte
  Zimmerdecke; Waschküche, äusserer Trocknungs-
  raum und Garten noch nicht bereitgestellt . . . . 15 %
- Umbauarbeiten in der darüber liegenden Wohnung . . . . 25 %
- Schwere Umbauarbeiten im Parterre
  (Maurerarbeiten, Installation einer Bodenheizung
  und von Apparaturen für Coiffeursalon) . . . . 30 %
- Umbau einer Wohnung (Lärm, Schmutz, Kran,
  Lastenaufzug, Einschränkung im Gebrauch) . . . . 15–50 %
- Unbewohnbarkeit der Wohnung während Umbau . . . . 100 %

Ortsübliche Kündigungstermine

Mietvertraglich vereinbarte Kündigungstermine gehen bei ordentlichen Kündigungen den ortsüblichen Terminen vor; diese spielen nur eine Rolle, falls der Vertrag keine Termine nennt oder auf die ortsüblichen Termine verweist.

Kanton / Gebiet	Ortsübliche Termine			
AG (Aarau)	31.3	30.6.	30.9.	
AI	–*			
AR	Jedes Monatsende ausser 31.12.			
BE (Stadt und Umgebung)	30.4.		31.10	
BL	31.3.	30.6.	30.9.	
BS	31.3.	30.6.	30.9.	
FR	31.3.	30.6.	30.9.	31.12.
GE	–*			
GL	Ende jeden Monats			
GR (Chur)	31.3.	30.6	30.9.	
JU	–*			
LU	Jedes Monatsende ausser 31.12.			
NE	31.3.	30.6.	30.9.	
NW	31.3.	30.6	30.9.	
OW	31.3.	30.6.	30.9.	
SG (St. Gallen und Umgebung)	Jedes Monatsende ausser 31.12.			
SH	–*			
SO (Solothurn und Umgebung)	31.3.		30.9.	
SO (Olten und Umgebung)	31.3.	30.6.		31.12.
SZ	Jedes Monatsende ausser 31.12.			
TG	31.3.	30.6.	30.9.	
TI (Lugano)	29.3.		29.9.	
UR	31.3.	30.6.	30.9.	31.12.
VD	31.1.	30.4.	31.7.	31.10.
VS	–*			
ZG	31.3.	30.6.	30.9.	
ZH (Bezirke Zürich und Dietikon)	31.3.		30.9.	
ZH (übrige Bezirke)	31.3.	30.6.	30.9.	

* Ist unklar, welche ortsüblichen Termine bestehen, gibt das Mietgericht oder die Schlichtungsbehörde Auskunft. Gibt es ausnahmsweise keine ortsüblichen Termine, können Wohnungen auf Ende jedes Quartals, gerechnet ab Mietbeginn, gekündigt werden (zum Beispiel bei Mietbeginn am 1. Dezember: Kündigung auf den 28. Februar, 31. Mai, 30. August und 30. November).

Adressen

Die Schlichtungsbehörden für Mietverhältnisse

Die Schlichtungsbehörden sind verpflichtet, Mieter und Vermieter in mietrechtlichen Belangen zu beraten. Bei Konflikten, welche die Parteien nicht im direkten Gespräch beilegen können, amten sie als Vermittlerinnen und streben nach einer einvernehmlichen Lösung. In bestimmten Fragen haben sie selbst Entscheidungsbefugnis.

Aargau (Bezirke)
Bezirksamt des Bezirks, in dem sich das Mietobjekt befindet.

Appenzell Ausserrhoden
Schlichtungsbehörde im Mietwesen
Rathaus
9043 Trogen
Tel. 071/343 63 50
(nur vormittags)

Appenzell Innerrhoden
Mietschlichtungsbehörde
Ratskanzlei
Marktgasse 2
9050 Appenzell
Tel. 071/788 93 22

Basel-Landschaft
Kantonale Schlichtungsstelle
für Mietangelegenheiten
Bahnhofstrasse 5
4410 Liestal
Tel. 061/925 51 11

Basel-Stadt
Staatliche Schlichtungsstelle
für Mietstreitigkeiten
Binningerstrasse 6
4051 Basel
Tel. 061/267 81 81

Bern (Stadt)
Mietamt der Stadt Bern
Schlichtungsbehörde
Waisenhausplatz 25
3011 Bern
Tel. 031/321 77 52

Bern (Gemeinden)
Alle Gemeinden haben ein Mietamt. Soweit die Adresse nicht aus dem Telefonbuch ersichtlich ist, kann sie bei der Gemeindekanzlei erfragt werden.

Glarus
Kantonale Schlichtungsstelle
für Mietverhältnisse
Frau Gabi Olsen
Zwinglistrasse 6
8750 Glarus
Tel. 055/646 68 00

Graubünden
Schlichtungsbehörden für Mietverhältnisse:
Ardez, Chur, Davos, Domat/Ems, Grono, Ilanz/Glion, Poschiavo, St. Moritz, Thusis, Tiefencastel, Zizers

Luzern
Kantonale Schlichtungsbehörde
für Miet- und Pachtverhältnisse
Bahnhofstrasse 22
6002 Luzern
Tel. 041/228 65 18

Nidwalden
Kantonale Schlichtungsstelle
für Mietwesen
Rathausplatz 1
6371 Stans
Tel. 041/618 79 53

Obwalden

Kantonale Schlichtungsstelle
für Miet- und Pachtverhältnisse
Polizeigebäude Foribach
Postfach 1561
6061 Sarnen
Tel. 041/666 62 19

Solothurn (Oberämter)

Bezirke Solothurn, Lebern:
Oberamt Solothurn-Lebern
Rötistrasse 4
4501 Solothurn
Tel. 032/627 75 37

Bezirke Bucheggberg, Wasseramt:
Oberamt Bucheggberg-Wasseramt
Rötistrasse 4
4501 Solothurn
Tel. 032/627 75 27

Bezirke Thal, Gäu:
Oberamt Thal-Gäu
Herrengasse 10
4710 Balsthal
Tel. 062/386 52 58

Bezirke Olten, Gösgen:
Oberamt Olten-Gösgen
Amthaus
Amthausquai 23
4603 Olten
Tel. 062/311 86 44

Bezirke Dorneck, Thierstein:
Oberamt Dorneck-Thierstein
Amthaus
Amthausstrasse 2
4226 Breitenbach
Tel. 061/785 77 20

Schaffhausen

Kantonale Schlichtungsstelle
für Mietsachen
Herrenacker 26
8201 Schaffhausen
Tel. 052/632 75 18

Schwyz (Bezirke)

Schwyz:
Schlichtungsstelle im Mietwesen
Herr lic. iur. Reto Wehrli
Postfach 547
6430 Schwyz
Tel. 041/810 10 75

Gersau:
Herr Pius Nigg
Seestrasse 123
6442 Gersau
Tel. 041/828 14 82

March:
Herr Peter Ziltener
Baumgartenweg 38
8854 Siebnen
Tel. 055/440 38 12

Einsiedeln:
Herr Emil Kälin
Bezirkskanzlei, Rathaus
Postfach
8840 Einsiedeln
Tel. 055/418 41 22

Küssnacht a.R.:
Herr Wolfgang Lüönd
Haldenweg 12
6403 Küssnacht a.R.
Tel. 041/850 44 82

St. Gallen

St. Gallen:
Wohnungsamt
Rathaus
9001 St. Gallen
Tel. 071/224 56 28

Rorschach:
Grundbuchamt
Rathaus
Postfach
9400 Rorschach
Tel. 071/844 21 47

Unterrheintal:
Edi Brühwiler
Brändlihangstrasse 18
9435 Heerbrugg
Tel. 071/722 70 22

Oberrheintal:
Grundbuchamt
Rathausplatz
9450 Altstätten
Tel. 071/757 77 90

Werdenberg:
Rathaus
9471 Buchs
Tel. 081/756 02 91

Gaster:
Schlichtungsstelle für Mietverhältnisse
Judith Oberholzer
Benknerstrasse 14
8822 Kaltbrunn
Tel. 055/293 53 68

See:
Schlichtungsstelle
für Mietverhältnisse
Gaswerkstrasse 1
Postfach 1536
8640 Rapperswil
Tel. 055/220 80 58

Neutoggenburg:
Grundbuchamt
Gemeindeverwaltung
9630 Wattwil
Tel. 071/987 55 38

Obertoggenburg:
Grundbuchamt
Gemeindeverwaltung
Hofstrasse 1
9642 Ebnat-Kappel
Tel. 071/992 64 21

Alttoggenburg:
Grundbuchamtt
9604 Lütisburg
Tel. 071/932 52 76

Untertoggenburg:
Gemeindehaus
Flawilerstrasse 2
9244 Niederuzwil
Tel. 071/955 44 06

Wil:
Wohnungsamt
Rathaus
Marktgasse 58
9500 Wil
Tel. 071/913 53 53

Gossau:
Schlichtungsstelle
für Miet- und Pachtverhältnisse
Bahnhofstrasse 25
9201 Gossau
Tel. 071/388 42 76

Thurgau

Die Adresse der örtlichen Schlichtungsbehörde ist bei der Gemeindekanzlei erhältlich.

Uri

Volkswirtschaftsdirektion Uri
Abteilung Mietrecht
Klausenstrasse 4
6460 Altdorf
Tel. 041/875 24 03

Zug

Schlichtungsbehörde in Mietsachen
des Kantons Zug
Industriestrasse 24
6301 Zug
Tel. 041/72829 04

Zürich (Bezirke)

Affoltern:
Schlichtungsbehörde
in Miet- und Pachtsachen
Im Grund 15
8910 Affoltern a.A.
Tel. 01/762 15 11

Andelfingen:
Schlichtungsbehörde
in Miet- und Pachtsachen
Gerichtshaus
Thurtalstrasse 1
8450 Andelfingen
Tel.052/304 20 10

Bülach:
Schlichtungsbehörde
in Miet- und Pachtsachen
Spitalstrasse 13
8180 Bülach
Tel. 01/863 44 33

Dielsdorf:
Schlichtungsbehörde
in Miet- und Pachtsachen
Spitalstrasse 7
8157 Dielsdorf
Tel. 01/854 88 11

Hinwil:
Schlichtungsbehörde
in Miet- und Pachtsachen
Bezirksgebäude
8340 Hinwil
Tel. 01/938 81 11

Horgen:
Schlichtungsbehörde
in Miet- und Pachtsachen
Bezirksgebäude
Burghaldenstrasse 3
8810 Horgen
Tel. 01/728 52 22

Meilen:
Schlichtungsbehörde
in Miet- und Pachtsachen
Bezirksgericht
Postfach 881
8706 Meilen
Tel. 01/924 21 21

Pfäffikon:
Schlichtungsbehörde
in Miet- und Pachtsachen
Bezirksgericht
Hörnlistrasse 55
8830 Pfäffikon
Tel. 01/952 41 11

Uster:
Schlichtungsbehörde
in Miet- und Pachtsachen
Bezirksgericht
8610 Uster
Tel. 01/905 41 11

Winterthur:
Schlichtungsbehörde
in Miet- und Pachtsachen
Bezirksgebäude
Lindenstrasse 10
8400 Winterthur
Tel. 052/267 54 86

Zürich:
Schlichtungsbehörde
in Miet- und Pachtsachen
Wengistrasse 30
Postfach
8026 Zürich
Tel. 01/248 22 73

Der Schweizerische Mieterinnen- und Mieterverband

Neben der Vertretung der politischen Interessen der Mieterinnen und Mieter in Gemeinden, Kantonen und Bund bilden die Rechtsberatung und der Rechtsschutz der Mitglieder (bis hin zur kostenlosen Prozessführung) die Hauptaufgaben des Mieterinnen- und Mieterverbands. Die 190 000 Mitglieder sind in über 60 örtlichen Verbänden organisiert. Nichtmitglieder werden gegen ein Honorar beraten.

Die Mitgliederbeiträge belaufen sich auf 40 bis 60 Franken pro Jahr, je nach Sektion und Dienstleistungsangebot. Im Mitgliederpreis inbegriffen ist das Abonnement der zehnmal jährlich erscheinenden Verbandszeitung «Mieten und Wohnen».

Aargau
MV Aargau
Postfach
5600 Lenzburg 2
Tel. 062/888 10 38

Appenzell / AR und AI
MV beider Appenzell
Postfach 55
9100 Heiden
Tel. 071/351 64 38

Basel-Stadt
MV BS
Postfach 266
4005 Basel
Tel. 061/683 98 98

Basel-Landschaft
MV BL
Postfach 630
4153 Reinach 1
Tel. 061/683 98 98

Bern
MV Bern
Monbijoustrasse 61
Postfach
3000 Bern 23
Tel. 0848 844 844

Freiburg
MV Deutschfreiburg
Postfach 41
3185 Schmitten
Tel. 026/496 46 88

Glarus
MV Glarus
Fredy Fischer
Lurigenstrasse 11
8750 Glarus
Tel. 055/640 36 73

Graubünden
MV Graubünden
Quaderstrasse 16
7000 Chur
Tel. 081/253 60 62

Luzern / Ob- und Nidwalden
MV Luzern
Mythenstrasse 2
6003 Luzern
Tel. 041/220 10 22

St. Gallen
MV St. Gallen
Webergasse 21
9000 St. Gallen
Tel. 071/222 50 29

Schaffhausen

MV Schaffhausen und Umgebung
Postfach 1057
8201 Schaffhausen
Tel. 052/630 09 01

Schwyz

MV Kanton Schwyz
Postfach
8854 Siebnen
Tel. 055/440 84 64

Solothurn

MV Solothurn und Umgebung
Bielstrasse 8
Postfach 701
4502 Solothurn
Tel. 032/623 88 34

MV Bettlach und Umgebung
Bahnhofstrasse 6
2544 Bettlach
Tel. 032/645 32 64

MV Grenchen und Umgebung
Postfach 734
2540 Grenchen
Tel. 032/652 01 71

MV Olten und Umgebung
Postfach 333
4603 Olten
Tel. 062/296 37 34

Thurgau

MV Thurgau
Hauptstrasse 78
8280 Kreuzlingen
Tel. 071/672 39 34

Uri

MV Uri
Attinghauserstrasse 56A
6460 Altdorf
Tel. 041/871 06 70

Wallis

MV Oberwallis
Rue des Mayennetes 27
Postfach 15
1951 Sion
Tel. 027/322 92 49

Zug

MV des Kantons Zug
Postfach 732
6301 Zug
Tel. 041/710 00 88

Zürich

MV Zürich
Tellstrasse 31
Postfach
8026 Zürich
Tel. 01/241 91 44

MV Zürcher Oberland
Eichwiesstrasse 2
8630 Rüti
Tel. 055/240 93 83

MV Region Zimmerberg und Umgebung
Postfach 420
8820 Wädenswil
Tel. 0878/88 80 49

MV Limmattal
Herr Alfred Schlumpf
Postfach 484
8953 Dietikon
Tel. 01/740 95 55

MV Pfannenstiel
Kronenstrasse 9
8712 Stäfa
Tel. 01/928 19 99

MV Winterthur und Umgebung
Postfach 720
8401 Winterthur
Tel. 052/212 50 35

Dachverband Deutschschweiz

Schweizerischer
Mieterinnen- und Mieterverband
Postfach
8026 Zürich
Tel. 01/291 09 37
www.mieterverband.ch

Verband der Geschäftsmieter
Postfach 832
8029 Zürich
Tel. 01/396 91 00
1993 gegründeter Verband, der sich auf die Gruppe der Geschäftsmieter spezialisiert hat. Kostenlose telefonische Erstberatung für Mitglieder in allen mietrechtlichen Fragen; Vermittlung von Experten für Liegenschaftsabnahmen und Schadensbeurteilungen; Unterstützung bei Vertragsverhandlungen und Mietstreitigkeiten. Jahresbeitrag: 120 Franken (Stand 2002).

Hausverein Schweiz
Postfach 6507
3001 Bern
Tel. 031/312 15 69
www.hausverein.ch

Der Schweizerische Hauseigentümerverband
Der Schweizerische Hauseigentümerverband vertritt die politischen und wirtschaftlichen Interessen der Hauseigentümer, engagiert sich für die Förderung von Wohneigentum und tritt gemäss Statuten für ein partnerschaftliches Verhältnis von Mietern und Vermietern ein. Über seine 170 000 Mitglieder sind rund 80 Prozent des schweizerischen Wohnungsbestands durch den Hauseigentümerverband erfasst. Der Verband berät seine Mitglieder in finanziellen, steuerlichen und rechtlichen Fragen. Im Mitgliederbeitrag ist ein Abonnement der 14-täglich erscheinenden Verbandszeitung inbegriffen.

AG
Aargauischer Hauseigentümerverband
Stadtturmstrasse 19
5401 Baden
Tel. 056/200 50 50

AI
Hauseigentümerverband
Appenzell Innerrhoden
Güetlistrasse 28
9050 Appenzell
Tel. 071/787 55 50

AR
Hauseigentümerverband
Appenzell Ausserrhoden
Poststrasse 10
Postfach 1036
9101 Herisau
Tel. 071/351 71 54

BE

Hauseigentümerverband
Bern und Umgebung
Schwarztorstrasse 31
3007 Bern
Tel. 031/388 58 50

BL

Hauseigentümerverband Baselland
Altmarktstrasse 96
Haus der Wirtschaft
4410 Liestal
Tel. 061/927 64 64

BS

Hausbesitzer-Verein Basel
Aeschenvorstadt 71
Postfach
4010 Basel
Tel. 061/250 16 16

FR

Fédération Fribourgeoise Immobilière
Boulevard de Pérolles 17
1701 Fribourg
Tel. 026/347 11 40

GL

Hauseigentümerverband Glarus
Stauffacher Treuhand
Hauptstrasse 49
Postfach 736
8750 Glarus
Tel. 055/645 20 85

GR

Hauseigentümerverband Graubünden
c/o NPO-Beratung
Untere Gasse 17
7000 Chur
Tel. 081/250 50 33

LU

Hauseigentümerverband
Luzern
Pilatusstrasse 18
Postfach 3157
6002 Luzern
Tel. 041/210 24 04

NW

Hauseigentümerverband Nidwalden
Ruess Treuhand AG
Aemättlihof 105
6370 Stans
Tel. 041/619 77 46

OW

Hauseigentümerverband Obwalden
Bahnhofstrasse 1
6072 Sachseln
Tel. 041/660 00 88

SG

HEV Verwaltungs AG
Poststrasse 10
9001 St. Gallen
Tel. 071/227 42 42

SH

Hauseigentümerverband Schaffhausen
Vordergasse 21
8201 Schaffhausen
Tel. 052/625 55 58

SO

Kantonaler Hauseigentümerverband
Solothurn
Bielstrasse 9
4502 Solothurn
Tel. 032/625 82 11

SZ

Kantonaler Hauseigentümerverband
Schwyz
Hirzengasse 5
Postfach 557
6431 Schwyz
Tel. 041/811 56 77

TG
Hauseigentümerverband Thurgau
Kirchstrasse 24a
Postfach 1332
8580 Amriswil
Tel. 071/411 42 11

UR
Hauseigentümerverband Uri
Grossmattweg 28
Postfach
6460 Altdorf
Tel. 041/870 08 58

VS
Hauseigentümerverband Oberwallis
Imhasly-Planche Treuhand AG
Postfach 363
3900 Brig
Tel. 027/922 11 99

ZG
Hauseigentümerverband Zug und Umgebung
Alpenstrasse 11
6304 Zug
Tel. 041/710 65 20

ZH
Kantonaler Hauseigentümerverband Zürich
Albisstrasse 28
Postfach
8038 Zürich
Tel. 01/487 17 00

Hauseigentümerverband Winterthur
Neuwiesenstrasse 37
8401 Winterthur
Tel. 052/212 67 70

CH
Hauseigentümerverband Schweiz
Postfach
8032 Zürich
Tel. 01/254 90 20
www.shev.ch
info@shev.ch

Beobachter-Beratungszentrum
Die Beratung per Telefon und die Kurzberatung per E-Mail sind für Abonnentinnen und Abonnenten des Beobachters unentgeltlich.
Hotline Wohnen: Tel. 01/448 76 02
Beratung per E-Mail: www.beobachter.ch/wohnen

Bundesamt für Wohnungswesen
Storchengasse 6
2540 Grenchen
Tel. 032/654 91 11
www.bwo.admin.ch
Das Bundesamt für Wohnungswesen (BWO) ist zuständig für die staatliche Wohnbau- und Wohneigentumsförderung (WEG) und erteilt sachdienliche Auskünfte zur Planung und zum Bewilligungsprozedere von mit Bundeshilfe verbilligten Wohnungen. Gesuche sind an die kantona-

len Amtsstellen zu richten. Das BWO ist Herausgeber einer Schriftenreihe Wohnungswesen mit über 70 Publikationen. Eine Informationsbroschüre zum WEG ist bei der Eidgenössischen Drucksachen- und Materialzentrale, 3000 Bern, erhältlich oder kann direkt über die Homepage des BWO bestellt werden.

Bundesamt für Statistik (BFS)
Espace de l'Europe 10
2010 Neuchâtel
Tel. 032/713 60 11
www.statistik.admin.ch
info@bfs.admin.ch
Statistische Auskünfte aller Art. Der jeweils aktuelle Stand des Landesindexes für Konsumentenpreise ist über Telefon 0900 55 66 55 (Grundtaxe Fr. –.50 plus Fr. –.50/Min.) oder über Fax 0900 55 91 00 (Fr. 1.–/Min.) abrufbar. Indexentwicklungen früherer Jahre und Monate können über Telefon 032/713 69 73 abgefragt werden.

Eidgenössische Materialprüfungs-Forschungsanstalt EMPA
Überlandstrasse 129
8600 Dübendorf
Tel. 01/823 55 11
www.empa.ch
juergen.blaich@empa.ch
Die EMPA erstellt Expertisen bei Lärmproblemen und Baumängeln. EMPA-Experten werden häufig für Gerichtsgutachten beigezogen.

Schweizerischer Verband der Immobilien-Treuhänder (SVIT)
SEK Schätzungsexperten-Kammer SVIT
Buchmattweg 4
Postfach 221
8057 Zürich
Tel. 01/434 78 88
www.svit.ch/kammern/SEK/sek.htm
info@svit.web-serv.ch
Der Schweizerische Verband der Immobilien-Treuhänder (SVIT) ist der Berufsverband der Immobilienberufe. Die Schätzungsexperten nehmen unabhängige und objektive Verkehrswertschätzungen von Wohnungen

vor – auch für Mieter, denen die Mietwohnung zum Kauf angeboten wird. Ein Mitgliederverzeichnis der Schätzungsexperten-Kammer ist beim SVIT erhältlich.

SMA MeteoSchweiz
Krähbühlstrasse 58
8044 Zürich
Tel. 01/256 94 20
www.sma.ch
kud@sma.ch
Die Schweizerische Meteorologische Anstalt gibt Auskunft über die Heizgradtagzahlen, die zur Beurteilung einer Heizkostenabrechnung im Mehrjahresvergleich beigezogen werden können. Von Montag bis Freitag, 10 bis 11 und 14 bis 15.45 Uhr, steht die Hotline 0900 555 403 (Fr. 2.50/Min.) zur Verfügung.

Register

Abbruchvorhaben 195
Abnahmeprotokoll 225
Abnützung 159, 165, 222, 223
Änderungen am Mietobjekt
    Mieter 72, 223
    Vermieter 169
Anfechtung
    Anfangsmietzins 40, 53, 134
    Kündigung 189
    Mietzins(-erhöhung) 134
    Umbau/Renovation 174
Antenneninstallation 73
Antrittsprotokoll 50
Arbeiten (in der Wohnung) 70
Ausserordentliche Kündigung . . 91, 186
Ausweisung 91, 230
Auszug 221

Balkon 65
Befristeter Mietvertrag 34, 195
Begründungspflicht
    Bei Kündigung 184
    Bei Mietzinserhöhung 120
Berechnung des Mietzinses 109
Bruttorendite,
    kostendeckende 112, 113, 128

Depot 40, 91, 229
Dienstwohnung 237

Eigenbedarf des Vermieters 184,
                                        198, 208
Eigentümerwechsel 205
Einbruch 158
Einsichtsrecht des Mieters
    Nebenkostenbelege 98
    Rückgabeprotokoll 50
Endreinigung 224
Erneuerungen am Mietobjekt 170
Ersatzmieter 216
Erstreckung 83, 175, 189, 194
    Ausschluss 195
    Bei Untermiete 83
    Kündigung während
        Erstreckung 200
    Voraussetzungen 196

Familienwohnung 32, 188
Ferienwohnung 235
Feuchtigkeit 161
Formularzwang 120, 123

Genossenschaftswohnung . . 23, 42, 237
Geschäftsmiete 234
Gesetzestext 240
Grillieren 65

Hausordnung 31, 60
Hausratversicherung 48
Haustiere 42, 66, 74
Hauswart 53, 60, 237
Heizkosten 98, 103, 104, 260, 262
Heizung 98, 160
Herabsetzung des Mietzinses 138,
                                            155, 177
Hinterlegung des Mietzinses . . . 88, 156
Hypothekarzins 112, 124,
                                     138, 142, 258

Indexierte Miete 36, 131, 134

Kaufangebot 210
Kaufrecht 43
Kaution 40, 91, 229
Kleine Reinigungen und
    Ausbesserungen 50, 150
Koppelungsgeschäft 44
Kündigung
    Anfechtung 189
    Ausserordentliche
        Kündigung 91, 186
    Ausserterminliche
        Kündigung 215
    Begründung 184
    Familienwohnung 32, 188

Formale Anforderungen 188
Fristen, gesetzliche 185
Fristlose Kündigung 155, 214
Kündigungstermine . . . 185, 201, 266
Kündigung wegen
   Eigenbedarf 184, 198, 208
   Nötigungskündigung 176, 192
   Rachekündigung 190
   Sperrfrist 135, 190, 193
   Teilkündigung 192, 215
   Tod des Mieters 214
   Untermiete 83

Landesindex der
   Konsumentenpreise 259
Lärm 67, 163
Lastschriftverfahren 89
Lebensdauer 152, 165, 228, 263
Luxuswohnung 134, 235

Mängel 149
   Bei Mietende 222
   Beim Wohnungsbezug 50
   Haftung des Mieters 159, 227
   Kleine Mängel 50, 150
   Meldepflicht 153
   Mietzinsherabsetzung 155, 264
   Mietzinshinterlegung 88, 156
   Mittlere und schwere Mängel . . 152
   Schadenersatz 158
Mietantritt 50
Mietdauer 34
Mieterhaftpflicht-
   versicherung 66, 159, 227
Mieterverband 270
Mietrecht 15, 81, 240
Mietvertrag
   Befristeter 34, 195
   Formularmietverträge 30
   Vertragspartner 31
   Vorvertrag 25
Mietzins
   Anfechtung 40, 53, 134

Berechnung 109
   Herabsetzung 138, 155, 177
   Hinterlegung 88, 156
   Indexierter Mietzins . . . 36, 131, 134
   Kostendeckende
   Bruttorendite 112, 113, 128
   Mietzinsreserve 37, 129, 133
   Missbräuchlicher 111
   Nettorendite 112, 114
   Orts- oder
   Quartierüblichkeit 115, 130
   Staffelmietzins 35, 131, 134
   Vorbehalt 37, 129, 133
   Zahlung 87
Mietzinsveränderung
   Formale Anforderungen 120
   Erhöhung
   Erhöhung bei
   Eigentümerwechsel 206
   Kostendeckende
   Bruttorendite 128
   Kostensteigerungen 124
   Orts- oder
   Quartierüblichkeit 130
   Teuerungsausgleich
   auf Eigenkapital 127
   Wertvermehrende
   Investitionen 127
   Senkung
   Berechnung 142
   Gebrauchswert-
   minderung 141
   Herabsetzung
   bei Mängeln 155, 264
   Kosteneinsparungen 141
   Nach Erhöhung
   bei Mieterwechsel 141
   Sinken der
   Hypothekarzinsen 138
Minderwertentschädigung 227
Möblierte Zimmer 81, 235
Musizieren 67

Nebenkosten 97
    Abrechnung 98
    Akontozahlung 102
    Fristen 106
    Nebenkostenpauschale 101
    Verwaltungskosten 101
    Zusammensetzung 98
Nettorendite 112, 114

Orts- oder quartierüblicher
    Mietzins 115, 130
Ortsübliche Kündigungs-
    termine 185, 266

Rachekündigung 190
Rauchen 71
Renovation 169
Retentionsrecht 94, 234
Rückgabe des Mietobjekts 221
    Rückgabeprotokoll 50, 225

Schlichtungsbehörde 17, 267
Sorgfaltspflicht des Mieters 150
Sperrfrist 135, 190, 193
Staffelmiete 35, 131, 134
Subventionierte Wohnung 134, 236

Teuerungsausgleich auf
    Eigenkapital 127

Übersetzter Kaufpreis 207
Umbau (durch den Mieter) . . . 72, 223

Umbau (durch Vermieter) 169
Umzug 48
Ungeziefer 162
Unterhalt
    (des Vermieters) 150, 165, 170
Untermiete 34, 64, 77
Unvollständige Mietzinssenkung . . 146

Verkauf des Mietobjekts 205
Verrechnung 89, 230
Vorbehalt 37, 129, 133
Vorkaufsrecht 43

Waschküche 61
Wertvermehrende Investitionen . . . 42,
               72, 127, 164, 171, 178
Wiederherstellung
    des früheren Zustands 72, 223
Wohnbaugenossen-
    schaften 14, 23, 42, 237
Wohnbau- und Eigentums-
    förderungsgesetz 15, 275
Wohnungsmarkt 9
Wohnungsrückgabe 221
Wohnungssuche 21
Wohnungsvermittler 23

Zahlungsverzug des Mieters 91
Zügeln 48
Zutrittsrecht
    (des Vermieters) 62, 186